Elo...

EL PLA...
ALE...

«*Salvavidas*. Esa es la descripción más precisa de *El plan de la alegría*. Mientras devoraba las palabras transformadoras de este libro, deseé haberlo tenido durante un tiempo desolador en mi vida... pero no es demasiado tarde. Siempre que el miedo, la preocupación, la ansiedad o la negatividad se apoderan de mí, simplemente abro *El plan de la alegría*. Esperando que arroje luz en mi oscuridad, una estrategia, una anécdota inspiradora o un hecho bien investigado con el poder de devolverme la esperanza, la paz y la positividad. *El plan de la alegría* es mucho más que el viaje de una mujer desde el fondo; es un salvavidas universal para revivir la alegría perdida del mundo».

—Rachel Macy Stafford, autora de *bestsellers* del *New York Times*
y fundadora de *Hands Free Mama*

«Si estás en medio de una sequía de alegría, por así decirlo, este podría ser el libro para ti. Parte memoria, parte estrategia de alegría aplicable universalmente, *El plan de la alegría* cuenta la historia del sufrimiento de la autora y establece, paso a paso, el proceso que la ayudó a experimentar mucha más felicidad. Kaia Roman escribe de manera atractiva, por lo que leer este libro es como escuchar a una amiga».

—Sharon Salzberg, autora de *Lovingkindness: The Revolutionary Art of Happiness*, *bestseller* del *New York Times*

«Si buscas más significado, propósito y alegría en tu vida, ¡entonces *El plan de la alegría* es para ti!».

—Jason Wachob, fundador y CEO de mindbodygreen

«Todos nosotros debemos aprender cómo pasar del estrés a la alegría. *El plan de la alegría* es una guía positiva y práctica para ayudarte a experimentar más de esa felicidad que mereces».

—Dra. Barbara De Angelis, autora de *Soul Shifts*,
bestseller # 1 del *New York Times*

«*El plan de la alegría* es atractivo, fácil de leer, y está lleno de excelentes consejos científicos y de historias divertidas y animadoras para motivarte a encontrar tu alegría sobre una base diaria. ¡No dejes que el estrés de la vida moderna te agobie! Asume la responsabilidad de dirigir tu rumbo hacia la felicidad con este libro bien escrito e investigado».

—MeiMei Fox, coautora de *Bend, Not Break*,
bestseller del *New York Times*

«*El plan de la alegría* nació a través de la experimentación directa en el laboratorio de la vida de Kaia Roman, calificándola para guiar a los lectores de manera sabia y tierna para descubrir y cultivar la semilla de alegría que se ha implantado dentro de todos nosotros. Sigue los pasos de este libro y observa cómo la alegría —la dimensión espiritual de la felicidad— florece en tu vida».

—Michael Bernard Beckwith, autor de *Life Visioning*

«¡Me encanta *El plan de la alegría*! Creamos planes para nuestro trabajo, nuestras finanzas, nuestra vida, pero casi nunca para las cosas más importantes en nuestra vida: la gratitud, el optimismo y la alegría. Este libro te ayudará a lograr exactamente eso: ¡más alegría! ¿Y quién no necesita eso?».

—Michaela Haas, Ph. D., autora de *Bouncing Forward:*
The Art and Science of Cultivating Resilience

El PLAN DE LA ALEGRÍA

CÓMO TOMÉ 30 DÍAS PARA DEJAR DE PREOCUPARME Y DE QUEJARME, Y DESCUBRIR UNA FELICIDAD RIDÍCULA

KAIA ROMAN

HarperCollins *Español*

Editora en Jefe: *Graciela Lelli*
Traducción: *Santiago Ochoa Cadavid*
Adaptación del diseño al español: *Mauricio Diaz*

ISBN: 978-1-41859-925-6

Impreso en Estados Unidos de América

18 19 20 21 22 LSC 9 8 7 6 5 4 3 2 1

Para Kira y Nava, mis modelos a seguir ferozmente alegres.
Cuando sea grande, quiero ser como ustedes.

CONTENIDO

Introducción   xiii

Primera parte: Antecedentes   1

   Capítulo 1:   ¿Y ahora qué?   3

   Capítulo 2:   La perra en mi cabeza   19

   Capítulo 3:   Conócete a ti misma   31

Segunda parte: Estrategia   43

   Capítulo 4:   ¿Esto se siente bien?   45

   Capítulo 5:   Reinicio: de estresada a bendecida   61

   Capítulo 6:   Atención plena versus materia   71

   Capítulo 7:   Comer, jugar, amar   85

Tercera parte: Desafíos   101

   Capítulo 8:   En busca de las hormonas felices   103

   Capítulo 9:   Déjalo ir, déjalo ir   115

   Capítulo 10:   Quejarse versus crear   131

Cuarta parte : Equipo   **143**

   Capítulo 11:   Ese es el amor verdadero   145

   Capítulo 12:   Junta directiva personal   159

   Capítulo 13:   Niños y otros

                       maestros espirituales   169

Quinta parte: Proyecciones   **183**

   Capítulo 14:   Escribiendo una nueva historia   185

   Capítulo 15:   Ejercitando el músculo

                       de la alegría   199

   Capítulo 16:   La alegría es contagiosa   213

   Capítulo 17:   El viaje que cuenta   225

Epílogo   **237**

Apéndice: Crea tu propio plan de la alegría   **243**

Guía de discusión sobre el plan de la alegría   **271**

Notas   **279**

Referencias y recursos   **295**

Índice   **313**

Agradecimientos   **325**

Acerca de la autora   **329**

«No podemos resolver nuestros problemas con el mismo pensamiento que usamos cuando los creamos».

—ALBERT EINSTEIN

INTRODUCCIÓN

Hacía frío ese día de principios de octubre. La niebla de la tarde en Santa Cruz cubría nuestra casa como una manta gris. Pero yo estaba sudando. Recorrí el piso de mi pequeña oficina en casa, escuchando con incredulidad la conversación con mis socios comerciales durante la conferencia virtual en mi computadora portátil.

A pesar de que yo era la única persona que estaba en casa esa tarde, le eché seguro a la puerta de mi oficina y cerré las cortinas con fuerza. Necesitaba bloquear el mundo de alguna manera, para que nadie pudiera ver mi vergüenza creciente. Las palabras «cerrar la empresa», «venta» y «bancarrota» sonaron como si pertenecieran a un sueño, mientras el ruido blanco comenzaba a llenar mis oídos.

Me sentí mareada, trastabillé a mi escritorio e intenté enfocarme en la pantalla de la computadora, pero todo lo que vi era negro. El sonido en mis oídos estaba aumentando y apoderándose de mí. Lo que comenzó como estática se convirtió en un grito, y sentí que reverberaba en todo mi ser: «¡NOOOOOOOOOO!».

Esto no. Ahora no.

Yo lo había puesto todo en juego y había fracasado. Todo ese tiempo. Todo ese dinero. Y Dan. Rayos, ¿qué le diría yo a él?

«¡Por favor, confía en mí, este negocio será un gran éxito! En un par de años, no tendrás que volver a trabajar nunca si no quieres; solo necesito que me des tiempo», le supliqué a mi esposo cuando discutimos por primera vez el hecho de que yo invirtiera grandes cantidades de tiempo y de dinero en una empresa emergente.

Pero ahora, el tiempo se había agotado, y yo me había estrellado y quemado. Dan no se jubilaría pronto. Yo no estaría ganando millones de dólares. Y tenía poco que mostrar por mis dieciocho horas de trabajo al día, salvo por las veinte libras que había subido luego de estar sentada de sol a sol frente a una computadora, todos los días durante meses. Fui muy consciente de esta ironía, ya que todo el trabajo era para una compañía de salud y bienestar que ayudaba a las personas, entre otras cosas, a perder peso.

En los días que siguieron, firmé papeles mientras me sentía paralizada, cerré cuentas, entregué contraseñas aturdida y lloré en el baño. Me dieron ganas de meterme en la cama y no levantarme en un año. Pero eso no era posible. Mis dos hijas, Kira y Nava, tenían seis y ocho años. Yo tenía responsabilidades de las que no podía escapar. Entonces, a medida que revisé los movimientos de mi vida, traté de superar otra tarea, otra lista de verificación, para que otro día llegara a su fin.

He leído que cuando tienes depresión, no te importa nada, y cuando tienes ansiedad, te importan demasiado las cosas. Pero ¿cómo se llama cuando tienes ambas cosas al mismo tiempo?

Sentía la ansiedad principalmente en mi pecho, pero era más que palpitaciones rápidas. Sentía un apretón brutal en mis pulmones, y jadeaba en busca de aire en medio del pánico. Mi mente bullía en alerta roja, pero en lugar de pensamientos productivos, solo decía lo mismo una y otra vez: «Oh no. Oh no. Oh no. ¿Qué debo hacer? ¿Qué debo hacer? ¿Qué debo hacer?».

Y sin embargo, en este estado de pánico, aunque el miedo laceraba mi mente, todo lo que mi cuerpo quería hacer era dormir.

Mientras la ansiedad me empujaba hacia arriba —jadeando, aferrándome, rasguñándome, agarrándome en busca de aire, de seguridad, de respuestas, de *cualquier cosa que no fuera esto*—, la depresión me lanzaba hacia abajo. «Duerme», decía la depresión. Tal vez si pudiera dormir, me despertaría y descubriría que todo era un sueño. Tal vez si pudiera dormir, encontraría una solución al día siguiente. Pero dormir no me producía alivio, solo sueños intermitentes y despertarme con más pánico. Temía la posibilidad de levantarme de la cama, a pesar de que las cosas no eran mejores cuando estaba en ella. Rápidamente, pasé de ser una ejecutiva capaz, que lideraba equipos multinacionales y complejas campañas de *marketing*, a convertirme casi en un fantasma, apenas capaz de bañarme. Generalmente ambiciosa y organizada, ahora era una sombra de mi yo anterior.

Desde el momento en que pude hablar, había estado organizando cosas —así fueran mis peluches—, y tomando medidas prácticas para lograr mi próximo plan. Era tan buena para hacer planes que incluso me pagaban por hacerlos para otras personas cuando crecí, como planificadora de *marketing* y eventos para empresas y organizaciones. A lo largo de mi vida, cada vez que uno de mis planes estaba completo, ya tenía otro en su lugar. Pero cuando este plan, mi *gran plan*, cayó en picada, me tomó completamente desprevenida, sin una dirección o plan de respaldo.

«*Es solo un negocio*», decía alguna voz racional —la mía u otra—, de tanto en tanto. Pero no era solo un negocio. Era mi *plan*. Mi plan para crear una seguridad financiera para mi familia. Mi plan para liberar a Dan del trabajo que odiaba. Mi plan para generar un impacto —y unos ingresos— de los que yo podría estar orgullosa. Ya había pensado en todo: en el éxito de la compañía, en nuestra expansión eventual, en mi parte de los beneficios. Estaba muy segura de que el plan era infalible. Pero ahora me sentí como una tonta. Y lo que me pareció peor fue que no tenía un plan acerca de qué hacer a continuación.

Sabiendo que estaba desesperada por encontrar una manera de seguir adelante, mi amiga Niko me habló de un concepto que había oído recientemente: que podías cambiar tu vida si hacías de tu propia alegría tu prioridad principal durante treinta días. Por supuesto, este concepto provenía de una fuente relativamente sobrenatural: un mensaje «canalizado» de un maestro espiritual al que Niko recurría de vez en cuando en busca de inspiración. Pero como no tenía otras ideas, y con una pequeña venta que me permitiría mantenerme a flote durante un mes, decidí intentarlo. Lo cual muestra lo desesperada que estaba yo, que pasar un mes concentrándome en mi propia felicidad parecía ser realmente un plan viable para cambiar mi vida.

Pensé que no tenía que creer en el aspecto espiritual de esta idea para que funcionara. Yo sabía lo suficiente sobre el comportamiento cerebral para entender que mis pensamientos están formados por conexiones neuronales, y que esos pensamientos influyen en mi perspectiva, mis acciones, mis elecciones y, finalmente, en mi vida. Tal vez treinta días de alegría intencional eran lo suficientemente largos como para encarrilar mi vida, ya fuera por la magia de fuerzas externas o por el poder que yo tenía en mi interior. Me prometí a mí misma que si esta estrategia no funcionaba, conseguiría un trabajo y volvería a contribuir a la sociedad después de treinta días. Pero si iba a intentarlo, tendría que dar lo mejor de mí.

Afortunadamente, mi esposo apoyó esta idea loca. No necesariamente porque pensara que funcionaría, sino principalmente porque catorce años después de estar conmigo, sabía que una vez que se me metía en la cabeza hacer algo, era inútil tratar de detenerme.

Así que, durante treinta días, busqué la alegría desde todos los ángulos, desde lo espiritual a lo fisiológico y todo lo demás. Recurrí al conjunto de investigaciones científicas y personales sobre las hormonas, neurotransmisores, sicología y atención plena, y lo resumí en un plan deliberado: el Plan de la alegría.

Debido a que pienso como una emprendedora, decidí enfocarme en mi plan de la alegría como si fuera un plan de negocios. Pensé que analizaría por completo los antecedentes y las circunstancias que llevaron al proyecto, establecería mis objetivos de alegría, implementaría mi estrategia de creación de alegría, evaluaría y abordaría cualquier desafío que surgiera, aprovecharía las fortalezas de mi equipo de apoyo, mediría mis resultados, y predeciría efectos alegres para el futuro. Como planificadora, estaba pensando en términos de acción práctica: iba a «hacer» el Plan de la alegría. Pero, aunque finalmente abordé todas las áreas de mi idea del plan de negocios, lo que surgió realmente fue muy diferente de lo que yo esperaba. Me di cuenta de que para que mi verdadera alegría surgiera, tenía que «estar» en el Plan de la alegría y permitir que el plan se revelara a mí. Resultó que el plan que se reveló a sí mismo fue el mejor plan que hice jamás.

Lo que sigue es un registro escrito de la mayor epifanía de mi vida. Detalla un experimento que fue cuidadosamente planificado y ejecutado, aunque el proceso en sí y los resultados que experimenté fueron a menudo sorprendentes. Fue un viaje práctico a una felicidad increíble. Y a través de este proceso planificado pero espontáneo, cambié mi vida en formas que creo que cualquiera podría lograr, incluyéndolos a ustedes.

Reconozco que era raro que tuviera un mes entero para dedicarme únicamente a mi propia alegría. Y debido a que realmente tenía esta rara oportunidad, aunque comenzó como algo que estaba haciendo solo para mí, realmente también lo hice por ustedes, porque tuve tiempo no solo para hacerlo, sino para escribir lo que funcionó a lo largo del camino. Ahora que lo he registrado por escrito, creo que se puede hacer bajo cualquier circunstancia, incluso cuando se tiene una vida agitada.

El plan de la alegría es una memoria práctica, una guía que se ilustra a través de mi historia personal. Y cuando lo terminen, espero que también los inspire para crear su propio Plan de la alegría.

PRIMERA PARTE

Antecedentes

¿CÓMO TERMINÓ AQUÍ?

La sección «Antecedentes» de un plan de negocios explica cómo surgió una iniciativa. Aunque *El plan de la alegría* no es un plan de negocios, es útil comprender la historia de fondo. Esta sección no es solo mi historia personal, sino la historia de fondo que todos tenemos en común, la que ha estado sucediendo dentro de nuestros cerebros desde que nacimos. Antes de comenzar con un Plan de la alegría, es importante pasar por un proceso de autorreflexión y descubrimiento. Piensa en ello como una planificación previa al plan: es posible que necesites una semana o dos para prepararte. Todos experimentamos la alegría de manera diferente y tenemos nuestras propias barreras únicas para la alegría. Entender lo que te hace funcionar te ayudará a desarrollar un plan diseñado específicamente para ti.

CAPÍTULO 1
¿Y AHORA QUÉ?

«A veces, no obtener lo que quieres es
un golpe de suerte maravilloso».

—DALAI LAMA

Habían pasado un par de semanas desde el colapso oficial de mi nego-cio, y sin trabajo para mantenerme encaminada, estaba empezando a perder la cuenta de los días de la semana. Cada día que pasaba era simplemente otro que yo esperaba que terminara. Octubre era normalmente mi mes favorito, cuando el sol del verano indio traía días cálidos y suaves y noches agradablemente frescas. Pero ahora, el sol me parecía estresante. Mantenía cerradas las persianas de nuestra casa de dos habitaciones con la mayor frecuencia posible, para ocultar el brillo ofensivo. No quería que me recordaran el mundo fuera de mi puerta y ver que la vida continuaba y había personas que la disfrutaban.

Había puesto mi corazón, alma, sudor, lágrimas —y una considerable cantidad de dinero— en el negocio, un servicio de evaluación de salud personal basado en la epigenética con sede en Santa Cruz, California. Había trabajado dieciocho horas al día durante meses sin interrupción, junto con mis socios comerciales y un equipo de cincuenta personas en seis países diferentes. Pero ahora, todo el ruido electrónico que había llenado frenéticamente mi mundo y que me mantuvo encadenada a mi escritorio, teniendo apenas tiempo de ir al baño o de comer un bocado, se había detenido.

Me senté en mi escritorio y miré mi teléfono. Su bombardeo frecuente y habitual de tonos, campanillas y números que indicaban correos electrónicos, correos de voz y textos cada vez más numerosos, estaba extrañamente ausente. Pensé que simplemente comprobaría, una vez más, para ver si había llegado algo urgente desde la última vez que miré cinco minutos antes, pero mi teléfono estaba en silencio. Realmente fue sorprendente lo rápido que pude pasar de cientos de correos electrónicos que volaban de un lado a otro —desde fechas límite y administración de equipos y responsabilidades y personas que esperaban cosas importantes de mí— al silencio. Ya no era importante, necesario o relevante. Ahora que mi negocio había desaparecido, sentí que yo también lo había hecho.

Por supuesto, había algunas personas que aún me necesitaban. Mi esposo Dan me había apoyado pacientemente mientras yo construía el negocio, invertía nuestros ahorros y trabajaba casi todo el día alejada de mi familia. Durante años, él había querido dejar su trabajo de ventas de software que le «robaba el alma», para perseguir algo que pudiera apasionarle y, sin embargo, yo le suplicaba continuamente que no renunciara. En ese momento, dependíamos más que nunca de sus ingresos. A pesar de que él hizo todo lo posible para protegerme de su decepción, yo apenas podía mirarlo a los ojos sin sentirme invadida por la culpa.

A mis hijas, Kira y Nava, el colapso del negocio les pareció agradable. De repente, mamá estaba fuera de su oficina. Y a pesar de mi apatía, querían jugar conmigo. Mientras me mostraban con entusiasmo sus últimos proyectos de arte, rutinas de baile, fortalezas y trucos que le habían enseñado a nuestro perro Lovey, fingía una sonrisa e intentaba alentarlas. Pero yo no estaba realmente presente. Durante esas semanas, no estaba realmente presente en mi propia vida. Estaba escapando, hundiéndome en la depresión, mientras estaba dominada también por el pánico producto de la ansiedad. Entre el tirón aplastante de la depresión y el empujón agudo de la ansiedad, yo estaba inmovilizada, congelada en un limbo e incapaz de hacer el menor movimiento.

Con mis hijas en la escuela y Dan en el trabajo durante el día, me encontré, por primera vez en mucho tiempo, sin una lista de tareas pendientes. El tiempo libre era una maldición para mí, una prueba de mi fracaso e inutilidad. Además, me sentía molesta conmigo no solo por haber fracasado, sino también por regodearme en mi propia desesperación en lugar de seguir adelante. Traté de decirme a mí misma que esto no era demasiado importante. Sabía muy bien que tenía una vida envidiable: estaba casada con un hombre maravilloso. Teníamos dos hijas sanas, una perra linda, y vivíamos en un hermoso pueblo al lado de la playa. El fracaso de un negocio de Internet era un ejemplo perfecto de «problemas del primer mundo». Sin embargo, este evento se sintió como la gota que colmó el vaso en una larga serie de fallas que apuntaban a mis varias deficiencias.

Mi diálogo interno se repitió como un disco rayado que decía así: *Soy estúpida, inútil y sin talento. A veces tengo algunas ideas buenas, pero solo hacen que otras personas tengan éxito y nunca me hacen ningún bien. Finjo ser una mujer inteligente y empoderada, pero la verdad es que dependo por completo de mi marido desde el punto de vista financiero y probablemente nunca pueda valerme por mis propios medios.*

Desgraciadamente, este comentario mental continuo no era nuevo, pues había existido por años. Pero yo había logrado suprimirlo luego de estar completamente absorta en el trabajo. A través de mi papel en el negocio, sentí que finalmente iba a demostrar que yo era valiosa, inteligente, y que tenía algo de valor para ofrecerle al mundo. ¡Finalmente iba a tener un éxito verdadero! ¿Y ahora qué? Tenía treinta y nueve años, sin planes, sin perspectivas, y sin ideas sobre qué hacer a continuación.

Yo siempre había tenido un plan en el pasado. *Yo era una planificadora profesional, por el amor de Dios.* A lo largo de mi vida, siempre estuve trabajando en algún proyecto, en el proceso de crear algo, en hacer proyecciones y tomar medidas para alcanzar mi próxima meta. Comencé mi primer negocio cuando tenía nueve años y no había parado desde entonces. No era extraño entonces que tuviera dificultades para hacer frente a la vida sin un plan.

Cuando estábamos probando el algoritmo para el software de salud personal en el que se basaba mi última aventura empresarial, tuve la oportunidad de medir mi actividad cerebral con un dispositivo de electroencefalograma (EEG). El software fue programado para hacer estimaciones sobre el comportamiento del cerebro a fin de proporcionar consejos de bienestar personalizados con base en la fisiología individual. Con el EEG, descubrí que el área de mi cerebro que uso principalmente es la T6, ubicada en el lóbulo temporal posterior derecho, que impulsa la visión hacia el futuro y la predicción de lo que sucederá a continuación[1]. Esta es literalmente la parte del cerebro que pronostica el resultado de los eventos. Resulta que tengo una habilidad innata para ser adivina, que es básicamente una planificadora estratégica glorificada, rociada con un poco de magia.

Ver los resultados del EEG de mi cerebro iluminarse en la pantalla de la computadora fue fascinante: mi T6 se activó cada segundo o dos. Durante el proceso, me hicieron todo tipo de preguntas no relacionadas entre sí —problemas matemáticos, preguntas emocionales sobre mis hijas, descripciones de alimentos— y mi cerebro salió del área apropiada (razonamiento cognitivo, centro emocional, centro de placer) de vuelta a la T6 para verificar *constantemente*. La T6 es como el centro de comando de mi cerebro y siempre estoy en contacto con ella. Así que cuando no puedo usar el área de mi cerebro al que estoy tan acostumbrada —cuando mi T6 no puede funcionar correctamente porque no hay un plan para proyectar ni un futuro claro para predecir—, el resto de mi cerebro se enloquece por completo.

Esto significa que la falta de un plan es mucho más traumática para mí que para alguien que usa principalmente un área diferente de su cerebro (como por ejemplo, la P3, ubicada en el lóbulo parietal izquierdo, que se ocupa del movimiento físico y las tácticas espaciales). Eso me parece incómodo, tal como puede parecerle a una persona cuando le estiran un músculo. Parece que mi T6 realmente *duele*, y la única forma de encontrar alivio es hacer un plan.

Así que allí estaba yo, sintiendo una intensa ansiedad y haciendo todo aquello en lo que podía pensar para tener un nuevo plan lo más rápido posible. Pero encontraba fallas en cada trabajo que consideraba, y dudaba que alguna vez pudiera volver a tener éxito como emprendedora. Mi mente seguía dándole vueltas a todas las formas en que yo había fallado. Estaba obsesionada con la rápida espiral descendente en que había caído mi negocio, y que algunos de mis logros profesionales más importantes no fueran reconocidos. Simplemente no podía continuar con este giro negativo, aunque el vórtice de negatividad existiera principalmente en mi mente. Algo tenía que cambiar.

Decidí intentar con un gimnasio, para ver si el ejercicio me ayudaba a salir de mi desgracia. Sabía que el ejercicio induce endorfinas en el cerebro que reducen la sensación de dolor, y en ese punto, cualquier reducción en mi sufrimiento era bienvenida. Además, habían pasado semanas desde que había movido mi cuerpo de manera significativa, y me preocupaba que pudiera ir en la misma dirección que mi espíritu, hacia la atrofia.

Pensé que si hacía ejercicio a primera hora de la mañana —y si el ejercicio realmente me ayudaba a sentir mejor—, entonces tal vez esa sensación mejorada continuaría a lo largo de mi día. Así que me levanté a las seis de la mañana para ir al gimnasio antes de que mi familia se despertara. La luna iluminaba todavía el cielo oscuro, y la niebla densa se cernía sobre la carretera. Me sentí ridícula, mientras conducía para hacer una sesión rápida de ejercicios, como si tuviera un día agitado de trabajo por delante. Mi letanía habitual de pensamientos negativos comenzó con vigor, mientras me regañaba por el desastre en el que estaba sumida.

Y mientras iba en mi auto, hirviendo en mi propio guiso de pensamientos putrefactos, regurgitados y ácidos, un zorrillo corrió justo en frente de mí, se detuvo en medio de la carretera, levantó la cola y roció la parte delantera de mi auto antes de alejarse. Si el zorrillo solo hubiera querido cruzar la calle, podría haber seguido corriendo fácilmente, pero creo que se detuvo intencionalmente justo en frente de mi auto e hizo lo suyo, solo para que yo volviera a recobrar mis sentidos.

Si un zorrillo no ha rociado nunca tu automóvil, no lo recomiendo. El hedor lo invade todo y permanece mucho tiempo. Pero recibí el mensaje con una claridad que apestaba. Tenía que detener esos pensamientos y estaba desesperada por descubrir cómo hacerlo. Después del encuentro con el zorrillo a primera hora de la mañana, desistí de ir al gimnasio. Fui a la biblioteca y revisé una gran pila de libros de autoayuda. Durante la semana siguiente, exploré los libros con voracidad. Pero sin importar cuántos de ellos leyera, simplemente no podía ayudarme a mí misma. Muchos de los libros recomendaban la meditación, pero cuando intentaba meditar, el zumbido continuo de mis pensamientos siempre era demasiado fuerte y no podía calmar mi mente, sin importar lo zen que yo intentara ser.

Casi una semana después de mi encuentro con el zorrillo, llamé a mi amiga Niko. Es la amiga a la que llamo cuando no sé qué hacer, porque ella siempre lo sabe. Como oradora inspiradora y *coach* ejecutiva —lo cual es realmente útil en una buena amiga—, Niko me aleja de mis temores y ansiedad de forma gratuita, cuando otras personas tienen que pagar mucho dinero por ello. Sin embargo, en mi estado de desesperación durante el mes pasado, no había recurrido a Niko —ni a ninguna de mis amigas y familiares para el caso—, y ella se sorprendió al escuchar lo malas que se habían puesto las cosas. Afortunadamente lo hice, y la perla de sabiduría que me dio ese día cambió el curso de mi vida.

«Hace poco escuché hablar de una idea que podría ser lo bastante loca para que te funcione», me dijo Niko. «Pero prepárate, proviene de un maestro espiritual canalizado».

Como buscadora de la verdad y estudiante de la vida, Niko está abierta a la sabiduría de cualquier dios, diosa, deidad, espíritu o fuerza mágica dispuesta a echar una mano. También está orientada a los objetivos, es práctica y profesional, y al igual que yo, es una planificadora. De hecho, y en cierto sentido, Niko es incluso más planificadora que yo. Su amor por las hojas de cálculo es extremo. Pero tal vez debido a sus antecedentes en lo que se conoce como «pensamiento de diseño» —un método innovador para resolver problemas complejos—, Niko tiene una forma diferente de ver el mundo. Aunque generalmente elijo el camino establecido y comprobado, Niko siempre está buscando un ángulo diferente, el enfoque externo, y no tiene reparos en encontrarlo en el ámbito espiritual.

«En este momento, estoy dispuesta a probar casi cualquier cosa», le dije, «incluyendo una lobotomía».

A continuación, Niko me habló de un concepto que había escuchado. La idea era que, si te enfocabas simplemente en sentirte bien durante treinta días, tu vida cambiaría por completo. Todo lo que tenías que hacer, de acuerdo con esta teoría, era hacer de tu propia alegría tu mayor prioridad durante treinta días y ocurrirían milagros en tu vida difícilmente que podrías imaginar.

¿La alegría por treinta días cambiará mi vida? *Bien, definitivamente es un concepto difícil de digerir,* pensé. *Pero seguro que podría usar algunos milagros.*

Niko dijo que la idea se basaba en la Ley de la atracción, una creencia de que nuestros pensamientos, sentimientos, palabras y acciones producen energías, y que esas energías atraen manifestaciones similares.[2] Las energías positivas atraen cosas, eventos y personas positivas, mientras que las energías negativas atraen experiencias y resultados negativos. Hay una cita famosa, a menudo atribuida al Buda, que resume bastante bien la Ley de la atracción: «Te conviertes en aquello que piensas. Atraes aquello que sientes. Creas aquello que imaginas». Niko explicó que la única razón por la que queremos algo es porque creemos que nos sentiremos bien cuando lo tengamos. Entonces, si podemos sentirnos bien ahora, las cosas que queremos llegarán a nosotros ahora.

No era la primera vez que yo había oído hablar de la Ley de la atracción. Al igual que muchos hippies de su generación, mis padres estaban interesados en libros de la «nueva era» como *The Path of Least Resistance: Learning to Become the Creative Force in Your Own Life* [*El camino de la menor resistencia: aprende a ser la fuerza creativa en tu propia vida*], de Robert Fritz.[3] Recuerdo que mi padre me dijo cuando yo tenía diez años que si quería manifestar algo, todo lo que tenía que hacer era visualizarlo y luego imaginar una banda elástica que se extendía entre lo que quería y yo. Añadió que la «tensión estructural» de la banda elástica entre lo que quería y yo me atraería. Crecí creyendo que, si quería algo y trabajaba para lograrlo, lo conseguiría.

Pero siempre había adoptado un enfoque hacia la manifestación muy orientado a las metas. Yo quería un título, un marido, una carrera, un viaje, una casa, un auto, unas hijas, un perro, y busqué eso con todas mis fuerzas. Hice planes de un año y de cinco años, planes de negocios y planes de ahorro. Y cada vez que completaba uno de mis planes, ya tenía otro en marcha. Nunca me detuve a pensar acerca de la motivación emocional detrás de toda esta planificación y creación. Me enfocaba simplemente en lo que pensaba que era la meta o el objetivo. Sin embargo, en libros de autoayuda espiritual como *El secreto*, *Pide y se te dará*, *Life Visioning*, *Piense y hágase rico*, y muchos otros que hablan sobre la Ley de la atracción, el énfasis principal está en la *sensación*, más que en la *meta*.[4]

De acuerdo con la teoría de la Ley de la atracción, cuando prestamos suficiente atención a algo, lo conseguimos. La Ley de la atracción no discrimina entre lo que queremos y lo que no queremos, simplemente nos concede aquello en lo que nos enfocamos. ¿Eso explica por qué estaba experimentando algo que realmente *no quería* en mi vida? Con tantas cosas en juego, durante varios meses me sentí llena de ansiedad por el negocio. ¿Mi miedo y mis preocupaciones por el fracaso de mi negocio, en lugar de la anticipación excitada de que tuviera éxito, habían obtenido la mayor cantidad de atención en mis pensamientos, palabras y acciones?

Tal vez mi «vibra» había atraído mi realidad, o tal vez era solo mi cerebro. Aunque puede haber un poder más elevado o una sabiduría interna profunda que responda a la llamada de los deseos que deseo manifestar, sé que mi cerebro también juega un papel importante en la ecuación. Cada pensamiento crea una conexión de células nerviosas, o neuronas, en el cerebro. Los pensamientos repetidos forman grupos de estas células nerviosas, llamadas redes neuronales, que se vuelven más fuertes y grandes cada vez que se activan. Cuanto más se utilizan estas redes neuronales, más fuertes se vuelven, y se agrupan eventualmente para formar rutas neuronales, como las carreteras que prefieren nuestros cerebros porque están transitadas y nos son familiares. Nuestros pensamientos repetidos se convierten en hábitos, y moldean eventualmente la forma en que vemos y experimentamos el mundo.[5] Nuestros cerebros también favorecen los recuerdos con una fuerte carga emocional. Eso significa que cuando el pensamiento se combina con la emoción, las conexiones neuronales crecen aún más rápido y fuerte.

Además, estamos programados con un sesgo cognitivo, conocido como el efecto de la negatividad, que dirige más fácilmente nuestra atención a la información negativa que a la positiva.[6] De hecho, necesitamos tres experiencias positivas para equilibrar el impacto de una experiencia negativa, pues los recuerdos negativos son más importantes para el cerebro.[7] Debido a estas tendencias mentales combinadas, cuando notamos algo negativo y nos enfocamos en ello, nuestros cerebros proporcionan naturalmente información similar para que coincida con nuestro enfoque. Esto puede convertirse rápidamente en una profecía realizada: si nos enfocamos con frecuencia en los problemas, notaremos una mayor cantidad de ellos en nuestras vidas. Los recuerdos almacenados que coinciden con nuestro enfoque a menudo se reproducen en un ciclo de retroalimentación, activando vías neuronales fuertes y desencadenando pensamientos y comportamientos repetidos y, por lo tanto, experiencias, ya sean negativas o positivas.

¿Qué pasaría si yo estuviera atrapada en un ciclo de retroalimentación de negatividad en mi cerebro, y solo necesitara crear suficientes experiencias positivas para contrarrestar el fuerte impacto de la experiencia negativa por la que acababa de pasar?

Me pregunté, ¿la Ley de la atracción está basada en una fuerza externa (espíritu/Dios/energía universal) que responde a nuestros pensamientos y sentimientos, o simplemente a nuestra propia realidad creada por nuestras mentes a medida que nuestros cerebros forman nuevas vías neuronales? Si cambiamos nuestra percepción de la realidad reestructurando nuestros pensamientos hacia una perspectiva positiva, gracias a la neuroplasticidad —la capacidad del cerebro para cambiar sus conexiones neuronales—, podemos influir en nuestros cerebros para percibir el mundo de una manera diferente. Entonces, si nos enfocamos por ejemplo principalmente en las cosas por las que estamos agradecidos, nuestros cerebros dirigirán naturalmente nuestra atención hacia las cosas que disfrutamos en la vida.

Todo el tiempo estamos creando nuestra realidad, en reacción a la forma en que se activan las neuronas en nuestro cerebro. La experiencia de la realidad es ligeramente diferente para cada persona en función de nuestras percepciones individuales. Nuestros patrones de pensamiento influyen en todo, desde lo que notamos en nuestro entorno hasta los micromovimientos y elecciones que hacemos a cada momento. Lo que pensamos se amplifica en nuestra realidad, nos guste o no; aquello en lo que nos enfocamos se convierte en lo que experimentamos. Nuestros pensamientos se convierten en creencias, nuestras creencias informan nuestras acciones, y nuestras acciones crean los resultados en nuestras vidas. Obtenemos aquello que esperamos. Entonces, si queremos manifestar experiencias específicas en nuestras vidas, debemos desarrollar patrones de pensamiento que respalden esas experiencias. Esta es la Ley de la atracción tal como tiene lugar en el cerebro.

Desde un punto de vista pragmático, ya sea que la Ley de la atracción funcione debido a alguna energía espiritual, o sea simplemente un mecanismo del cerebro —o una combinación de ambos—, el resultado es el mismo. A pesar de que sonaba como una especie de cosa sobrenatural que mi madre de la Era de Acuario me hubiera dicho que intentara, pude ver el mérito en la loca idea propuesta por Niko. Formar conscientemente nuevas redes neuronales y, eventualmente, vías neuronales, asociadas con sentimientos de alegría, podría abrir algo más que mi cerebro: podría abrir mi mundo. Si pudiera sentirme bien por treinta días, el tiempo suficiente para que la Ley de la atracción cambiara mi vida, tal vez yo atraería cosas maravillosas a ella. Aunque cambiar mi vida entera en treinta días simplemente haciendo lo que «se sentía bien» parecía improbable, a pesar de mi escepticismo, algo dentro de mí decía: «Vale la pena intentarlo. No tienes un mejor plan, ¿verdad?».

Y luego me di cuenta de que podría ser un plan al que yo podría recurrir: el Plan de la alegría.

—¿Qué crees que sucederá después de treinta días? —me preguntó Dan cuando le conté sobre la sugerencia de Niko. Afortunadamente, mi esposo es increíblemente paciente y tolerante, y no se sorprende fácilmente. Él sabía lo mal que me había sentido por el colapso de mi negocio y lo ansiosa que estaba por volver a encarrilar mi vida.

—No lo sé, ¿un milagro? —respondí—. Sonó aún más loco cuando lo dije en voz alta, pero aún así, quería que fuera cierto de alguna manera.

—¿Crees que treinta días son suficientes para darte la perspectiva que necesitas para ver las cosas con claridad con respecto al futuro? —se aventuró a decir Dan con suavidad.

Pensé que era una forma interesante de verlo. No es que yo debiera esperar que algo en particular cambiara en mis circunstancias durante esos treinta días, como había insinuado Niko. Ninguna expectativa de oportunidades milagrosas había caído en mi regazo. Más bien, era la esperanza de que treinta días fueran lo suficientemente largos como para darme la perspectiva de ver el camino hacia el siguiente paso.

—No lo sé, tesoro —respondí—. Pero parece una idea tan buena como cualquier otra. Y si nada cambia después de treinta días, comenzaré a buscar empleo.

—Confío en ti —me dijo—. Como decía siempre mi madre, lo más importante en la vida es ser felices; no hay nada que sea de mayor importancia.

La felicidad parecía una petición insólita. Pero yo haría lo mejor que pudiera.

En los días que siguieron a mi conversación con Niko, decidí seguir el Plan de la alegría como un experimento. Lo abordaría en términos científicos, trataría de medir mi alegría y la cantidad de cosas que iban bien en mi vida en comparación con mi tristeza y con las cosas que estaban yendo mal. Y haría un seguimiento de cómo había cambiado todo en el transcurso de treinta días al registrarlo todo por escrito. Si eso funcionaba para cambiar mi vida, sucedería más rápido de lo que probablemente sería contratada para un nuevo trabajo, y sería más divertido. Pero si no funcionaba, solo habría sido un mes que yo habría perdido, y podría tomar el primer empleo después de terminar con el Plan de la alegría.

Había recibido un pequeño pago por la venta de mi negocio, por lo que un mes fue casi la cantidad de tiempo que tenía antes de necesitar realmente generar ingresos y ayudar a cubrir nuestros gastos. *Tal vez esta venta —tan pequeña como era comparada con los cálculos de millones de dólares en ganancias que había hecho en mi cabeza—, bastaría para tener el tiempo que necesitaba para cambiar mi vida por completo,* pensé.

Mis hijas estaban en la escuela desde las 8:30 a.m. hasta las 2:30 p.m. todos los días, y mi esposo trabajaba hasta las 5:30 de la tarde. Esto significaba que yo tendría la casa para mí y un horario abierto para concentrarme en mi propia alegría durante al menos seis horas todos los días. Podría hacer esto. Tal vez realmente funcionaría. Pero ¿cómo empezar? Este plan se basaba en la alegría, no en la felicidad, y estaba bastante segura de que no tenía ninguna de estas dos cosas en ese momento.

Nunca había pensado realmente en la diferencia entre la felicidad y la alegría; anteriormente había usado los términos de manera intercambiable. Pero son muy diferentes. Según los científicos, la felicidad es una experiencia cognitiva, un estado mental que existe en nuestra conciencia, mientras que la alegría es una emoción, un sentimiento inconsciente que ocurre sin pensar.[8] Experimentamos felicidad en nuestra neocorteza —la parte más grande y también la más nueva de la corteza cerebral para evolucionar— donde se produce el pensamiento analítico, la planificación y la toma de decisiones. La felicidad crea una sensación de satisfacción, principalmente relacionada con las necesidades físicas (como el hambre y la sed), pero es temporal y fugaz.

La alegría, por el contrario, parece originarse en el sistema límbico del cerebro: la parte que controla la emoción, el comportamiento y la memoria a largo plazo. A diferencia de la felicidad, la alegría implica poca conciencia cognitiva —nos sentimos bien sin una decisión consciente—, y es más duradera. Mientras que la felicidad es inducida generalmente por las condiciones externas y depende de ellas, la alegría es algo que experimentamos con mayor profundidad; es un estado del ser que no está ligado necesariamente a situaciones externas. Mientras que la felicidad es un estado mental basado en las circunstancias, la alegría es un sentimiento interno que las ignora.

De hecho, la alegría a menudo se asocia con experiencias espirituales, una sensación de estar conectados con un poder superior, y un estado de paz interior y satisfacción sostenido a través de diversas experiencias. Como escribió Craig Lambert, Ph. D., en *Harvard Magazine*, «Los místicos han vinculado la alegría a la conexión con un poder superior a ellos mismos. La felicidad activa el sistema nervioso simpático (que estimula la respuesta de huida o lucha), mientras que la alegría estimula el sistema nervioso parasimpático (controlando el descanso y las funciones de digestión) ... La felicidad es un lugar para visitar, no un lugar para vivir».[9] Yo no quería simplemente visitar la felicidad, quería vivir con alegría.

Cuando pensaba en las personas más alegres que había conocido, estaban en Bali y vivían en la más absoluta pobreza. No estaban necesariamente felices con cada aspecto de sus vidas, pero encarnaban la alegría. Mi meta era descubrir cómo podría hacer lo mismo, a pesar del estado actual de las cosas en mi vida. Haría de esa meta mi mayor prioridad en los próximos treinta días.

Así que ahora, con la ventaja de un mes libre y con el lujo del tiempo y el espacio, me dispuse a ver qué pasaría con mi vida si hacía de mi propia alegría mi prioridad principal. Era un lujo que yo sabía que la mayoría de las personas no podrían darse nunca, y estaba decidida a aprovecharlo al máximo. Si pudiera cultivar intencionalmente pensamientos y experiencias positivas y sentirme feliz por el tiempo suficiente, ¿proporcionaría el Universo los medios para mi alegría continua? ¿O mi cerebro comenzaría a comportarse de nuevas maneras que me conducirían a una vida feliz? Estaba a punto de descubrirlo.

CONSEJO # 1 DEL PLAN DE LA ALEGRÍA

Según la teoría de la Ley de la atracción, cuando prestas suficiente atención a algo, lo obtienes, ya sea que lo quieras o no. Desde un punto de vista pragmático, todo el tiempo estamos creando nuestra realidad en reacción a la forma en que las neuronas se están activando en nuestros cerebros. Las conexiones neuronales se fortalecen cuando el pensamiento se combina con una emoción, como la alegría. Ya sea que la Ley de la atracción funcione debido a alguna energía espiritual o sea simplemente un mecanismo del cerebro, de cualquier manera el resultado es el mismo.

CAPÍTULO 2

LA PERRA EN
MI CABEZA

«Reconoce al ego por lo que es: una disfunción
colectiva, la locura de la mente humana».

—ECKHART TOLLE

Decidí que iba a comenzar mi mes dedicada a la alegría el primero de
noviembre, es decir, una semana después. Me sentía un poco ridícula
al sacar un mes entero para hacer algo tan simple como encontrar la alegría.
¿Por qué no la tenía ya? Sí, había fallado en algunas iniciativas de trabajo.
Pero tenía muchas cosas a mi favor. Si se pudieran reunir los ingredientes de
la «alegría» en un guiso, parecería que yo los tenía todos en mi olla.

Pero a pesar de lo alegre que yo parecía desde afuera, rara vez sentía alegría, a pesar de todas las bendiciones en mi vida. Obviamente, tenía momentos
felices. Pero la alegría verdadera y sostenida siempre me había sido esquiva.
Experimentaba la mayor parte de mi vida a través de un filtro de preocupación
y ansiedad, contra un trasfondo de pensamientos negativos y de autocrítica.

Me encontraba sola en la cama mientras mis hijas estaban en la escuela y Dan en el trabajo, y vi la pila de libros de autoayuda a los que había recurrido sin éxito en busca de inspiración, asentados precariamente en mi mesita de noche. Examiné uno de ellos, escrito por un monje budista, que hablaba sobre el «yo» que percibimos como nuestra verdadera identidad y que es meramente una ilusión. Pensé en este concepto universal que ha permeado tantas escuelas de pensamiento durante siglos: la construcción mental de la humanidad, que muchos llaman el «ego», a menudo conduce a nuestra ruina. Me sentía muy abatida, aunque intentaba emocionarme para comenzar con mi Plan de la alegría.

Vamos, Kaia, puedes hacer esto, pensé. ¿Qué tan difícil puede ser encontrar la alegría?

Bueno, en realidad, podía ser muy difícil. De hecho, aunque yo podría haber reflexionado sobre las innumerables razones para mi falta de alegría, realmente no necesitaba hacerlo. Ya se ha explicado y evaluado científicamente, y resulta que mi falta de alegría tiene que ver más con un mecanismo neuronal en mi cerebro que con las circunstancias de mi vida. En 2008, durante las sesiones nocturnas de lactancia con mi hija menor, edité un libro titulado *The Evolutionary Glitch* [El error evolutivo], escrito por el doctor Albert Garoli.[1] Este libro perspicaz explica científicamente por qué la mayoría de las personas no son alegres la mayor parte del tiempo.

The Evolutionary Glitch detalla cómo la mayoría de los seres humanos desarrollan un mecanismo de defensa mental en respuesta a varias experiencias de rechazo por las que todos atravesamos inevitablemente en diferentes momentos de nuestra infancia. Para algunos, estas primeras experiencias fundamentales implican una sensación de ser rechazados por sus propios padres, y para otros es una experiencia de ser rechazados por otros niños o adultos. Pero todos nuestros cerebros compensan este rechazo creando un mecanismo de defensa calculado para mantenernos a salvo. Los psiquiatras, los maestros espirituales y muchos otros sabios y científicos se han referido a lo largo de los siglos a este aspecto del ego como el «dolor corporal», la «mente del mono» o el «crítico interior».[2] Yo lo llamo «la perra en mi cabeza».

El doctor Garoli ha trabajado con los mejores neurocientíficos del mundo desde la década de 1990, y ha mapeado cientos de cerebros de sus pacientes usando EEG y otras tecnologías. Su investigación indica que la mayoría de las personas adapta uno de los seis principales mecanismos de defensa mental, que él equipara con un virus mental. Garoli llama a estos mecanismos de defensa «personalidades», un término acuñado por el psiquiatra suizo Carl Jung en referencia a las máscaras usadas por los mimos etruscos. Jung llamó a la personalidad «una especie de máscara, diseñada por un lado para dejar una impresión definitiva sobre los demás y, por el otro, para ocultar la verdadera naturaleza del individuo».[3] La personalidad de Garoli es más que una cara externa que mostramos al mundo; sin embargo, es un mecanismo de defensa que se ha vuelto rebelde en el cerebro.

Los estudios han confirmado que la misma zona del cerebro se activa cuando experimentamos exclusión social o rechazo que cuando experimentamos dolor físico.[4] Pero Garoli profundizó en su investigación para observar los cambios físicos reales que tienen lugar en el cerebro en respuesta al rechazo social y al mecanismo de defensa que se forma como resultado. Cuando una personalidad se forma, hay una explosión de producción eléctrica y emocional en el cerebro, que cambia su estructura física y psicológica desde ese punto en adelante. El resultado es un dolor psicológico agudo y surcos físicos que se forman en el cerebro. (Según los hallazgos de Garoli, este fenómeno es visible en los escaneos TEP o tomografía de emisión de positrones). En otras palabras, cuando se experimenta rechazo social, el cerebro se condiciona a sí mismo para reestructurar su tendencia natural a otra que perciba que será más aceptada socialmente.

Garoli describe este fenómeno como un «error evolutivo» porque, una vez formada en el cerebro, la personalidad evoluciona como su propia identidad mental separada cuyo objetivo principal es mantenerse viva. Y dado que la personalidad solo prospera cuando su organismo anfitrión siente estrés, en realidad crea la impresión mental de peligro, rechazo o de miedo a la propia seguridad, incluso cuando no es relevante para las circunstancias externas. La personalidad se convierte en una máscara que usamos la mayor parte del tiempo, especialmente cuando interactuamos con otras personas. La personalidad también activa el diálogo interno negativo, la duda y los hábitos repetidos destinados a ocultar la verdadera naturaleza de una persona, porque dicha naturaleza fue rechazada anteriormente.

Se trata de una gran sobrerreacción mental. Y lo más absurdo es que la mayoría de nosotros ni siquiera reconocemos nuestras personalidades porque están tan arraigadas en nuestro interior que no podemos verlas como una identidad separada. ¡Pero la personalidad *no* es lo que somos realmente!

Las personalidades varían en potencia según los individuos, dependiendo de la intensidad del impacto asociado con el rechazo que las originó. Los seis tipos de personalidades son como seis villanos diferentes en varios cuentos clásicos; sus métodos varían, pero todos son malvados. El doctor Garoli les puso nombres basado en los temperamentos, o humores, de la medicina griega clásica: sanguínea, linfática, nerviosa, melancólica, biliosa y flemática.[5] Las descripciones de cada una de ellas son horribles, pero es importante recordar que la *personalidad* y la *persona* no son lo mismo.

De los seis tipos de personalidades de Garoli, mi villana interna es la nerviosa, o la personalidad controladora. Es la perra en mi cabeza. Su meta es mantenerse a salvo manteniendo el control y evitando que otros se acerquen demasiado porque podrían causar daño emocional. Ella no solo es crítica y controladora con los demás; la mayor parte de su condena está dirigida a mí. Cuando creo que estoy escribiendo algo brillante, ella me dice que es una tontería estúpida. Cuando miro a mi esposo con amor, me dice que él es perezoso o que podría dejarme tirada algún día. Es dura, implacable e incansable en su misión para hacerme sentir que no valgo nada y que no debo confiar en nadie.

Hace esto porque la personalidad tiene un objetivo: hacer que su anfitrión sienta que es lo único con lo que puede contar, y de esa manera, protegerse a sí misma. Lo último que ella quiere es que yo tenga alegría. Porque si tengo alegría, no la necesito más. Sin una mente clara, libre del control primordial de mi personalidad, es difícil descubrir cuál es realmente mi verdadero camino a la alegría. Sé que mi personalidad me alejará intencionalmente de mi rumbo natural, en una dirección en la que es más probable que encuentre problemas y estrés.

Aunque yo había estudiado esta investigación durante años, nunca la había aplicado realmente a mi propia vida. Y decidí que ya era hora de hacerlo. Necesitaba toda la ayuda posible para que mi Plan de la alegría tuviera las mejores posibilidades de éxito.

Encontré mi ejemplar de *The Evolutionary Glitch* en la estantería y lo desempolvé. Caminé hacia el espejo de cuerpo entero en el respaldo de la puerta de mi habitación, y vi a una mujer de aspecto cansado, ligeramente despeinada, mirándome. La voz crítica de la perra en mi cabeza apareció de inmediato con la lista de defectos que vio en mi reflejo: *demasiado gorda, la tez demasiado manchada, el pelo demasiado delgado.* Me metí en la cama con el libro y un cuaderno, decidida a descubrir y a exponer a la perra por la impostora que era.

Volví y realicé los ejercicios detallados en *The Evolutionary Glitch* diseñados para oponerme al control de la personalidad, algo que no había hecho desde que edité el libro. A través de estos ejercicios —que implican identificar cuál de los seis tipos de personalidad tenemos y luego profundizar en los recuerdos de la infancia para determinar cuándo se formó—, podemos comenzar a reconocer cuándo está activa la personalidad. Reconocer la personalidad es el primer paso para extirpar este «virus mental». Con práctica y dedicación, puedes crear nuevas redes neuronales que anulen la personalidad, reconectando así las vías del cerebro. La personalidad solo continúa existiendo porque las redes neuronales que la forman se usan con frecuencia. Pero, así como los músculos se debilitan por la falta de uso, la personalidad se marchita si no es confirmada perpetuamente.

Sabía que, si podía liberarme del control de la personalidad, aunque fuera un poco, podría comenzar a sentir las inclinaciones e intereses naturales de mi cuerpo, y reemplazar la personalidad con quien realmente soy. Porque una vez que estamos en contacto con lo que realmente somos, es cuando la alegría llega a montones. Pero, ¿cómo descubrimos quiénes somos realmente?

Lo asombroso, según *The Evolutionary Glitch*, es que la clave para nuestra alegría, dirección y propósito en la vida está escrita en nuestras células. Nuestros cuerpos son los recipientes de nuestras metas y deseos, pero nuestras personalidades secuestran nuestros cerebros y nos ocultan nuestra verdadera naturaleza, controlando así nuestras mentes conscientes y bloqueando nuestra intuición. Cada uno de nosotros tiene una dirección única en la vida para la que estamos más preparados, y seguir en esa dirección puede conducirnos a una vida exitosa de alegría y comodidad. El truco está en ver más allá de la personalidad que bloquea nuestro camino para poder descubrir cuál es nuestra verdadera dirección hacia una vida alegre.

Lo que otros podrían llamar un «instinto» o un «llamado», el doctor Garoli lo clasificó científicamente en ocho «patrones de ondas resonantes» que se encuentran debajo de la personalidad en cada uno de nosotros. Uno de estos ocho patrones de ondas resonantes es la verdadera naturaleza primaria de cada persona, y apunta a nuestra dirección ideal en la vida (ver el ejercicio # 1 del Apéndice para descripciones de los ocho patrones de ondas resonantes). De acuerdo con la teoría de Garoli, las actividades que disfrutaremos más y que producirán los mayores éxitos están determinadas por las predisposiciones naturales de nuestra función cerebral individual, así como por los perfiles hormonales y físicos particulares de nuestros cuerpos individuales.

Mientras revisaba *The Evolutionary Glitch*, examiné los ocho patrones de ondas resonantes e intenté determinar cuál me parecía el más adecuado para mí. Pensé que podría identificarme con más de una de estas ondas, pero de acuerdo con la investigación de Garoli sobre el cerebro, cada persona tiene solo una onda primaria. La clave para descubrir con qué onda nos identificamos —y utilizarla para llegar a la Ciudad de la Alegría—, es aprender a seguir nuestra mente subconsciente antes que nuestra mente consciente.

Los términos «mente» y «cerebro» suelen usarse de manera intercambiable, al igual que «felicidad» y «alegría», pero según los científicos, la mente es *creada* por el cerebro.[6] El cerebro recoge señales del entorno que utiliza para crear nuestras creencias, deseos y metas.

La mente se puede dividir en tres funciones: la consciente, la subconsciente y la inconsciente.[7] La mente consciente es donde operamos en el momento presente. El pensamiento consciente ocurre en gran parte en la corteza prefrontal, ubicada detrás de la frente; esta es la parte más pequeña de nuestro cerebro y solo representa una fracción de lo que nuestros cerebros están haciendo en un momento dado.

La mente subconsciente consiste en una información que es accesible, pero que está por fuera del ámbito de la percepción consciente. La información subconsciente es como un recuerdo a corto plazo: está disponible cuando llevamos nuestra atención a ella. Está ubicada en el «cerebro reptiliano», la parte del cerebro que evolucionó primero, y que está más preocupada por los mecanismos de supervivencia que por la lógica.

Pero, aunque sabemos en qué partes del cerebro se encuentran las mentes conscientes y subconscientes en el cerebro, la ubicación de la mente inconsciente —si es que hay una ubicación específica— aún no está clara. La mente inconsciente está compuesta de instintos primitivos y recuerdos profundos de largo plazo que rara vez son accesibles para la mente consciente.

Sin embargo, la clave para encontrar nuestro camino a la alegría está en liberar la mente subconsciente, que es accesible a la mente consciente. La mente subconsciente es el ámbito de la intuición: el conocimiento o las soluciones que están disponibles a través de procesos de pensamiento muy rápidos, lo que a menudo llamamos un «instinto visceral». La intuición puede parecer mística; se explica a menudo desde una perspectiva espiritual como el acto de acceder a una «energía universal» o a un «poder superior», quizá a través de un subcondesciente colectivo al que todos estamos conectados. En realidad, la intuición es simplemente el proceso de acceder a la información almacenada en la mente subconsciente, que está más allá del razonamiento consciente.

La intuición a menudo puede parecer sutil, como una comprensión o solución que aparece suavemente sin palabras. Podría presentarse como una imagen o un impulso repentino que indica un curso de acción. Parece segura y cierta, instintiva, pero a menudo es rápidamente anulada por pensamientos conscientes que dudan de su validez. Pero es imperativo que sigamos estos «instintos viscerales» y escuchemos nuestra intuición, porque los impulsos de la mente subconsciente son la representación más precisa de nuestra verdadera naturaleza —aunque a menudo pasan desapercibidos—, y por lo general son bastante diferentes de los mensajes que nos está enviando nuestra personalidad. Acceder a esta intuición subconsciente es otra forma de eludir a la personalidad.

Aprovechar tu intuición requiere práctica. Podemos practicar escuchando la voz calmada de nuestra mente subconsciente prestando atención a los sentimientos y reacciones que tenemos cuando ocurren diferentes eventos y circunstancias. Este proceso se puede comparar con el hecho de sintonizar tu propia frecuencia de radio o voz interna. Si la voz de tu personalidad es fuerte, tu voz interior será más difícil de escuchar. Pero cuando *estás* escuchando esa voz interior, verás signos en tu vida que te mostrarán el camino correcto a seguir.

Los «signos» pueden parecer algo sobrenatural, pero son un fenómeno bien documentado. Carl Jung se refirió a las «sincronicidades» o coincidencias significativas, que ocurren todo el tiempo.[*] Jung creía que nuestras vidas no son meramente una serie de eventos aleatorios, sino que hay una imagen espiritual más grande de la que todos somos parte.[8] ¿Los signos vienen del Universo o de Dios como una forma de comunicación espiritual, o son simplemente la atención de tu cerebro a pistas específicas que siempre estuvieron presentes, pero fuera de tu campo de conciencia hasta que las enfocaste? De cualquier manera, reconocer los signos es un elemento importante de la intuición. Por supuesto, todos interpretamos nuestras observaciones de una manera diferente, y los signos tienen un significado único para cada persona. Lo que importa cuando veas un signo es lo que significa para ti.

Aunque yo entendía intelectualmente los signos y el subconsciente, no me sentía conectada con mi intuición, propósito o llamado. Y a pesar de que había tenido varios años para adquirir conocimientos sobre los mecanismos detrás de la personalidad, me atemorizaba abordar mi propio virus mental,

---

[*]   Jung da un ejemplo de un signo, o sincronicidad, en esta descripción de una experiencia que tuvo en una sesión con un paciente particularmente desafiante:

Ella tuvo un sueño impresionante la noche anterior, en el cual alguien le había dado un escarabajo dorado, una pieza costosa de joyería. Mientras ella me estaba contando este sueño, escuché algo detrás de mí tocar suavemente en la ventana. Me volteé y vi que era un insecto volador muy grande que estaba golpeando contra el cristal de la ventana desde afuera, en un esfuerzo obvio para entrar a la habitación oscura. Esto me pareció muy extraño. Abrí la ventana inmediatamente y atrapé al insecto en el aire mientras volaba. Era un escarabajo escarabeido, cuyo color verde dorado se asemeja mucho al de un escarabajo dorado. Le di el escarabajo a mi paciente con las palabras, «Aquí está tu escarabajo».

pues sabía que este estaría compitiendo conmigo en mi búsqueda de la alegría. Tenía esperanzas de que treinta días serían suficientes para cambiar lo que estaba pasando en mi mente, así como en mi vida.

Sabía que para lograr realmente los resultados alegres que quería de mi experimento de un mes, tendría que eliminar las barreras para alcanzar mi alegría, incluida mi personalidad. Estaba lista para aplacar finalmente a la perra en mi mente, aunque no la expulsara por completo.

Unos cinco días antes de hacer planes para comenzar oficialmente con mi Plan de la alegría, seguí el consejo de Garoli presente en *The Evolutionary Glitch* y comencé a prestar mucha atención al contenido de mis pensamientos para poder reconocer cuándo se activaba mi personalidad. Esto fue sorprendentemente difícil porque era muy frecuente. Fue casi más fácil reconocer las veces en que mi personalidad no estaba activa, esos raros momentos en los que me sentía tranquila, en paz, inmersa en un momento agradable o lo suficientemente distraída como para olvidar temporalmente mis problemas.

Cuando empecé a notar realmente el parloteo casi constante en mi mente, fue como distinguir a un ladrón entre las sombras. De repente, pude verla por todo lo que estaba tratando de robarme: mi seguridad, mi sentido del valor, mi confianza en los demás y mi esperanza en el futuro.

Escribí los mensajes más repetitivos con los que mi personalidad me martillaba a diario:

1. Soy un fracaso.
2. Soy estúpida.
3. Soy vieja y fea.
4. Nadie me ama realmente; estoy realmente sola en esta vida.
5. Fracaso en casi todo.
6. No tengo nada de valor para ofrecer al mundo.

7.   Nada de esto va a cambiar alguna vez; solo va a empeorar.

Al verlo en el papel, sentí el golpe de estas palabras como una patada en el estómago. Pero también sentí un poco de alivio. Al menos ahora sabía a qué me enfrentaba, y podía prestarle mejor atención para que cuando esos pensamientos inundaran mi mente, los reconociera como la agenda de mi personalidad y no de la mía. Sabía que esto sería crítico en mi Plan de la alegría.

Decidí darle un nombre a la perra en mi cabeza: Patty la habladora. Empecé a pensar en ella como en mi compañera de piso molesta y negativa que rara vez se callaba. Y decidí que —dado que Patty la habladora probablemente estaría viviendo conmigo por un buen tiempo—, trataría de callarla. Imaginé el sonido del zumbido negativo de Patty la habladora desvaneciéndose en los sonidos indiscernibles del profesor en las caricaturas de Charlie Brown. «*Bah, bah, bah*», dije en voz alta cuando la sorprendí en flagrancia, diciéndome que yo era un fracaso una vez más. Ella era realmente bastante repetitiva.

Y cuando trató de llamar mi atención aún más recordándome todo el tiempo y el dinero que yo había desperdiciado en mi negocio fallido, en lugar de unirme a su alboroto de negatividad, dije en voz alta: «¡SHHHHHHHHHH!». Principalmente, quería que la perra en mi cabeza estuviera callada el tiempo suficiente para poder escuchar lo que mi mente subconsciente podría estar tratando de decirme sobre mi verdadera naturaleza y los medios para encontrar mi alegría.

Al repasar el ejercicio de desacelerar mi vida, calmar mis pensamientos y concentrarme en mi propia alegría durante un mes, planeé ponerme en contacto con mi naturaleza verdadera y escurridiza, que, sospechaba, era en realidad muy diferente de mi personalidad y de mi medio de vida elegido. Estaría atenta a cualquier señal en el camino.

CONSEJO # 2 DEL PLAN DE LA ALEGRÍA

La mente subconsciente se encuentra justo debajo de la percepción consciente y es el reino de los sentimientos y la intuición, que proporciona sensaciones más generales en lugar de información precisa. Puedes practicar desconectando la voz negativa de tu personalidad o ego, y escuchar a tu mente subconsciente al prestar atención a las reacciones que tienes cuando ocurren diferentes eventos y circunstancias en tu vida. Este proceso se puede comparar con sintonizar tu propia frecuencia de radio o voz interior.

CAPÍTULO 3

CONÓCETE A TI MISMA

«Llegó un momento en que el riesgo de permanecer apretada en el cogollo era más doloroso que el riesgo que implicaba florecer».

—ANAIS NIN

Faltaban apenas unos pocos días para que comenzara noviembre, mi mes de la alegría. Como planificadora, yo quería prepararme para mi Plan de la alegría con una agenda, un cronograma, hojas de cálculo y listas de verificación. Pero, ¿cómo podía preparar y planificar un mes para seguir espontáneamente la alegría y acceder a mi intuición subconsciente? El objetivo era claro pero difuso al mismo tiempo: encontrar maneras de sentirme bien, dejar que mi verdadera naturaleza me guiara en lugar de que lo hiciera mi personalidad, seguir haciendo de la alegría mi máxima prioridad, esperar y observar los milagros.

Mientras me preparaba para el desafío del Plan de la alegría por un mes, en lo que respecta a mis hijas la alegría ya era el centro de sus vidas. Kira tenía ocho años, Nava seis, y estaban ocupadas con las cosas que ocupaban a la mayoría de las niñas de ocho y seis años: juguetes, amigas, la escuela, su perro, y, sobre todo, divertirse. Jugaban, hacían muchas preguntas y, en general, no se daban cuenta de lo que estaba pasando conmigo. De todos modos, nunca habían entendido mucho acerca de mi negocio, excepto que mamá trabajaba todo el tiempo. Así que pensaron que cualquier cosa que me alejara del apego casi constante a mi computadora portátil era agradable. Mientras yo me movía, ellas revoloteaban como mariposas a mi alrededor: un destello de color brillante contra mi fondo gris.

Una tarde, en un momento tranquilo en casa después de la escuela, les pregunté a las niñas si habían notado algo diferente en mí desde que dejé de trabajar.

Kira respondió: «Tienes una mente más abierta cuando no estás estresada».

Me pregunté si se refería a que yo digo «sí» a más cosas cuando no estoy estresada, pero independientemente de lo que ella quería decir, «de mente abierta» era algo totalmente acertado. El estrés activa la amígdala, el sensor del peligro en el cerebro, y bloquea la corteza prefrontal, donde tiene lugar el pensamiento lógico.[1] Bajo estrés, la mente está literalmente menos abierta: el camino hacia el pensamiento claro, orientado a la solución, está bloqueado y los instintos de supervivencia asumen el mando.

«Eres *malaaaaaaa* cuando estás estresada», dijo Nava con el ceño fruncido y luego se rio como el clásico villano de una película.

Ella también tenía razón: cuando la perra en mi cabeza asumía el control, yo era una dictadora cruel, y exigía que mis súbditos obedecieran o se las vieran con mi ira. Tal vez parecía menos estresada por mis hijas últimamente porque mi estrés había adquirido una cualidad más desesperada y anhelante.

Mientras tanto, Dan estaba inmerso en su propia situación laboral, que parecía empeorar cada día. Por lo general, un surfista activo y la persona más alegre que yo conocía, mi esposo se había vuelto más silencioso y menos activo de lo habitual. Quería dejar su trabajo, pero las solicitudes y peticiones que había enviado para otros empleos no habían dado ningún resultado. A los cuarenta y siete años, tenía el doble de edad que muchos de los empleados de las empresas donde había presentado solicitudes de empleo, y se sentía desanimado, viejo y atascado. A pesar de esto, apoyó mi Plan de la alegría y le entusiasmó que yo lo comenzara. Pero yo podía decir que él no estaba completamente involucrado en eso; tenía otras cosas en mente.

Yo también tenía otras cosas en mi mente. Ahora que estaba pendiente de Patty la habladora, prestaba más atención a mis pensamientos, y era inquietante lo repetitivos que eran. Según la investigación del doctor Fred Luskin de la Universidad de Stanford, una persona promedio tiene 60.000 pensamientos al día durante las horas de vigilia, y el noventa por ciento de ellos son repetitivos.[2] Si el Plan de la alegría iba a funcionar basado en el contenido positivo de mis pensamientos y en la cualidad alegre de mis emociones, necesitaba encontrar una manera de moverlas al otro lado del espectro.

Decidí clasificar mis pensamientos en categorías para entender mejor mi estado mental. Descubrí que el contenido de mis pensamientos se dividía principalmente en cuatro grupos: el pasado (generalmente con una sensación de tristeza o enojo), el futuro (dominado por la preocupación y el miedo), el juicio (principalmente sobre mí, pero a veces sobre otros) y el presente (algo que captaba mi atención inmediata o comprometía uno de mis sentidos, como comer o sentirme cansada).

Anoté estas categorías e hice marcas de verificación junto a ellas a lo largo del día cada vez que notaba pensamientos correspondientes. Fue un proceso interesante. Descubrí que, cuando notaba y clasificaba mis pensamientos, comenzaba a verlos como algo separado de mí, y que eran generados principalmente por mi personalidad. Y desde que comencé a referirme a Patty la habladora como una entidad separada, el poder que esos pensamientos tenían sobre mí perdió un poco de su control. Me sentía un poco loca, registrando las voces en mi cabeza, pero estaba dispuesta a estar loca para que este plan funcionara. Se me ocurrió un ejercicio mental simple al imaginar que mis pensamientos se convertían en burbujas y desaparecían. Esperaba poder entrenar mi mente para permitir que los pensamientos se deslizaran y salieran como burbujas, en lugar de llevarme en un viaje emocional al que no me había apuntado.

Al notar cuántos pensamientos negativos tenía a lo largo del día, me di cuenta de que realmente necesitaba este Plan de la alegría. Pensé que haría maravillas en mi salud mental, pero sabía que mi salud física también se beneficiaría. De hecho, pensé que el Plan de la alegría podría salvarme la vida.

En el último par de años, había aprendido bastante sobre epigenética: el estudio de cómo el entorno afecta la expresión genética.[3] La epigenética explica por qué gemelos idénticos criados en entornos diferentes o con distintos hábitos de salud desarrollan perfiles de salud completamente diferentes décadas después, a pesar de tener el mismo ADN. Todos portamos los genes —una predisposición en nuestro ADN— de diversas enfermedades, pero esos genes no necesariamente se expresarán.[4] Cuando se expresan, se encienden como una bombilla, y generalmente hay algo que activa el interruptor.[5] A menudo, el desencadenante es el estrés. Pero es completamente posible portar genes de ciertas enfermedades que no se activarán nunca.

He tenido psoriasis severa, una afección autoinmune de la piel, desde que tenía cuatro años. En 2009, después de un tratamiento con luz UV para ayudar a la peor crisis de psoriasis de mi vida, desarrollé cientos de *nevos displásicos múltiples*, una erupción espontánea de numerosos lunares «pre-melanoma». Mi dermatólogo y otros médicos me informaron que tenía el mayor riesgo posible de desarrollar melanoma, una de las formas de cáncer de piel que progresa más rápidamente y es más letal. Además de decirme que evitara el sol durante las horas más fuertes, que me cubriera y usara protector solar, mi dermatólogo me dijo que lo más importante que podía hacer para prevenir el cáncer era evitar el estrés.

Aunque siempre supe que el estrés era «malo», no era algo que hubiera considerado profundamente que se aplicara a mí. Y definitivamente no había esperado enterarme por medio de un dermatólogo que el estrés podía activar los genes que causan esa enfermedad. Mientras estaba ocupada preocupándome por los plazos, el dinero y por hacerlo todo —sintiéndome estresada la mayor parte del tiempo—, nunca había considerado lo que el estrés le estaba haciendo a mi cuerpo. Resulta que el estrés crea inflamación, lo que promueve el crecimiento de las células cancerosas.[6]

Había pensado mucho en los consejos de mi dermatólogo desde esa cita, pero sabía que realmente no los había seguido. Pasé gran parte de mi vida estresada, casi no sabía cómo ser de otra manera. Recuerdo que tenía cuatro años, estaba en un restaurante con mi madre y con un tipo con el que estaba saliendo ella en ese momento y que, por casualidad, era un payaso profesional. Acababa de salir del trabajo, y estaba disfrazado de payaso en el restaurante. Estábamos disfrutando de mi comida favorita, y el payaso estaba haciendo todo tipo de trucos tontos para entretenerme. Debería haberme sentido feliz. Pero no podía dejar de preocuparme por todo.

—Kaia, relájate simplemente —me dijo mi madre.

—¡Lo estoy intentando tanto como puedo! —exclamé, y la yuxtaposición fue tan graciosa para mi madre y el payaso que se echaron a reír. Pero era cierto. He intentado relajarme «tanto como puedo» durante años, y la mayoría de las veces no he tenido éxito. Esta es la historia de mi vida. Patty la habladora ha sido a menudo la que tenía las riendas dentro de mi cabeza.

A los veinticinco años, mientras viajaba por Europa en tren, conocí a un sacerdote católico indio y de pelo blanco a última hora de la noche en algún lugar de España. Su nombre era Ephraim, y juro que la sabiduría emanaba de cada uno de sus poros. Incluso olía a sabio. Terminamos hablando toda la noche sobre la vida, la muerte y todo lo demás. Y cuando nos acercábamos a su parada del tren, le pregunté rápidamente: «Por cierto, me he estado preguntando, ¿cómo puedo detener los pensamientos negativos y la preocupación? Parece que los tengo todo el tiempo. Sé que la preocupación es como orar por lo que no quieres, pero no sé cómo parar».

Ephraim me miró con sus amables ojos marrones y sonrió, y su rostro se arrugó desde la boca hasta la frente. Con su acento de abuelo indio y balanceando la cabeza de un lado a otro, dijo: «Deja abiertas la puerta de entrada y la puerta de atrás. Deja que los pensamientos vayan y vengan. Pero no les sirvas té», y luego bajó del tren. Más tarde me di cuenta de que había citado al gurú de la meditación, Shunryû Suzuki, e hice todo lo posible por recordar esas sabias palabras. Pero generalmente no tuve éxito.

Sin embargo, en ese mes —en el Plan de la alegría—, estaba decidida a mantener mis pensamientos positivos. Reconocería el parloteo de Patty la habladora y trataría de dejarlo pasar. Mientras tanto, pondría la mesa para la gratitud, el optimismo y la alegría, y les daría la bienvenida para que entraran y tomaran té.

En preparación para esta «fiesta del té», lo siguiente que hice para prepararme para mi Plan de la alegría fue hacer una lluvia de ideas sobre cómo crearía realmente las condiciones para la alegría. ¿Cómo podría hacer de la alegría mi máxima prioridad si no sabía cómo se sentía?

Pensé en lo que me gustaba. Mi vida se había centrado principalmente en el trabajo, así que me centré en eso primero. Pensé en mis habilidades. Era buena para atraer la atención de los medios a personas, proyectos y productos, y lo había estado haciendo por veinte años. Era buena para hacer planes de *marketing*—, y era bastante buena para planificar eventos. Realmente me encantaba escribir y pensé que lo hacía bien —especialmente los blogs que había estado escribiendo el año anterior para mi negocio.

Cuanto más pensaba en ello, más me daba cuenta de que, aunque había logrado buenos resultados en las relaciones con los medios y el aspecto de la planificación de eventos de las relaciones públicas y el *marketing*, la escritura era realmente lo que más disfrutaba. Escribir comunicados de prensa, boletines y artículos de revistas, incluso correos electrónicos —el simple acto de unir palabras—, era realmente divertido para mí.

Nunca me había considerado escritora, a pesar de que había escrito mucho en mi vida. Cuando era niña, no había nada que me encantara más que escribir e ilustrar mis propios libros. Pasaba varias horas al día escribiendo lentamente las palabras y dibujando con cuidado las imágenes para las historias que inventaba, o les ponía mi toque único, como en mi propia versión de los clásicos cuentos de hadas. Hacer esos libros son algunos de los recuerdos más felices de mi niñez, pero de alguna manera nunca consideré que pudiera hacerlo como adulta. Pensé en hacer libros como un «juego», y cuando elegí una carrera profesional, me decidí por el *marketing*, algo que sabía que me daría un sueldo fijo.

Sin embargo, al tomarme el tiempo y el espacio para reflexionar sobre lo que realmente disfrutaba, me di cuenta de que el aspecto de todo el trabajo que había hecho realmente que me iluminaba era la escritura. Y la parte que más me agotaba era interactuar mucho con otras personas. Y por primera vez, reconocí algo con lo que creo haber estado luchando toda mi vida: *que soy introvertida*.

Pensé en los patrones de ondas resonantes en *The Evolutionary Glitch* y me di cuenta de que me había dedicado principalmente a la actividad de la Onda Calmante (cuidar a los demás como madre) y a la Onda Expansiva (unir a las personas a través de la publicidad) cuando realmente me identificaba más con la Onda de Rendimiento (investigación, escritura, solución de problemas).

Cuando estaba trabajando con mi equipo para construir el software de salud personal, había estudiado bastante sobre la actividad cerebral y aprendido que los cerebros de los introvertidos y los extrovertidos funcionan de manera muy diferente. Los cerebros de los extrovertidos dependen de estímulos externos para participar y activarse, mientras que los cerebros de los introvertidos generan tantos estímulos internos que los aportes externos pueden ser abrumadores.[7] Ser introvertido no es lo mismo que ser tímido o solitario; más bien, los introvertidos necesitan estar solos para procesar sus pensamientos, mientras que los extrovertidos dependen de la fuerza energizante de los demás para estimular sus pensamientos.[8] Cuanto más lo pensaba, más me daba cuenta de que siempre había sido una introvertida natural, aunque me he esforzado por encajar en un mundo extrovertido. Y esa es probablemente la razón por la que a menudo me siento abrumada y agotada mentalmente.

Con el tiempo y el espacio para pensar qué es lo que me alegra realmente, comencé por fin a aceptar mi introversión interior. De repente, me vi bajo una luz diferente, como si me estuviera encontrando a mí misma por primera vez. Dada esta nueva realización, decidí que mi plan de la alegría personal probablemente sería muy diferente al plan de la alegría de un extrovertido. En lugar de buscar alegría en los entornos sociales, encontraría consuelo al retirarme a mi propio espacio mental, con largos períodos de silenciosas y deliciosas horas de soledad.

Nunca había hecho esto. De hecho, había pasado la mayor parte de mi vida siendo muy sociable. En mi veintena, y como ejecutiva de relaciones públicas en San Francisco, tenía un enorme calendario en la pared al lado de mi escritorio, con espacios de tiempo por horas, y llenaba todos los espacios desde la mañana hasta la noche con otras personas y actividades. Si una hora estaba en blanco, rápidamente hacía planes para llenarla. No me tomé el tiempo para reflexionar si toda esta actividad social estaba llenando mi taza o no; simplemente asumí que eso era lo que se suponía que debía hacer, porque era lo que hacían todos a mi alrededor. Luego conocí a Dan (un extrovertido innato), nos casamos, tuvimos hijos, y la vida había sido... bueno, agitada. Demasiado agitada para darme cuenta de mi verdadera naturaleza, supongo, algo por lo que me sentí muy aliviada de descubrir.

Me sentí liberada. Como si estuviera reconociendo algo que mi voz interior había estado tratando de decirme durante años, suplicando un poco de consuelo, que yo callaba continuamente al decir: *No tengo tiempo, tengo que prepararme para otra cena*. Pero ahora, estaba abrazando mi vida como una introvertida, y necesitaba poner algunos procedimientos nuevos en su lugar para asegurarme de que escucharía esa voz interior de ahora en adelante.

Descubrir que soy introvertida le dio un sentido de la dirección a mi Plan de la alegría. Mientras que el Plan de la alegría de una persona extrovertida probablemente involucraría pasar mucho tiempo con otras personas —y seguramente con muchos grupos—, yo sabía que mi alegría tendría una mejor oportunidad de prosperar si estuviera mucho tiempo a solas. Había llegado el momento de contarle a Dan sobre mi descubrimiento, pero estaba nerviosa.

Dan y yo siempre hemos sido muy sociables —como pareja y como familia— y asistíamos regularmente a fiestas, campamentos grupales y eventos comunitarios. Me preocupaba que tener una esposa introvertida fuera difícil de aceptar para él. En un intento de darle la noticia con delicadeza, comencé por explicarle las ondas cerebrales y el equilibrio interno, pero él no entendía bien mi punto.

«Me estoy dando cuenta de que soy introvertida. Lo mantuve bien escondido, pero ahora estoy saliendo del clóset», expliqué. «Te amo, amo a las

niñas, amo a nuestros amigos y familiares. Pero necesito tiempo sola para re-
cargarme. Pasar demasiado tiempo con otras personas —incluso con las que
más amo— me está agotando. Siempre me he sentido así, pero finalmente
lo estoy admitiendo. ¿Te asusta eso?».

No era así. Dan fue totalmente genial al respecto y me dijo que yo era
su bibliotecaria sexy.

Discutimos un plan de acción ahora que yo iba a ser sociable con menos frecuencia de lo que a Dan le gustaría. Acordamos que ambos pasaría-
mos tiempo haciendo lo que nos gustaba, aunque eso significara pasar un
tiempo separados. Le aseguré que ser introvertida no era nada personal y no
significaba que lo amara menos. Solo necesitaba estar en silencio con mayor
frecuencia. Logísticamente, esto significaba que él saldría con amigos por las
noches con más frecuencia que yo. Significaba que yo sacaría tiempo para
estar sola los fines de semana. Sugerí que podría ir en mi auto a los eventos
cuando quisiera regresar a casa antes que él.

Siempre traté de estar de acuerdo con las preferencias sociales de Dan.
Sin embargo, quería que mi Plan de la alegría funcionara, y para que eso
sucediera, tenía que dejar de pretender ser extrovertida. Dan y yo decidimos
enfocarnos en las cosas que hacemos mejor juntos: estar en la naturaleza con
nuestras hijas, viajar a nuevos lugares y pasar tiempo entre las sábanas. Y él
podría hacerse cargo de la gestión de nuestro calendario social, dejándome
la opción de declinar con elegancia cuando no estuviera preparada para lo
que él había planeado.

CONSEJO # 3 DEL PLAN DE LA ALEGRÍA

Los cerebros de los introvertidos y extrovertidos funcionan de una manera muy diferente. Los cerebros de los extrovertidos dependen de estímulos externos para participar y activarse, mientras que los cerebros de los introvertidos generan tantos estímulos internos que los estímulos externos pueden ser abrumadores. Mientras que el Plan de la alegría de un extrovertido probablemente involucre mucho tiempo con otras personas, la alegría de un introvertido tendrá una mejor oportunidad de prosperar estando mucho tiempo a solas. ¿Cuál eres tú?

SEGUNDA PARTE
Estrategia
¡EL PLAN!

La sección «Estrategia» de un plan de negocios describe los detalles esenciales de cómo el plan se pondrá en acción. Para mi Plan de la alegría inicial de treinta días, me centré en fomentar la alegría a través de cuatro técnicas principales: placeres simples, gratitud, atención plena y cuerpo alegre. Como este libro es una memoria práctica —piensen en ello como en una memoria con beneficios—, los capítulos que siguen también pueden servir como una guía para crear tu propio Plan de la alegría (y hay más herramientas en el Apéndice, «¡Crea tu propio Plan de la alegría!»).

CAPÍTULO 4

¿ESTO SE SIENTE BIEN?

«Aprendí a estar conmigo en lugar de evitarme
a mí misma; empecé a ser más consciente de
mis sentimientos, en lugar de adormecerlos».

—JUDITH WRIGHT

Había llegado el primero de noviembre: era el primer día del Plan de la alegría. *De acuerdo, esto es,* pensé. *Proyecto alegría: Día uno.* Era un día fresco y nublado, con una leve llovizna en el aire. No era un gran día para estar al aire libre, así que decidí comenzar en el sauna. Después de dejar a las niñas en la escuela por la mañana, recogí un jugo y fui al gimnasio.

El plan de la alegría se basa en esta directriz: sentirse bien primero. Así que pasé el día haciendo lo que me parece bien. Me senté en un sauna caliente, leí un buen libro, escribí en mi diario, conversé brevemente con Niko y llevé a nuestro perro a dar un pequeño paseo por el bosque de secoyas antes de recoger a las niñas de la escuela. ¿Será suficiente con esto? No parece el fin del mundo, me dije. Me sentía como una perdedora desempleada.

Pero esa noche, fui a la playa con Dan y las niñas para ver el atardecer. Siempre había trabajado durante las tardes, así que esta era la primera puesta de sol que había visto en meses. Cuando las sombras de rosa y naranja se filtraron a través de las nubes, también pude sentir mi propia alegría anhelando echar un vistazo a través de la bruma.

Debido a que necesito un plan para poder seguirlo de manera consistente y con facilidad, reduje mi enfoque del plan de la alegría a una pregunta, que me hacía repetidamente a lo largo de cada día: ¿Esto se siente bien?

Mi cuestionamiento persistente me recordó uno de mis libros favoritos cuando era niña, *¿Eres mi mamá?*, de P. D. Eastman.[1] En este, un pajarito nace solo en su nido mientras su madre sale a buscar comida. Decidido a encontrarla, el pequeño pájaro se embarca en una búsqueda sincera, preguntando a cada animal y objeto inanimado que encuentra: «¿Eres mi mamá?». Pregunta a un gatito, a una gallina, a un perro, a una vaca, a un auto, a un bote, e incluso a un avión, hasta que él y su madre se reúnen finalmente.

Por supuesto, yo tenía una multitud de experiencias todos los días en las que la respuesta a «¿Me hace sentir bien?» era un *no* rotundo. Pero fue entonces cuando comenzó mi trabajo. En el Plan de la alegría, mi objetivo era hacer lo que fuera necesario para cambiar las cosas y sentirme bien. A veces eso significaba cambiar los pensamientos que yo tenía, o hacer una pausa de lo que estaba haciendo actualmente, y algunas veces eso significaba que necesitaba terminar una conversación o alejarme de una situación incómoda. Mi objetivo era hacer que «sentirme bien» fuera mi prioridad número uno, y hacer ajustes durante todo el día para sentirme así. Simple. No siempre fácil, pero simple.

Cuando sentirse bien era impensable, simplemente traté de sentirme mejor. Recordé algo que había aprendido hacía muchos años, bajo circunstancias bastante inusuales, llamado la Escala de tonos emocionales.

Déjenme retroceder. No tuve exactamente una infancia «normal». Mis padres se separaron cuando yo tenía dos años, y viví con cada uno por separado durante los quince años siguientes, asistiendo a ocho escuelas en cuatro estados. Siempre sentí que tenía una vida doble: una en la que iba a la escuela pública y trataba de encajar y ser «normal», pero en la que yo no tenía nada de normal. En mi vida «normal», hacía lo mejor que podía para sobrevivir. Pero en mi otra vida, a veces experimenté la magia pura.

Durante la mayor parte de mi infancia, mi padre trabajó como enfermero en cuidados intensivos, y tenía un gran interés en el aspecto mental y emocional de las enfermedades. Había visto a muchos de sus pacientes tener experiencias emocionales transformadoras, a menudo en sus lechos de muerte, y anhelaba tener una comprensión más profunda de la conexión entre el sentimiento y la curación. Ahora es psicoterapeuta y autor de un libro sobre la conexión entre la emoción y la enfermedad, titulado *Deep Feeling, Deep Healing: The Heart, Mind y Soul of Getting Well* [*Sentimiento profundo, sanación profunda: El corazón, la mente y el alma de mejorarse*].[2]

A mediados de los años ochenta, mi padre se conectó con un grupo de personas en Atlanta, Georgia, que estaban experimentando con una nueva técnica de terapia llamada electrónica corporal.[3] Esta modalidad se basa en los descubrimientos del doctor John Ray, quien descubrió que los puntos de acupuntura y acupresión, así como las articulaciones y los sitios de lesiones en el cuerpo, contienen pequeños depósitos de cristales. Cuando el doctor Ray fotografió estos cristales con un microscopio electrónico, vio que estaban hechos de depósitos minerales y unidos con proteína de melanina, una estructura similar a las resistencias eléctricas en un cable.

La premisa de la electrónica corporal es que estos depósitos de cristales impiden el flujo de energía a lo largo de las vías donde la energía fluye a través del cuerpo, con base en los meridianos de la medicina tradicional china. El doctor Ray descubrió que, bajo ciertas condiciones, cuando se liberan los bloqueos emocionales, estos cristales se pueden derretir, lo que reduce la resistencia y aumenta nuevamente el flujo de energía. Esta liberación de energía bloqueada es el objetivo de la electrónica corporal, y cuando sucede, a menudo ocurren milagros médicos.

Incluso a los doce años, el concepto de la electrónica corporal me pareció fascinante, y le rogué a mi padre que me dejara asistir a sus talleres los fines de semana. Allí estaba yo —una niña de los años ochenta con el pelo largo, ropa brillante y zapatos de hule—, que asistía a una escuela secundaria plagada de violencia, y pasaba la mayor parte de los fines de semana con adultos, realizando un profundo trabajo de sanación emocional. Era una combinación extraña, pero yo vivía para esos talleres.

Presencié en carne propia —y en pocas horas— cómo los ojos de las personas cambiaban de color, un espolón óseo se disolvía, un esguince en el tobillo se curaba en un día, el asma que una persona había tenido toda la vida desaparecía por completo, la condición cardíaca congénita de una mujer se evaporaba totalmente, y mi propio milagro médico: el enderezamiento de mi columna vertebral y reversión de la escoliosis.

Me diagnosticaron escoliosis cuando estaba en sexto grado en uno de esos mortíferos chequeos de columna vertebral de la escuela pública. Todas las chicas de mi grado estábamos en fila en el vestuario del gimnasio, antes de quitarnos la camisa, y una por una, nos dijeron que nos inclináramos mientras nos examinaban las columnas. En primer lugar, esto era terriblemente vergonzoso porque muchas de las chicas de mi edad ya tenían senos y yo no, y allí estábamos, sin camisa y exhibiéndonos, a la vista de todos. También fue terriblemente embarazoso porque fui la única chica de la escuela en ser diagnosticada públicamente con escoliosis. Los rayos X de un quiropráctico confirmaron el diagnóstico, y contemplé la posibilidad de un tratamiento con soportes para la columna y una posible cirugía.

Ese fin de semana, se estaba llevando a cabo un taller de electrónica corporal en Carolina del Norte, enfocado en los puntos de acupresión espinal, y convencí a mi padre para que me llevara. Quería curar mi escoliosis de forma natural, y había visto suficientes sanaciones increíbles, por lo que sabía que era posible. Lo primero que sucedió cuando llegamos al taller fue que la estatura de todos los asistentes fue medida y anotada en una tabla en la pared. Cuando llegó el momento de mi «sesión», me acosté boca abajo en una camilla de masajes, mientras cuatro o cinco personas presionaban firmemente en los puntos de acupresión alrededor de mi cuerpo, principalmente en mi espalda.

Mi sesión duró aproximadamente dos horas, durante las cuales los puntos de acupresión a lo largo de mi columna se calentaron mucho. Según el doctor Ray, el calor increíble que se produce en estos puntos durante las sesiones de electrónica corporal es causado por la fusión de los cristales, lo que lleva a un nuevo cableado eléctrico del cuerpo. Y el desencadenante de este calor intenso es una gran liberación emocional.

Para mí, la emoción que sentí a los doce años cuando mi facilitadora de sesión me hizo preguntas importantes (similar a la manera como trabaja un terapeuta) fue la de ser halada en dos direcciones diferentes entre mis padres. Para aquellos que no están familiarizados con el aspecto que tiene la escoliosis, parece como si te halaran la columna en dos direcciones diferentes. Después de mucho llanto y liberación emocional en la camilla, mis puntos de acupresión se enfriaron y sentí una paz increíble. Me levanté lentamente de la camilla y me dirigí a la tabla de estatura en la pared. ¡Había crecido una pulgada y media en dos horas! Y los rayos X de la semana siguiente confirmaron que mi columna vertebral se había enderezado, y que mi escoliosis había desaparecido.

Una de las cosas que aprendí de esa experiencia que me ha acompañado durante todos estos años es el concepto de la Escala de tonos emocionales, propuesto por el doctor Ray.[4] Se trata de una serie de emociones que a menudo se experimenta durante una sesión de electrónica corporal en un orden particular: apatía, duelo, miedo, ira, dolor y entusiasmo. Después de pasar por cada emoción en la Escala de tonos emocionales y soportar el dolor, hay una serena sensación de paz. Es entonces cuando se alcanza el estado final del entusiasmo, que se caracteriza por un estado de conciencia y vitalidad.

Avanzar a través de la Escala de tonos emocionales en una sesión de electrónica corporal es una experiencia poderosa. Pero la verdad es que todos pasamos regularmente por ella. Cada día, cada uno de nosotros siente una variedad de emociones. Y aunque no tenemos personas que presionen nuestros puntos de acupresión durante todo el día, podemos decir fácilmente qué emociones se sienten mejor que otras. La apatía se siente terrible, y también el duelo, pero al menos hay emoción en el dolor, mientras que la apatía es casi insensible. El miedo es aterrador, pero generalmente es motivador, mientras que en el duelo se pierde toda motivación. La ira es horrible, pero es más proactiva que el miedo. Y el dolor —aunque todos queremos evitarlo naturalmente—, es un poderoso catalizador para el cambio. El entusiasmo se siente increíble, pero no es probable que nos sintamos entusiastas todo el tiempo. Lo que me comprometí a hacer en el Plan de la alegría todo el día, y cada día, fue lograr una sensación más agradable, una emoción más alta en la Escala de tonos emocionales, y avanzar continuamente hacia adelante y hacia arriba.

Una analogía que descubrí y que funcionó bien para ayudarme a poner esta teoría en práctica provino de uno de mis inventos favoritos del mundo moderno: la música gratuita y en tiempo real. Pandora es un sitio web y una aplicación que transmite música según las preferencias que establezcas. Si te gusta un artista en particular, estableces una estación para ese artista, y Pandora no solo reproducirá sus canciones, sino también canciones de artistas similares que cree que te gustarán. Todo se basa en algoritmos complejos de lo que Pandora llama el «proyecto del genoma de la música», un software que está entrenado para recibir comentarios sobre tus preferencias musicales y adaptarse continuamente a tus deseos.

La característica más agradable de Pandora son los «pulgares». Cada vez que Pandora reproduce una canción, puedes darle un «pulgar hacia arriba» o un «pulgar hacia abajo», y Pandora registrará tus preferencias. Si le das un pulgar hacia arriba, Pandora reproducirá esa canción para ti, así como otras similares, pero si le das es pulgar hacia abajo, nunca volverá a reproducir esa canción. Cuando comencé a usar Pandora, lo hice con mi estación favorita —Alison Krauss—, y elegí los pulgares hacia arriba o hacia abajo con cada canción durante un par de semanas. Esto requirió dedicación, pero la recompensa valió la pena. ¡Mi experiencia musical mejoró dramáticamente! Escuché todas mis canciones favoritas y ninguna que no me gustara.

Cuando comencé El plan de la alegría, decidí aplicar la tecnología de Pandora a todas las facetas de mi vida. ¡Pulgares hacia arriba al ver delfines en mi recorrido matutino para llevar a las niñas a la escuela! Pulgares hacia abajo por atascarme en el tráfico. ¡Pulgares hacia arriba al recibir un cheque inesperado por correo! Pulgares hacia abajo por tener una discusión con mi esposo.

Empecé a ver cada experiencia como una oportunidad para ofrecer comentarios, registrar mis preferencias y pedir más de lo que me gustaba. No estaba exactamente segura de por qué, pero sentí que de alguna manera mi retroalimentación sería registrada, mis preferencias serían notadas y la vida respondería en consecuencia. Esa era la idea detrás de la Ley de la atracción, el objetivo del Plan de la alegría, y yo estaba sintonizada con eso. Quién o qué está respondiendo a esta retroalimentación sigue siendo uno de los grandes misterios de la vida. Pero tengo mis propias teorías. Creo que la ciencia y la espiritualidad son dos caras de la misma moneda, en la que cada una informa y moldea a la otra.[5]

Sé que muchas personas creen que la forma en que transcurren sus vidas está predeterminada por un poder superior, y abordan sus dificultades y tribulaciones como pruebas o lecciones que escapan a su control. Otros creen que todo lo que experimentan —lo bueno, lo malo y lo feo—, es enteramente de su propia creación, ya sea que lo crean conscientemente o no. Luego están aquellos que creen que todo depende del azar. Prefiero un enfoque del camino del medio. Tal vez se deba a la fanática del control interno dentro de mí, que quiere tener voz en las cosas, combinado con mi niña interior que cree en la magia y los milagros.

Sé que experimento la realidad a través del filtro de mi mente, que está alojado en mi cerebro. Me doy cuenta de que la mente de cada persona opera de manera ligeramente diferente y, que por lo tanto, todos experimentamos nuestra propia versión de la realidad. Entiendo lo suficiente acerca de la neuroplasticidad para saber que mis pensamientos y comportamientos, que moldean la forma en que percibo el mundo y actúo en él, son moldeables y pueden ser influenciados para cambiar mi experiencia de la realidad. Desde esta perspectiva, puedo ver cómo el acto de expresar mis preferencias sería simplemente retroalimentando mi propia mente, como una forma de cambiar mi enfoque de lo que me desagrada a lo que me agrada. Al buscar oportunidades para dar un «pulgar hacia arriba» a lo largo del día, estoy entrenando a mi cerebro para que note experiencias positivas. Eventualmente, ver lo positivo se convertirá en un hábito. Notaré cosas más agradables en mi vida, a pesar de que pueden haber estado allí todo el tiempo. Esa es una explicación.

Pero también creo en algo más grande, maravilloso y sabio que en los confines de mi mente y mi cerebro. Creo que estoy conectada a un poder superior a través de una parte más grande, maravillosa y sabia de mí. Y me gusta creer que esa parte —llamémosla mi yo superior, mi fuente, mi alma o mi ser interior—, es el yo *real*. Ese «yo» con el que paso todos los días está atrapado en las pequeñas preocupaciones de mi mente consciente, viviendo a menudo en la negatividad. Pero ese yo *real* se siente bien *todo el tiempo*. Está hecho de energía pura y positiva. Y cada vez que siento emociones que son negativas de alguna manera —ya sea triste, asustada, enojada, molesta o abrumada—, es solo una indicación de que mi flujo de energía positiva está bloqueado.

Me gusta creer que mi fuente, o alma, es más bella, positiva y amorosa de lo que puedo describir o incluso imaginar. Y si me siento bien, viva, emocionada, clara, libre y alegre, entonces estaré más cerca de esa fuente. Mi esperanza era que cuanto más conscientemente encontrara maneras de sentirme bien, mi fuente haría más lo que sabe hacer mejor: crear magia y milagros en mi vida.

Algunos recurren a Dios para crear milagros —y, por supuesto, en todo el mundo hay nombres diferentes para Dios—, pero creo que todos hablamos de lo mismo. Ya sea que Dios sea una fuerza externa, separada de nosotros, o una fuente integrada de la que todos somos parte, es increíblemente impresionante y poderosa. Creo que el poder de Dios está disponible para todos al igual que los milagros, y que *sentirse bien* es la clave para crearlos; al menos esa es la hipótesis con la que comencé El plan de la alegría.

La idea detrás del Plan de la alegría es que la emoción que fluye libremente y de manera positiva abre las compuertas para los milagros, así como la liberación de los bloqueos energéticos abre el camino para la curación física. Y al igual que mi emisora musical Alison Krauss, de Pandora, la vida responde favorablemente a la retroalimentación positiva. Ya sea que la respuesta provenga de un poder espiritual superior o del poder del cerebro, el resultado es el mismo.

Comencé El plan de la alegría como un gran experimento para ensayar esta teoría. Pensar en mi vida como un menú, con probadores de sabores. «Risas; ah, eso es bueno. Dame más de eso, por favor», (¡Pulgares arriba!) O, «Ese proyecto fue una verdadera lucha, no quiero esa experiencia otra vez» (¡Pulgares abajo!); todo se basa en la pregunta: ¿Esto se siente bien?

Cuando le conté a Dan sobre mi método, me dijo irónicamente, «Si El plan de la alegría se basa en hacer simplemente lo que se siente bien, entonces no iré a trabajar, y todo lo que haré es tener sexo, ver deportes, tomar cerveza y comer comida chatarra todo el tiempo».

Traté de explicarle que El plan de la alegría no se trata solo de ser hedonista.[6]* Se trata de aprender a usar la Escala de tonos emocionales para nuestro beneficio, y nuestros sentimientos como un sistema de retroalimentación. Quería crear una alegría duradera, no una sensación temporal de saciedad. Y no quería nublar mi conciencia con el alcohol o las drogas, aunque pudieran darme una euforia transitoria, porque quería estar completamente presente para notar las señales, oportunidades y cambios que estaba buscando.

No creo que tengas que disponer de un mes entero para hacer lo que quieras a fin de poder practicar esto. Incluso dentro de mi mes en el Plan de la alegría, tuve ciertas responsabilidades que debía atender. Yo no defendía un comportamiento irresponsable; simplemente quería entrenarme para sentirme bien más a menudo, y eso comenzó cuando noté lo que se siente bien y lo que no.

---

* Una serie de estudios analizaron muestras de sangre de diferentes sujetos y los correlacionaron con su «estilo de felicidad», según lo determinado por un cuestionario. Los investigadores calificaron la felicidad de los participantes en una escala, colocando el *eudemonismo* en un extremo del espectro y el hedonismo en el otro.

   Eudaemonia es una palabra griega más directamente traducida como «florecimiento humano». Barbara Fredrickson, una psicóloga de la Universidad de Carolina del Norte en Chapel Hill y una de las las investigadoras que participaron en el estudio original, definió la *eudaemonia* como «... esos aspectos del bienestar que trascienden la autogratificación inmediata y conectan a la gente con algo más grande».

   El estudio fue replicado varias veces por diferentes investigadores y siempre encontró lo mismo: aquellos participantes que tienden hacia el eudemonismo, en lugar del hedonismo, mostraron los mejores aspectos positivos en su expresión génica. La inflamación fue menor en estos sujetos y su rendimiento antiviral fue mayor. Los investigadores afirmaron que la ausencia de *eudaemonia* podría ser potencialmente tan dañina como fumar o la obesidad. ¿Podría la eudemonia ser simplemente una palabra griega de fantasía para la alegría?

Cuando algo se siente bien, es posible que no pueda hacerlo todo el día, durante todos los días. Pero podía acceder al recuerdo de la sensación que me producía y repasarlo mentalmente cuando necesitara un poco de ayuda. Si algo no se sentía bien, pero otras personas esperaban que yo lo hiciera en ese instante, entonces podía encontrar una manera diferente de pensar en ello para hacer que se sintiera bien. Si sentirse bien parecía completamente imposible, al menos podría tratar de sentir una sensación de mayor bienestar en la Escala de tonos emocionales. El objetivo era sentirme bien tan seguido como fuera posible, y para poder lograr esto, tenía que prestar mucha más atención que nunca a mis sentimientos. Al final, quería acostumbrarme tanto a sentirme bien que pudiera hacerlo independientemente de mis circunstancias o actividades, pero primero necesitaba mucha práctica.

Cuando el hecho de sentirme bien se convirtió en mi mayor prioridad, comencé a evaluar cada una de las experiencias que estaba teniendo en mi vida diaria como una contribución o como el alejamiento de mi cociente de alegría. Comprendí rápidamente que las imágenes que venían de mis distintas pantallas (teléfono inteligente, computadora, televisión), en su mayor parte, me estaban haciendo sentir mal.

Me gusta Facebook porque tengo amigos en todo el mundo y es una manera muy fácil de saber de ellos. Sin embargo, cuando entraba a Facebook, veía regularmente imágenes, solicitudes, advertencias y artículos sobre varias tragedias. Mis amigos publicaban estas cosas por amor: su amor por los demás, su amor por la Tierra y su deseo de hacer del mundo un lugar mejor. Pero eso estaba creando la reacción opuesta en mí. Con cada uno de estas publicaciones que veía (tiroteos, secuestros, crímenes de guerra, destrucción ambiental, animales que mueren brutalmente), sentía miedo, horror y desesperanza.

Eso estaba distorsionando también mi visión de la realidad. Según Steven Pinker, profesor de psicología en la Universidad de Harvard, la violencia de todo tipo ha estado disminuyendo durante miles de años. Pinker citó muchas cifras en su libro, *The Better Angels of our Nature: Why Violence has Declined* [*Los mejores ángeles de nuestra naturaleza: por qué ha disminuido la violencia*], lo que muestra que, en realidad, vivimos en la era más pacífica desde la existencia de nuestra especie.[7] Por lo general, no lo vemos de esta manera debido a la naturaleza de las noticias. Con el auge de las redes sociales y la capacidad de enterarnos de las atrocidades en tiempo real, a menudo estamos expuestos a más noticias malas que a buenas. Eso —junto con nuestro sesgo cognitivo innato que nos predispone a recordar los aportes negativos más fácilmente que los positivos—, crea una fórmula para la desesperanza.[8] Como afirma Pinker, «las noticias se refieren a cosas que suceden, no a cosas que no suceden. Si basas tus creencias sobre el estado del mundo en el que lees en las noticias, tus creencias serán incorrectas».[9]

Esto creó un dilema existencial para mí: ¿cómo podría mantenerme informada y activa en buscar soluciones para un planeta en paz, a la vez que mantenía mi propia paz y alegría interior? Decidí que me permitiría asomar la cabeza en la arena por un tiempo, en nombre de la alegría y por el bien de mi experimento. Los estudios que utilizan el seguimiento ocular han demostrado que los optimistas prestan menos atención a las imágenes visuales negativas y, por lo tanto, realmente ven el mundo de un modo diferente.[10] Yo necesitaba hacer lo mismo, al menos por un mes.

Me tomé un tiempo para profundizar en las misteriosas funciones de Facebook y aprendí a ser selectiva con respecto a lo que veía. Este proceso simple, aunque laborioso, realmente tuvo un gran impacto en mi experiencia diaria desde ese día en adelante. Con esa tabla rasa, eliminé una gran cantidad de negatividad en la que había participado voluntariamente al menos una vez al día durante más de siete años. También dejé de ver la mayoría de las noticias en línea.

¿Esto significaba que estaría menos informada sobre lo que estaba sucediendo en el mundo? Sí. Y decidí que no tenía ningún problema con eso. Decidí que me informaría sobre las cosas que me sentía inspirada para saber, y tomaría medidas desde un lugar de esperanza en lugar de la culpa, desde el amor en lugar del miedo.

No me malinterpreten: me importa mucho lo que está sucediendo en el planeta. Me especialicé en Vida Sustentable en la universidad y escribí una tesis sobre la energía renovable. Soy muy consciente de los desafíos que enfrenta la Tierra. Pero es tan simple como esto: ¿qué se siente mejor, centrarse en los problemas, o en las soluciones? Me parece mucho mejor pensar, hablar y tomar medidas para encontrar soluciones inspiradoras. Y creo que soy mucho más efectiva para crear un cambio positivo cuando me siento esperanzada, fortalecida e inspirada.

Cuando borré todo el contenido que no me gustaba de mi cuenta de Facebook, hice el mismo ejercicio con mi correo electrónico y otros mensajes virtuales, así como con la televisión, los libros, las películas y otras formas de noticias y entretenimiento. Ahora que estaba en El plan de la alegría, evaluaba constantemente toda la información que recibía, y si no aumentaba mi cociente de alegría, entonces la eliminaba.

Este proceso de eliminar el desorden visual en mi vida no consistía únicamente en ignorar lo que se sentía mal, sino en crear el espacio para lo que se siente bien. Descubrí que una vez que despejaba esa apertura, la inspiración tenía un espacio para entrar que anteriormente estaba atestado.

Me preguntaba varias veces al día: «¿Esto se siente bien?», y desviaba mi atención cada vez que la respuesta era no.

No era la ignorancia o la negación lo que yo estaba buscando, sino un enfoque selectivo e intencional sobre lo que se sentía bien, o al menos mejor. Mejor y mejor es lo que yo estaba buscando, ascendiendo en la Escala de tonos emocionales cada vez que tenía la oportunidad.

Y esas oportunidades llegaban con bastante frecuencia todos los días. ¿Me siento bien con esta ropa? ¿Estoy disfrutando de esta conversación? ¿Quiero aceptar esa invitación? ¿Este pensamiento me da más alegría? Había oportunidades constantes de llevar mi pulgar hacia arriba o hacia abajo.

Si creo mi propia realidad, entonces lo hago todo el tiempo a través de mis pensamientos, palabras y acciones. Y en el Plan de la alegría, los pequeños momentos que ocurrían todo el día fueron oportunidades en movimiento para crear mi vida.

CONSEJO # 4 DEL PLAN DE LA ALEGRÍA

Cada día pasas por una variedad de emociones. Y puedes decir fácilmente qué emociones se sienten mejor que otras. Pregúntate: ¿Esto se siente bien? Cuando no sea así, busca una mejor sensación —una emoción más alta en la Escala de tonos emocionales— que te empuje hacia adelante y hacia arriba. Esta es la práctica central del Plan de la alegría.

CAPÍTULO 5

REINICIO: DE ESTRESADA A BENDECIDA

«Casi todo volverá a funcionar
si lo desenchufas durante unos
minutos, incluyéndote a ti».

—ANNE LAMOTT

Una semana después del Plan de la alegría, yo estaba prestando mucha atención a lo que se sentía bien para poder buscar más de eso. Estaba mirando honestamente mi vida a través de la lente de la alegría y preguntándome: «Qué me produce alegría y qué no?». Leí que tener una «práctica de gratitud» es una manera eficaz de aumentar la alegría, lo cual tiene sentido. Si te tomas el tiempo para considerar todas las cosas por las que estás agradecido, probablemente te des cuenta de que tienes mucho por lo cual sentirte feliz.

Ciertamente, yo tenía mucho de qué estar agradecida: un esposo maravilloso que me adora y que trabaja arduamente para mantener a nuestra familia; dos niñas sanas y energéticas, llenas de vitalidad y entusiasmo por la vida; Lovey, nuestra dulce y adorable *poodle* maltés que parecía un juguete, y que, como su nombre lo indica, era un amor absoluto. Tenía una relación cercana con mis padres y mis dos hermanos menores que sabía que me cuidaban, y ellos sabían que yo hacía lo mismo con ellos. Tenía las mejores amigas que podría haber pedido, incluido mi círculo de mujeres, un grupo de cinco amigas con las que me había reunido todos los meses durante los últimos quince años. Y tenía buena salud, principalmente. Tenía algunos desafíos en este aspecto, pero podría haber sido mucho peor. También tenía algunas habilidades, y aunque no me habían conducido todavía al éxito en el mundo de los negocios, sabía que probablemente podría conseguir un trabajo decente. Desde la perspectiva de un extraño, yo lo tenía todo. Y quería sentirme así.

Mientras me sometía a mi ajuste en términos de actitud, reflexioné sobre el año en que habíamos vivido en la pequeña isla indonesia de Bali. Dan y yo trabajamos allí en una escuela internacional antes de comenzar mi último negocio.

Adondequiera que mires en Bali, hay ofrendas de gratitud. Los templos, las entradas de casas y negocios, e incluso los vehículos están adornados diariamente con pequeñas cestas tejidas con hojas de palmera llenas de flores e incienso que representan gracias y alabanzas por la paz del mundo. Los balineses dedican una gran cantidad de tiempo a la oración y a la gratitud a los dioses por todo lo que tienen. Y sin embargo, la mayoría de las veces, lo que tienen es muy poco. A pesar de esto, son algunas de las personas más amables, divertidas y alegres que he conocido. Parecía que realmente practicaban el hecho de permanecer alegres a pesar de sus condiciones externas.

Yo sabía que tenía mucho que aprender de los balineses. Aunque nuestra familia había participado en numerosas ceremonias balinesas durante nuestro tiempo en la isla, no habíamos mantenido esas tradiciones vivas en nuestra vida en Estados Unidos. Así que decidí retomar un poco de Bali y hacer que fuera parte de nuestra vida cotidiana una vez más. Hice un pequeño altar de gratitud en un rincón de la sala, donde todos —incluyendo a Dan y a mis hijas—, podíamos dejar ofrendas de gratitud y elevar una pequeña oración de agradecimiento. Puse algunas fotos y dibujos de familia que habían hecho las niñas, así como un gran frasco de vidrio, una pila de pedazos de papel y un lápiz. Cada vez que alguien pensaba en algo por lo que estaba agradecido, lo escribía en un papel y lo colocaba en el frasco de la gratitud. Esta práctica se convirtió en un objetivo divertido para nuestra familia.

Los investigadores han descubierto que los pensamientos de aprecio desencadenan el sistema nervioso parasimpático, que es el responsable de calmar nuestros cuerpos.[1] El sistema nervioso parasimpático ralentiza los latidos del corazón, contrae las pupilas de los ojos, envía sangre de los músculos a los órganos y ralentiza la actividad en los intestinos. Se ha demostrado también que los sentimientos de gratitud liberan dopamina, un neurotransmisor en el cerebro que induce una sensación de recompensa y satisfacción.[2] Esto sucede porque cuando piensas en aquello por lo que estás agradecido, el cerebro lo registra como algo que te has ganado y te envía una descarga de dopamina por hacer un buen trabajo. La dopamina desempeña un papel clave para motivarnos a lograr nuestros objetivos al recompensar nuestros logros con una sensación de placer y un estado de ánimo elevado. Los experimentos han demostrado que las personas que llevan diarios o listas de gratitud regulares se sienten más optimistas y progresan más rápidamente hacia sus metas.[3]

En su libro *What Happy People Know* [*Lo que sabe la gente feliz*], el doctor Dan Baker explica que el miedo y el aprecio no pueden existir al mismo tiempo en el cerebro: «Durante el aprecio activo, los mensajes amenazantes de tu amígdala [centro del miedo en el cerebro] y los instintos ansiosos del tronco del encéfalo dejan de acceder, de manera repentina y certera, a la neocorteza de tu cerebro, donde pueden infectarse, replicarse y convertir tu flujo de pensamientos en un río helado de terror. Es un hecho de la neurología que el cerebro no puede estar en un estado de aprecio y de temor a un mismo tiempo. Los dos estados pueden alternarse, pero son mutuamente excluyentes».[4]

Decidida a aprovechar estos beneficios neurológicos, saqué un hermoso cuaderno hecho a mano de mi armario que me había regalado una amiga años atrás. Lo había guardado para una ocasión especial y esta parecía ser una. Cuaderno en mano, me propuse cultivar una «actitud de gratitud».

Pero no funcionó. Cada vez que pensaba en escribir algo, tomaba ese precioso cuaderno de papel hecho a mano con flores estampadas, y parecía demasiado bonito para mis reflexiones mundanas. Entonces, fui a la tienda de «todo a un dólar» y compré un pequeño cuaderno que cabía en mi bolso y era tan sencillo que me sentí cómoda escribiendo incluso mis pensamientos más triviales en él. Y comencé a escribir.

Escribí mucho acerca de Santa Cruz en ese cuaderno: el clima perfecto, las playas lindas, el bosque prístino de secuoyas, los atardeceres hermosos, la excelente comida, mi lugar favorito de tacos de pescado, mi otro lugar favorito de tacos de pescado, y Trader Joe's, mi querido supermercado. Escribí sobre mi casa pequeña, acogedora y cerca de la playa, y sobre el lavaplatos que hacía mi vida mucho más fácil.

Al hacer simplemente un inventario de gratitud en mi vida, ya había descubierto lo que sospechaba que sería una gran clave para mi alegría. Entonces, me aferré a la gratitud como a una balsa salvavidas. Todos los días hacía listas de gratitud sobre temas generales por los que estaba agradecida, pero también listas específicas cada vez que me sentía estresada por un tema o persona en mi vida. En lugar de centrarme en los aspectos negativos que me deprimían, hacía una lista de los aspectos positivos de esa situación o persona. Practiqué buscando el lado positivo así como otras personas practican el aprendizaje de un nuevo idioma.

Por ejemplo, me sentía mal por mi auto. Había sido de la madre de Dan antes de su muerte, tenía veinte años y estaba muy estropeado. El motor era sólido, pero casi todo lo demás se estaba cayendo a pedazos. Teniendo en cuenta que mi futuro financiero era incierto, no era el momento adecuado para comprar un auto nuevo. Sin embargo, me encontré golpeando mentalmente el auto cada vez que lo conducía. Así que decidí escribir sobre el auto en mi cuaderno de gratitud:

Estoy muy agradecida de tener un auto confiable. Nunca me decepciona. El hecho de que sea un cacharro viejo significa que no tengo que preocuparme de que se ensucie o arruine. Tampoco tengo que preocuparme de que lo roben. Hemos creado una gran cantidad de recuerdos agradables en este auto, y es un recordatorio de que Ángela sigue viva. Es una bendición que yo no haya tenido que comprar uno en varios años. Este auto le ha prestado un buen servicio a nuestra familia.

Más tarde en la semana, después de escribir esa entrada en mi diario, una anciana golpeó mi auto mientras trataba de estacionarse. Fue más como un arañazo, un rasguño que apenas se destacaba entre los muchos otros que tenía mi auto. Ella se disculpó y me dio su información del seguro. Me dijo que era una agente de seguros jubilada, que esperaba que yo pudiera recibir una suma de dinero por el daño, y me explicó que el taller contratado por su compañía de seguros probablemente me daría un cheque rápidamente para cubrir el costo de la reparación.

Así que fui al taller para que inspeccionaran el daño, pero me decepcionó que el mecánico me dijera que no podía hacerme el pago de inmediato porque mi auto estaba en muy malas condiciones. Pensé que la compañía de seguros decidiría que no me pagaría nada, pues era evidente que mi auto tenía una gran cantidad de golpes y rasguños, y el último realmente no marcaba una diferencia notable. Sin embargo, horas después recibí una llamada telefónica de un agente de seguros que me dijo que les gustaría ofrecerme una suma por el valor total de mi auto: ¡2.300 dólares! No necesitaban reparar el auto ni querían comprarlo: simplemente me iban a dar 2.300 dólares. ¡No podía creerlo! Ahora tenía algo más para escribir sobre ese maravilloso auto viejo y destartalado en mi cuaderno de gratitud: me estaba haciendo ganar dinero.

Esto me pareció evidencia de que la gratitud estaba obrando para mejorar mi alegría, y que la alegría estaba creando milagros en mi vida. Y con pruebas como esta, estaba decidida a volverme optimista, algo sobre lo que Dan bromeó cuando puso *el Credo optimista* de Christian D. Larson en nuestro refrigerador años atrás.* Me pareció cursi en ese momento, pero lo leí ahora y era exactamente lo que yo pretendía abrazar:

El credo optimista:

Prométete a ti mismo

Ser tan fuerte que nada pueda perturbar tu tranquilidad.

Hablarle de la salud, la felicidad y la prosperidad a cada persona
que conozcas.

Hacer que todos tus amigos sientan que tienen un poco de esto.

Ver el lado soleado de todo y hacer que tu optimismo se haga
realidad.

---

* «El Credo optimista fue publicado originalmente por Christian D. Larson en 1912 como «Prométete a ti mismo». "En 1922, fue adoptado como el manifiesto oficial de Optimist International.

Pensar solo en lo mejor, trabajar solo para lo mejor y esperar lo mejor.

Estar tan entusiasmado con el éxito de los demás como con los tuyos.

Olvidar los errores del pasado y avanzar hacia los mayores logros del futuro.

Tener un semblante alegre en todo momento y dirigirle una sonrisa a cada criatura viva.

Dedicar tanto tiempo a la superación personal que no tengas tiempo para criticar a los demás.

Ser demasiado grande para preocuparte, demasiado noble para la ira, demasiado fuerte para el miedo y demasiado feliz para permitir la presencia de problemas.

Los pensamientos optimistas son realmente observables en los escáneres cerebrales.[5] Se ha demostrado que el optimismo regula los niveles del cortisol, la hormona del estrés y aumenta la dopamina y otros neurotransmisores inductores del placer en el cerebro.[6] Los pensamientos optimistas también calman la amígdala. Esto es importante, porque cuando la amígdala es activada por el estrés, inhibe la corteza prefrontal y suprime nuestra capacidad de tomar decisiones claras. Los estudios han demostrado que los optimistas son más felices, más creativos, más rápidos en la resolución de problemas y tienen un mayor estado de alerta mental que los pesimistas.[7] Al igual que cualquier otro hábito que nuestros cerebros aprenden a través de la repetición, cuando tenemos pensamientos positivos frecuentes —como pensamientos de gratitud—, nuestros cerebros están preparados para seguirlos teniendo, gracias a la formación de vías neuronales.

Inspirada por la oleada de gratitud que yo sentía, decidí escribir cartas de aprecio a personas por las que me sentía agradecida. Le agradecí a todo el mundo en medio de mi arrebato. Escribí a las maestras de mis hijas, a amigas con las que no había estado en contacto desde hace tiempo, a colegas que habían sido mentores y colaboradores importantes a lo largo de mi carrera, y a cada uno de los miembros de mi familia y amigos cercanos. Me sentí bien al compartir mi gratitud con los demás, y ellos también respondieron con gratitud. La gratitud se siente bien, ya sea que la des o la recibas.

Siempre me ha gustado más dar regalos que recibirlos, y manifestar mi aprecio era sentirme realmente bien. Tal vez era la dopamina que circulaba febrilmente por todo mi sistema, pero la investigación sugiere que la gratitud también tiene un efecto en nuestros corazones. El Instituto HeartMath ha descubierto que la gratitud y el aprecio inducen un ritmo cardíaco suave y uniforme, mientras que las emociones negativas, como la ira y la frustración, crean un ritmo errático y caótico.[8]

Y mientras sentía mi corazón pleno, yo sabía que mi gratitud también estaba teniendo un efecto positivo en los demás. Los científicos del Instituto Nacional de Ciencias Fisiológicas de Japón midieron el efecto de recibir un cumplido y descubrieron que la misma área en el cerebro de los sujetos, el cuerpo estriado, se activaba cuando recibían un cumplido como cuando recibían un regalo de dinero en efectivo.[9] (¡Esto le da un significado completamente nuevo a la expresión «halaga a alguien»!). Además, en este estudio de doble ciego, los participantes en el grupo que recibieron cumplidos se desempeñaron significativamente mejor en una tarea manual que los de otros grupos.

Personalmente, cuanto más me enfocaba en la gratitud y la compartía con los que me rodeaban, más relajada me sentía. Las mismas situaciones o pensamientos que eran estresantes para mí solo unas pocas semanas antes ahora me parecían manejables, e incluso agradables. Mi actitud de gratitud y mi optimismo intencional estaban funcionando, y podía sentir la alegría burbujeando dentro de mí. Cuando aparecía la preocupación, fui más deliberada que nunca para abrir la puerta y sacarla a la calle. Si comenzaba a preocuparme, sacaba mi cuaderno desgastado de gratitud y hacía una lista. Rápidamente me di cuenta de que tenía mucho más que agradecer que por lo cual preocuparme, y eso me ayudó a tranquilizarme.

Estaba presionando el botón «Reiniciar» en mi vida. El Plan de la alegría estaba en marcha.

CONSEJO # 5 DEL PLAN DE LA ALEGRÍA

Llevar un diario o listas de gratitud regulares te ayudará a sentirte optimista con mayor frecuencia y progresar más rápidamente hacia tus metas. Los pensamientos de aprecio y optimismo reducen el estrés, aumentan los neurotransmisores inductores del placer en el cerebro y activan el sistema nervioso parasimpático, que calma el cuerpo.

CAPÍTULO 6
ATENCIÓN PLENA
VERSUS MATERIA

«Tengo tanto que lograr hoy que debo
meditar durante dos horas en lugar de una».
—MAHATMA GANDHI

Me estaba sintiendo mejor al cabo de mi segunda semana en mi Plan de la alegría. Había sido más intencional a la hora de elegir pensamientos y experiencias positivas que nunca antes en mi vida. Estaba buscando oportunidades para hacer un gesto de aprobación y sentirme agradecida todo el día. Sentí que estaba haciendo lo que me proponía —convirtiendo la alegría en mi prioridad principal—, y estaba funcionando. Pero yo quería amplificarlo. Necesitaba algo más que simplemente sentirme mejor: necesitaba cambiar mi vida.

Había leído una y otra vez lo importante que es tener una práctica regular de meditación para la alegría y el éxito, y especialmente comenzar el día haciendo esto. Muchas de las personas más exitosas —y ricas— del mundo tienen una práctica diaria de meditación y afirman que tiene un efecto profundo en su capacidad para lograr resultados.[1] Había intentado meditar anteriormente y nunca sentí que lo estaba haciendo bien. Abordé la meditación como un deporte de contacto. Me ponía mi uniforme de ropa suelta, entraba a un espacio tranquilo y me sentaba en silencio con las mejores intenciones de alcanzar un nirvana lleno de paz. Pero, inevitablemente, pasaba todo el tiempo luchando con mis pensamientos, esforzándome por borrarlos de mi mente, mientras que una mayor cantidad acudían constantemente a mí. Por lo general, terminaba mis intentos de meditación sintiéndome agotada, frustrada y sin más paz interior que antes de hacerlo.

Había escuchado hablar del término «atención plena», y aunque tenía la vaga sensación de que era algo que podría ser útil en mi vida, no estaba completamente segura de lo que significaba. Sin embargo, cuanto más lo analizaba, más me daba cuenta de que la atención plena es simplemente el acto de prestar atención al momento presente de manera intencional. Esto incluye la observación de nuestros propios pensamientos, sentimientos y sensaciones. Parecía bastante fácil. Aunque al principio la atención plena me pareció etérea por naturaleza, llegué a comprender que se trata principalmente de cómo utilizar mejor tu cerebro.

Si haces dos puños con los pulgares adentro y sostienes los puños juntos, verás una representación aproximada del tamaño de tu cerebro. Los pulgares se pueden comparar con la amígdala, un área pequeña en la mitad de cada hemisferio que actúa como la alarma del cerebro; desencadenada por cualquier situación estresante, responde con las reacciones de protección primarias de lucha, huida o parálisis. La amígdala de cada persona reacciona de forma ligeramente diferente al estrés, y algunas se desencadenan por completo al menor malestar, mientras que otras se muestran bastante reacias al peligro.

Calculé que, debido a mi tendencia a la ansiedad, mi amígdala debía estar muy lastimada. Y debido a que la amígdala está alojada en el sistema límbico del cerebro —la misma área que genera alegría—, pensé que sería útil para mi Plan de la alegría si pudiera entrenar a mi amígdala para que fuera menos reactiva. La amígdala es fundamental para nuestra supervivencia porque nos alerta sobre el peligro. El problema es que no conoce la diferencia entre una conversación estresante y ser perseguida por un tigre. Todo lo que sabe es que estás amenazada. Y cuando la amígdala siente una amenaza y reacciona con miedo, obstaculiza el funcionamiento de la corteza prefrontal, la parte del cerebro responsable de un razonamiento superior.

En una situación estresante, un razonamiento superior es bastante útil, ya que es probable que deseemos tener más opciones disponibles que el hecho de luchar, huir o paralizarnos. Uno de los principios trascendentales de la práctica de la atención plena es el enfoque intencional en la respiración. La ciencia detrás de esto muestra que las respiraciones profundas inundan el cerebro de oxígeno, una sustancia actúa como una señal a la amígdala de que está bien dejar de emitir la alarma. Las respiraciones profundas nos ayudan literalmente a pensar con mayor claridad al calmar la amígdala y liberar el acceso a la corteza prefrontal.[2]

Por supuesto, no es probable que nuestras amígdalas estén activas cuando meditamos sentados, pero la práctica de respirar profundamente de forma regular puede convertirse en un hábito al igual que cualquier otra acción que repitamos con frecuencia. El beneficio de cultivar este hábito es que, con suerte, se activará cuando más lo necesitamos, en momentos de estrés. Todos hemos escuchado miles de veces las palabras «respira simplemente», y este es el mecanismo cerebral detrás de ese consejo común. Ser capaces de separar nuestros pensamientos de pánico y las reacciones basadas en la amígdala del estrés, de la realidad menos dramática de la situación, es una habilidad que se puede dominar con la práctica. En última instancia, la práctica de la atención plena puede ayudarnos a sentirnos más empoderados y en control de nuestra experiencia de vida.

El acto de la meditación, o sentarse en silencio y respirar profundamente, también afecta nuestras ondas cerebrales. Las ondas cerebrales se miden en ciclos por segundo y se clasifican en ondas delta, theta, alfa o beta. La mayoría de las veces, nuestros cerebros funcionan febrilmente con las ondas beta, que tienen el mayor rango de frecuencia. Toda esta actividad cerebral requiere una energía tremenda, así como descanso y recuperación para seguir funcionando. Cuando dormimos, nuestros cerebros se recargan con las ondas de frecuencia más lentas, las theta y delta. Cuando meditamos, estamos despiertos y, sin embargo, nuestros cerebros pueden pasar a ondas alfa más lentas, lo cual es increíblemente relajante para ellos. La meditación es como un masaje relajante para el cerebro, y los estudios muestran que hacerlo regularmente tiene múltiples beneficios para la salud, que incluyen calmar la ansiedad, reducir la inflamación y disminuir las señales del envejecimiento.[3]

Sabiendo lo beneficioso que era esto, quise encontrar una manera de incorporar la meditación a mi Plan de la alegría, de una manera que fuera alegre realmente, y no extenuante. Así fue como lo hice. En lugar de prepararme, entrar a un espacio sagrado, encender velas e incienso, y de darle una gran importancia en general, me comprometí a pasar simplemente los primeros quince minutos de la mañana sentada y en silencio en mi cama. Como el acto de despejar mi mente o repetir un mantra me parecía muy difícil, usé esos quince minutos para enfocarme en las cosas por las que estaba agradecida mientras respiraba profundamente. Usé el botón de repetición en mi despertador para ayudarme a llevar el tiempo, y como estaba sentada en la cama, era menos probable que me volviera a dormir.

Comenzaba por apreciar mi cama; me apretaba contra las mantas y almohadas y apreciaba lo acogedoras que eran. Luego me sumergía en un hechizo de gratitud, y pensaba en mis hijas preciosas, en mi esposo amoroso y generoso, en mis familiares y amigos increíbles, en mi salud, en la belleza de mi hogar, en la comida deliciosa y nutritiva que había en mi refrigerador, etcétera. Era algo semejante a esto:

Estoy despertando en otro día hermoso. Sé que estoy perfectamente a salvo y aco-
gida aquí, en esta cama cómoda, suave y cálida. Estoy muy agradecida por mi cuerpo
saludable. Estoy agradecida por mis ojos que me permiten ver la belleza, por mi nariz
que puede oler el delicado aroma de una flor, por mis oídos que escuchan el canto de
los pájaros y la risa de mis hijas, y por mi boca que me deja saborear cosas deliciosas.
Estoy agradecida por mi sentido del tacto que me produce tantas sensaciones de placer,
como la sensación sedosa de estas sábanas contra mis piernas. Estoy agradecida por
mis brazos, piernas y músculos que me dan fuerza y movimiento. Estoy agradecida
con mi cerebro por permitirme pensar, sentir, trabajar y aprender. Celebro la maravilla
de estar aquí, en mi cuerpo: realmente es un milagro.

Estoy muy agradecida por las personas que amo. Por mi dulce esposo, acostado
en la cama junto a mí, y por mis hijas en la habitación contigua. Ellos llenan mi
corazón de alegría y estoy muy agradecida por todo lo que traen a mi vida. Estoy
agradecida por mis amigos, mis padres, mis hermanos y mi familia extendida, y por
todas las personas que conozco y con las que interactúo. Estoy muy agradecida por su
contribución a todo lo que experimento.

Amo mi hogar, mi comunidad, mi pueblo, mi país y mi planeta. Doy gracias por
todo, y me siento muy bendecida de estar aquí. Mientras me preparo para este día,
doy gracias y lo reconozco como un nuevo comienzo. Hoy veré mi vida de una forma
diferente. Buscaré oportunidades para apreciar las muchas bendiciones en mi vida,
sabiendo que a medida que aprecio esas bendiciones, vendrán más.

Si mi mente divagaba mientras yo practicaba esta meditación de gratitud, haría lo mejor que pudiera para dirigir mis pensamientos de nuevo a
la gratitud y concentrarme al mismo tiempo en mi aliento como una fuerza estabilizadora. Esta era una forma de meditación que realmente podía

hacer, y descubrí que mi mente se desviaba menos del tema cada día que practicaba. También traté de usar algunas aplicaciones de meditación diferentes y temporizadores en mi teléfono, lo que a veces me pareció útil.

Muchas personas creen que el objetivo de la atención plena o de la meditación es detener todos los pensamientos. Pero ese no es el punto realmente. La meditación no se trata de detener los pensamientos, sino de liberar el control que tienen sobre ti. Como dijo Shunryû Suzuki, se trata de dejar que los pensamientos vengan y se vayan sin servirles té. Por medio de la práctica regular, la meditación se convierte en una forma de ejercicio mental que entrena al cerebro para observar los pensamientos sin involucrarse en ellos. El beneficio no es tan obvio cuando estás sentado en la cama contando tus respiraciones o tus estrellas de la suerte, pero la práctica da sus frutos cuando puedes reaccionar con calma y claridad en momentos de estrés o conflicto.

Descubrí que comenzar el día con pensamientos de aprecio realmente llevaba esos pensamientos al resto de mi día. Me estaba entrenando a mí misma para buscar cosas que apreciar a mi alrededor, y luego marcarlas mentalmente para mi práctica matutina. También seguí escribiendo todos los días en mi cuaderno de gratitud. Escribí «Pensamientos alegres = Vida alegre» en una nota autoadhesiva y la puse en el espejo de mi baño para recordarlo con frecuencia.

Mientras tanto, busqué oportunidades para experimentar placeres simples que nutrieran mi cuerpo y mi mente.[4] Había estado tan involucrada en la estimulación mental por medio del trabajo que llevaba mucho tiempo sin estar realmente en contacto con mi cuerpo. Tomarme el tiempo para afinar intencionalmente cada uno de mis cinco sentidos me permitió conectarme con mi cuerpo, notar las sensaciones que sucedían en ese momento y practicar la atención plena. Nuestros cinco sentidos son la forma en que experimentamos nuestro mundo y, por lo tanto, son una excelente manera de aprovechar el momento presente, especialmente cuando nuestras mentes están en cualquier lugar, excepto aquí y ahora.

Aunque la ansiedad puede ser una fuerza poderosa a tener en cuenta, existe dentro de la construcción mental de la mente. El cuerpo rara vez está ansioso sin la contribución de la mente, a menos que le falte lo que necesita para sobrevivir. Para calmar mi mente y encontrar más alegría, dirigí mi atención a mi cuerpo.

Empecé con el sentido del gusto. Me agrada tanto la papaya que mi apodo de niña era Kaia Papaya. Durante el año que vivimos en Bali, comí papaya todos los días. No hay nada más delicioso para mí que una papaya madura, dulce y jugosa. Pero esta fruta no crece en el norte de California, por lo que es mucho más cara que en Bali, así que no había comido mi fruta favorita en mucho tiempo.

Sé que suena simple, pero decidí dejar de comprar otros alimentos innecesarios para poder gastar ese dinero en papayas, que podía conseguir en el mercado mexicano. La pequeña indulgencia de comer un poco de mi fruta favorita todos los días me produjo mucho placer. Hacía diferentes batidos de papaya cada mañana, lo que se convirtió en otra parte simple de empezar el día con algo que podía apreciar. Hay una razón para el término «comida reconfortante»: estos alimentos desencadenan sentimientos de bienestar, y la papaya hacía eso en mí.

Luego me centré en mi sentido del olfato. El olor es un potente transmisor de la memoria, incluso más que los otros sentidos, debido a la conexión directa que hay entre los receptores olfativos y el sistema límbico del cerebro. Para aprovechar esto, tomé jazmines y rosas tipo Cecile Bruner de nuestro jardín y las coloqué alrededor de la casa, en mi auto, e incluso en mi pelo. Llevé estas flores en particular en mi pelo el día de la boda, y su olor aún conserva ese delicioso recuerdo. Me rodeé de fragancias de olor dulce todos los días y me aseguré de tomarme el tiempo para percibir su delicioso aroma. Estaba entrenando mi cuerpo y mi mente para reconocer y apreciar el placer nuevamente, y usar el olor para anclar el recuerdo.

En cuanto al sonido, tenía a mi amada estación musical Alison Krauss de Pandora, entrenada para darme exactamente lo que quería todo el tiempo. La música *bluegrass* me hace mover los pies y sentir ganas de bailar. Sin embargo, en mi vida «normal», realmente no había escuchado mucho este género musical. De hecho, me había centrado tanto en el trabajo que realmente casi no oía música de ningún tipo. Así que ahora, comencé a oír música mucho más a menudo, y a ceder a mi impulso de bailar y cantar. Incluso comencé a hacer fiestas regulares de baile con las niñas en nuestra sala después de la escuela. Ya saben que hay ciertas canciones que nos recuerdan vívidamente diferentes momentos de nuestras vidas. La música es un desencadenante poderoso de la memoria y de las emociones. La estación Allison Krauss de Pandora se estaba convirtiendo en la banda sonora de mi alegría.

La vista era un sentido con el que la alegría se experimentaba fácilmente, porque vivo en un lugar muy hermoso. Pero lo más extraño es que apenas lo había aprovechado —rara vez caminaba por la playa, veía el atardecer, o iba a cualquiera de los numerosos y hermosos parques y senderos de Santa Cruz— porque estaba continuamente conectada a mi computadora. Así que salía todos los días y caminaba con nuestro perro Lovey. Y realmente hice el esfuerzo de observar y apreciar mi entorno natural. ¡Es sorprendente cuánta belleza hay en el mundo! Y qué fácil es dejar de percibirlo cuando miras constantemente una pantalla. Empecé a notar las impresionantes formaciones de nubes en el cielo, la majestuosidad de los árboles, los patrones de las flores y los colores brillantes del océano. Entrené mis ojos para buscar constantemente la belleza con la que podía deleitarme y apreciar.

En cuanto al sentido del tacto, ya que realmente lo iba a buscar en el Plan de la alegría, me di el gusto de que me hicieran un par de masajes. Me permití relajarme y dejarme consentir. También comencé a usar una almohada pequeña y sedosa, que había hecho Nava en la clase de costura, y la frotaba contra mi mejilla varias veces al día. Por supuesto, también disfruté del sentido del tacto con Dan, de lo cual hablaré en el capítulo 7. Además, empecé a pasar más tiempo acariciando, cepillando y acurrucándome con nuestra perra Lovey. Tenía una capacidad infinita de atención, pero recibía muy poca cuando yo trabajaba mucho. Pero ahora podría acariciarla cuando quisiera. De nuevo, era algo muy simple, pero esos mimos me dieron un inmenso placer (y también a Lovey). De hecho, los estudios científicos han demostrado que el contacto con una mascota aumenta los niveles de oxitocina (la hormona asociada con el amor, la confianza y los vínculos) y aumenta significativamente el bienestar mental, emocional y físico.[5]

Cuando me enfocaba en mis cinco sentidos, quería que lo que experimentaran fuera placentero. Para facilitar esto, comencé a mantener artículos en mi escritorio, auto y bolso que me ayudaban a tomar un rápido «descanso con los cinco sentidos» a lo largo del día. De vez en cuando, suspendía lo que estaba haciendo, ralentizaba la respiración y me enfocaba en cada uno de mis sentidos, uno a la vez. Los artículos que tenía a mano eran aceites de aromaterapia para el olfato, golosinas deliciosas para el sentido del gusto, algunas tarjetas y fotos hermosas para mirar, mi almohada pequeña y suave para tocar y mi lista musical favorita para el sentido auditivo. La clave es asimilar cada sensación lentamente, con atención y sin prejuicios.

Incluso cuando no tenía mis artículos disponibles, me esforcé más por buscar belleza en mi entorno varias veces al día. A veces, los mejores momentos de mi día eran cuando estaba caminando por un estacionamiento y el aire olía a jazmín dulce, o notaba la deliciosa sensación de la brisa en mis mejillas. Experimenté una profunda gratitud en esos momentos, como si mis sentidos fueran una puerta de acceso a mi corazón.

Otra indulgencia simple que me producía una gran cantidad de placer era un baño caliente. Algo visceral sucede cuando sumerjo mi cuerpo en agua caliente, y cuanto más caliente mejor. Es como si el calor activara todas las sensaciones de mi cuerpo al sofocar la actividad de mi mente. Aunque sumergirme en un baño caliente siempre ha sido una de mis actividades favoritas, lo he hecho muy poco desde que me convertí en madre. Así que una vez que me di el lujo de tomar baños nuevamente —incluso a mediados del día—, descubrí algo maravilloso.

Cuando me acuesto en el agua caliente, cierro los ojos, relajo mi cuerpo, dejo de preocuparme o de sentirme culpable por lo que debería estar haciendo, y se me ocurren ideas inspiradoras. No sucede porque estoy reflexionando sobre algo o tratando de resolver un problema; simplemente me vienen a la cabeza tan pronto me relajo en el agua caliente. Y cuando llegan, estas ideas son rápidas, furiosas y llenas de detalles. Muchas veces tuve que correr —goteando por la casa—, para encontrar algo con lo que tomar notas. Aprendí rápidamente a tener un bloc de notas y un bolígrafo cerca de la bañera, porque sé que esos pensamientos inspirados son los impulsos de mi mente subconsciente, y el tiquete a los milagros que he estado esperando.

Los pensamientos son hábitos y los hábitos se pueden cambiar. Al enfocarme en mi cuerpo, mis sentidos, mi estética y en mis sensaciones táctiles, en realidad estaba cambiando mis pensamientos. Los pensamientos son autogenerados, aunque generalmente se sienten como si estuvieran fuera de nuestro control. A menudo provienen de la personalidad, o ego, y tienden a centrarse en las carencias, el miedo o el arrepentimiento, todo lo contrario de la alegría. Cuando tenía pensamientos inspirados —como los que conforman la base para este libro—, los reconocí como una señal que podía seguir para obtener más inspiración.

Estaba tratando mis pensamientos justo como trataba a mi estación de Pandora, dando un pulgar hacia abajo cuando no me gustaba lo que estaba escuchando, y teniendo un pensamiento más agradable. Desarrollé una lista mental de pensamientos irresistibles a los que siempre podía recurrir cuando los negativos trataban de dominarme: cosas fáciles como pensamientos amorosos sobre mis hijas, pensamientos divertidos sobre los personajes de una novela que estaba leyendo, ilusiones acerca de los viajes que me gustaría hacer en el futuro, o incluso pensamientos sensuales sobre mi esposo.

Cuando empezaba a preocuparme por algo —y si no podía cambiar la situación actual de inmediato—, me imaginaba un escenario diferente en mi cabeza. Los escáneres del cerebro han demostrado que imaginar acciones estimula las mismas partes del cerebro que se activan cuando las realizas.[6] Sabiendo esto, hice mi mejor esfuerzo para aprovechar el poder de mi imaginación para calmarme cuando los pensamientos negativos me deprimían. Invocaba una fantasía elaborada si fuera necesario, o lo que necesitara hacer para encender el interruptor de mi preocupación. Hice mi mejor esfuerzo para convertir mis pensamientos en cómo quería que fueran las cosas en lugar de cómo no quería que fueran.

Con cada día que pasaba, además de ser realmente exigente con mis pensamientos, también fui más selectiva con mi tiempo. Si hacer algo me parecía una obligación o una tarea ingrata, no lo hacía o encontraba la manera de sentirme bien al respecto. Mi agenda diaria pasó de largas horas conectadas a mi computadora portátil, mi teléfono y mi iPad —a menudo las tres a la vez, haciendo malabarismos con varios proyectos y empleados en varios países—, a días de ejercicio, caminatas, baños y comida sana. Pasé de apenas interactuar con mi familia a pasar horas con ellos todos los días.

Tan suntuoso como suena esto, no fue fácil para mí al principio. Estaba muy acostumbrada a lograr cosas y a trabajar para alcanzar objetivos. Obtuve mi autoestima a partir de mi carrera y me sentía impulsada a tener éxito, a generar ingresos y un impacto. ¿Qué estaba logrando con este nuevo horario? ¿Dónde estaban mis ingresos? Trabajé arduamente para rechazar mis sentimientos de culpa, pues sabía que necesitaba sumergirme completamente en la alegría para darle al experimento la oportunidad de funcionar.

Y cuando mis listas interminables de cosas por hacer habían desaparecido, mi charla interna se calmaba, y estaba tragando alegría en todo lo que podía encontrar, y el espacio se abrió para que floreciera mi inspiración. Al principio, las ideas que tenía —muchas de ellas en el baño— eran de nuevos negocios que yo podía comenzar. Las anotaba simplemente, compraba nombres de dominio si no los habían tomado todavía y me concentraba en placeres simples. Y luego tenía un impulso sorprendente que no podía dejar de lado.

Se me ocurrió la idea de escribir un blog sobre mi círculo de mujeres. Durante los últimos quince años, me he reunido con cinco mujeres increíbles una vez al mes en San Francisco (siempre y cuando yo estuviese en el país, y virtualmente en caso contrario) para apoyarnos mutuamente en crear las vidas que queremos para nosotras, nuestras familias y el mundo. Me siento increíblemente bendecida de tener esta poderosa red de apoyo. Así que mientras conducía un día, estaba pensando en la alegría que estas cinco mujeres aportan a mi vida y en lo maravilloso de habernos comprometido a reunirnos todos los meses durante quince años. Me estaba enfocando en mi gratitud por estas mujeres cuando un pensamiento aleatorio vino a mí.

Leo blogs con frecuencia en el popular sitio web de bienestar mindbo dygreen, y noté que el sitio nunca había cubierto el tema de los círculos de mujeres. Tuve este pensamiento espontáneo de que tal vez otras mujeres se sentirían inspiradas para comenzar un círculo femenino si supieran qué era y cuán grande era. Me sentí conmovida al contactar a la editora de mindbodygreen acerca de mi idea de publicar un blog. Fue un impulso divertido y frívolo, pero fuertemente convincente.

A la editora le gustó mi idea. Tardaba casi una hora en escribir el blog y lo hice pocos días después de que se me ocurriera esta idea. Ese simple blog abrió una compuerta dentro de mí y, antes de darme cuenta, estaba llena de ideas sobre las cuales escribir. La editora me invitó a publicar un blog semanal para mindbodygreen, que tiene quince millones de visitantes al mes. De repente, tuve una audiencia potencial de millones de personas.

CONSEJO # 6 DEL PLAN DE LA ALEGRÍA

Los pensamientos realmente son la clave para la alegría. La práctica de la atención plena puede ayudar a liberarte del poder que los pensamientos negativos tienen sobre ti. Al centrarte en tu cuerpo, tus sentidos, tu estética y tus sensaciones táctiles, puedes cambiar tu atención por el aprecio y realmente transformar tus pensamientos en el proceso. Los pensamientos son hábitos, y los hábitos se pueden cambiar. Cuando surgen pensamientos inspirados, reconócelos como una señal que puedes seguir para obtener más inspiración.

CAPÍTULO 7

COMER, JUGAR, AMAR

«Todo el mundo necesita belleza, así como pan,
lugares para jugar y orar, donde la naturaleza
pueda sanar y dar fuerza al cuerpo y al alma».

—JOHN MUIR

Nuestros cuerpos se reconstruyen constantemente a sí mismos. De hecho, nuestras células se regeneran a un ritmo tan rápido que el 98 por ciento de nuestros átomos son reemplazados dentro de un año.[1] A través de la neurogénesis, nuestros cerebros producen un nuevo suministro de neuronas, aproximadamente 1.400 por día durante la edad adulta.[2] Estamos construyendo literalmente cuerpos nuevos todo el tiempo.

Aunque las emociones, como la alegría, se experimentan en el cerebro, la memoria emocional también se almacena en muchos lugares del cuerpo.[3] Las células que componen nuestros órganos, músculos, piel y glándulas contienen receptores peptídicos que transportan y almacenan información emocional. Lo que esto significa es que al seguir el Plan de la alegría, tuve la oportunidad de reconstruirme desde adentro hacia afuera, hasta el nivel celular.

Me di cuenta de que no solo quería cambiar mis pensamientos y mi mente, sino que estaba buscando un cuerpo nuevo y alegre. Quería que los sentimientos mejorados que estaba experimentando absorbieran mis células recién regeneradas con alegría y anclararan esa memoria eufórica en todo mi cuerpo. Mi meta era construir una memoria muscular emocional basada en la alegría.

Basándome en mi trabajo en salud personalizada, sabía que había ciertas elecciones de estilo de vida que se han demostrado científicamente que aumentan los químicos cerebrales asociados con la alegría.[4] Yo estaba practicando algunas de ellas, y decidí mejorar mis probabilidades tanto como fuera posible probándolas todas: vegetales, risa, naturaleza, sexo, ejercicio y sueño.

Debido a que tengo una afección autoinmune y muchas alergias, he probado muchas dietas para descubrir cuál me haría sentir mejor. He hecho de todo, desde ser vegana durante siete años hasta ensayar una dieta donde todo lo que podía comer era pollo, arroz, peras y repollo. Pero ahora sabía que lo que yo necesitaba —lo que realmente mantiene mis síntomas al mínimo y mi energía al máximo—, son muchas verduras y proteínas magras, un poco de grasa y carbohidratos limitados. Sabía, luego de mucho ensayo y error, lo que funcionaba para mí. Pero no siempre lo seguí, especialmente cuando se trataba de mi peor vicio: el azúcar.

En mi Plan de la alegría, quería prestar más atención a los alimentos que estaba comiendo y dándole a mi familia. Somos bendecidos en Santa Cruz por estar en el epicentro de una enorme región de agricultura orgánica, pero también tenemos muchas otras opciones alimenticias insalubres pero deliciosas, fácilmente disponibles. Y, a decir verdad, yo no era una cocinera muy inspirada. Por otro lado, Dan es un gran cocinero, algo que ambos reconocemos. Él nunca esperó que yo le cocinara todos estos años, y cuando lo hice, fue solo una especie de regalo. Por lo general, yo solo preparaba comidas sencillas para las niñas y comía algo hecho previamente mientras conducía. Rara vez compartíamos comidas en familia.

A medida que progresé en mi Plan de la alegría, en realidad me sentí inspirada para empezar a cocinar. Experimenté con alimentos durante horas, inventando nuevas recetas. Se me ocurrió una serie de formas de hacer panqueques con vegetales. Mezclé, piqué, horneé y realmente creé algunas recetas deliciosas. Era finales de noviembre y las calabazas estaban en temporada. Horneé una enorme calabaza e hice sopa de calabaza, pastel de calabaza, *muffins* de calabaza y curry de calabaza. Fue una especie de festival de la calabaza en mi cocina.

También me propuse disfrutar más de la comida. Empecé a comer sentada —y a servirla en la mesa—, en lugar de comer algo empacado de pie frente al mostrador mientras miraba mi teléfono o comía en mi escritorio mientras trabajaba en mi computadora, que había sido mi costumbre durante años. Practiqué la alimentación consciente comiendo con mayor lentitud y realmente notando el aroma, la textura, los colores y el sabor de mi comida, mientras apreciaba conscientemente todo al respecto. Apagaba todas las pantallas y aparatos tecnológicos mientras comía, y prestaba más atención a las sensaciones reales del acto de comer. Descubrí que, como estaba comiendo más despacio, comía menos y disfrutaba más de mi comida. Me agradaba preparar la mesa para comer en familia cuando Dan llegaba a casa del trabajo. También comencé a decir una bendición regular en cada comida con mi familia, y les pedí a todos que compartieran algo por lo que estaban agradecidos.

En mi nuevo compromiso por tener una relación más alegre con la comida, eliminé todos los alimentos que contenían azúcar blanco de la cocina. Si estuvieran allí, me los comería, así que mi cocina quedó libre de azúcar.

Y luego comencé a tener una verdadera historia de amor con la col rizada. No podía comer suficiente, y estaba encontrando maneras de comer col rizada en casi todas las comidas. Consumía los batidos más deliciosos para el desayuno, repletos de col rizada. Comía ensaladas de col rizada para el almuerzo y salteaba col rizada con arándanos y almendras para la cena. Me parecía que realmente podía sentir los minerales y vitaminas de la col rizada llenando mi cuerpo, y la anhelaba vorazmente.

Tenía curiosidad de saber por qué la col rizada me hacía sentir tan bien cuando descubrí que este vegetal, junto con otros de la familia de las crucíferas (como el brócoli y la coliflor), tienen un alto contenido de triptófano, un aminoácido esencial que nuestro cuerpo convierte en serotonina.[5] La serotonina es la «hormona de la felicidad», el neurotransmisor cuyos niveles aumentan con la medicación antidepresiva y para el cual se formula. La investigación ha encontrado que una mayor ingesta de alimentos que contienen triptófano, en relación con otros alimentos en la dieta, puede aumentar la producción de serotonina en el organismo.[6] Así que la col rizada me estaba haciendo literalmente más feliz. Otro beneficio de mi amor por la col rizada fue que una vez que comencé a tomarme el tiempo para prepararme y disfrutar realmente las verduras —col rizada y otras— mis antojos de ensalada y sopas frescas superaron mis ansias de azúcar.

Además de nutrir mi cuerpo con alimentos saludables, quería alimentar mi alma con ingredientes para la alegría. Sabía que era más feliz, pero buscaba un estado de alegría duradero. Y eso significaba que necesitaba abrazarme como una persona alegre.

Dicen que la risa es la mejor medicina, y por buenas razones. La risa libera endorfinas, las hormonas del «bienestar» del cerebro que activan los receptores opiáceos del cuerpo, reduciendo el dolor y aumentando el placer.[7] Las endorfinas están detrás de la sensación mareante y vertiginosa que se puede sentir al reírnos. Reducen la respuesta al estrés del cuerpo y relajan los músculos. Las risas completas, en particular, también liberan oxitocina, que envuelve nuestro sistema nervioso en un brillo cálido y difuso.

Sinceramente, soy una persona muy seria. Me gusta reflexionar y debatir sobre temas profundos y significativos, investigar sobre ciencia, aprender cosas nuevas y resolver problemas. Esas actividades no son exactamente humorísticas, a menos que, por supuesto, tengas un gran sentido del humor. Y realmente creo tenerlo. Me río mucho todo el tiempo. Pero las únicas personas que generalmente presenciaban mi lado cómico eran mis hijas.

A menudo era cómica con ellas, así que sabía que era una de mis cualidades. Para reír más, solo tenía que empezar a ser cómica con otras personas. Me propuse hacer reír al menos a una persona cada día y comencé a bromear con los maestros y otros padres de familia cuando recogía a las niñas en la escuela. Dan llegó a casa del trabajo un par de veces y me preguntó: «¿Has estado bebiendo?» cuando me vio intentando hacer malabares con naranjas en la cocina, o diciendo las cosas cantadas, pero le dije que solo estaba tratando de alivianarme. Mis hijas también se sorprendieron al verme bromear con otras personas, y les encantó.

Alquilé algunas películas divertidas para ver con Dan; dirigí la conversación con mayor frecuencia a temas que inducían a la risa cuando estaba con mis amigas, e hice todo lo posible para dejar de tomarme a mí misma tan en serio. Incluso intenté reírme con videos de «yoga de la risa» en YouTube. Descubrí que la risa se convirtió en una especie de hábito. Cuando hacía chistes y era alegre en mis conversaciones con los demás, casi todos me respondieron igual. Era una forma desafiante de ser para una introvertida como yo, pero me gustó.

Hice otra cosa que era completamente superficial, pero que marcó una gran diferencia en mi cociente de alegría: me blanqueé los dientes. Con los años, mis dientes habían adquirido un tono amarillo y me molestaba cada vez que los veía en el espejo. Así que tomé un gel blanqueador de dientes barato, y funcionó como un amuleto.

El curioso resultado de blanquear mis dientes fue que cada vez que me miraba en el espejo, sonreía porque quería ver mis dientes. Los estudios científicos han demostrado que el acto de sonreír activa el cerebro para liberar endorfinas, incluso si la sonrisa es falsa o forzada.[8] Esto sucede incluso cuando colocas un lápiz entre tus dientes y haces la forma de una sonrisa con tu boca. De hecho, en estudios donde las caras de los sujetos se colocaron en diferentes posiciones con electrodos, las expresiones faciales afectaron fuertemente los estados emocionales.[9] Así que, aunque estaba buscando un resultado cosmético, terminé experimentando uno emocional. Este simple acto me ayudó a ser más amable conmigo misma cuando me miraba en el espejo, centrándome de inmediato en algo que podía apreciar, y que tenía que sonreír para ver.

Puede haberse tratado de algo muy superficial, pero mis dientes más blancos me hicieron sentir más hermosa. Y sentirse hermosa envía mensajes calmantes de amor propio y bienestar a todo el cerebro y el cuerpo. Si blanquearme los dientes fue lo que me condujo allí, ¡aleluya!

Una vez que incorporé más risas y sonrisas a mi vida, pasé al siguiente desafío. Como parte de mi Plan de la alegría, estaba caminando más al aire libre. Adquirí la costumbre de caminar diariamente con Lovey por la playa, en mi barrio, en un parque o en un sendero cercano al bosque de secuoyas. En estos paseos, hice todo lo posible para prestar atención a los olores, las vistas y los sonidos, y realmente asimilar y apreciar mi entorno natural.

Casi todos mis mejores recuerdos han tenido lugar al aire libre, y sin embargo, yo había perdido el hábito de salir. ¿Cómo era posible eso? Cuando vivíamos en Bali, caminaba probablemente dos horas al día, a través de extensos cultivos de arroz y alrededor del enorme campus escolar donde trabajábamos. También conducíamos mucho menos allá, así que caminábamos más. Pero en mi vida en Santa Cruz, me había acostumbrado a conducir para ir a todas partes. Entonces, cuando convertí en una prioridad pasar tiempo al aire libre todos los días, comencé a sentir que estaba experimentando a Santa Cruz de una nueva forma. Todo era más hermoso de lo que había notado antes. Cuando me tomé el tiempo para observar verdaderamente con atención plena y con mis cinco sentidos, el aire en Santa Cruz olía más dulce que cualquier cosa que hubiera olido alguna vez.

Vivíamos cerca de un acantilado donde Lovey y yo podíamos caminar hasta el borde y observar las focas y las nutrias en el océano. Lovey a menudo les ladraba como si quisiera jugar con ellas. Era la época del año cuando las anchoas llenan la Bahía de Monterrey, provocando un frenesí de alimentación de focas, delfines, leones marinos, tiburones y muchas ballenas. Y ahora que yo estaba observando con mayor atención, veía las ballenas saltar majestuosamente cerca de la orilla con mayor frecuencia. Los científicos no saben el porqué de esta conducta, pero me gustaba pensar que saltaban de alegría.

Me enamoré aún más de Santa Cruz a medida que pasé más tiempo al aire libre. Aprecié la costa sorprendente, las olas perfectas para surfear, los bosques de secuoyas, las playas hermosas, los cielos azules, las nubes hinchadas, las mariposas monarcas, los animales marinos, y pronto incluso los estacionamientos comenzaron a parecerme hermosos.

Está comprobado científicamente que pasar tiempo al aire libre es bueno para nuestra salud. Los estudios han demostrado de manera consistente que la exposición a plantas y ambientes al aire libre aumenta los niveles de glóbulos blancos y la inmunidad, y reduce el cortisol, la hormona del estrés que no queremos tener en grandes cantidades.[10] El aire fresco y el sol también proporcionan vitamina D, que es importante, iones negativos que mejoran la salud y el estado de ánimo, y oxígeno energizante. Los estudios que utilizan dispositivos EEG móviles para medir el cerebro, descubrieron que los habitantes de las ciudades se sentían menos frustrados y más relajados cuando estaban en espacios con vegetación.[11] Incluso si, al igual que yo, ustedes necesitan evitar la exposición excesiva al sol, aún pueden recibir los beneficios del aire libre si se protegen como es debido.

A medida que apreciaba el mundo natural que me rodeaba, comencé a sentirme más conectada con él. Una vez entrevisté a un padre y a su hijo que eran chamanes huicholes, líderes espirituales entrenados por estos indígenas de México. Vi de primera mano una serie de curaciones milagrosas aparentemente provocadas por un poco de tambores, cantos e incienso. Los chamanes me revelaron algunos de sus métodos, y su conexión con la naturaleza era un tema central. Me dijeron que los huicholes creen que los seres humanos no están separados de la naturaleza, sino que son una extensión de esta. Ellos decían siempre, «Cuando te conectas con la naturaleza, te conectas con tu verdadera naturaleza», y creo que finalmente estaba entendiendo lo que querían decir.

A medida que me sentí cada vez más inspirada por mi entorno, decidí que era hora de comprar un traje de buceo. El océano es muy frío en Santa Cruz, y nunca me metía al agua sin un traje de buceo. Encontré un traje púrpura en una tienda de segunda mano que me quedaba perfecto. Y un domingo por la tarde, justo antes de la puesta del sol, le dije a mi familia: «¡Pongámonos nuestros trajes de buceo y corramos a la playa!».

Cuando llegamos a la arena, fui testigo de una de las escenas más increíbles que he visto en mi vida. A no más de cincuenta pies de la orilla, había cientos de focas que chapoteaban arriba y abajo en el agua, rodeadas por otras más grandes, manadas de delfines, e incluso una ballena que salía a la superficie. Las anchoas se veían gruesas en el agua, los pelícanos se zambullían en medio de las criaturas marinas para atraparlas, y toda la escena se desarrollaba directamente en la alineación de olas perfectas, limpias y rectas en un hermoso recoveco en la playa. Había alrededor de diez surfistas sorteando las olas justo en el medio.

Agarré una tabla de *boogie* y avancé directamente hacia el medio de cientos de focas. Ellas siguieron nadando y alimentándose justo a mi alrededor, sin inmutarse, mientras yo tomaba una ola tras otra. Entre tanto, arriba de mí se extendía un atardecer perfecto. Fue una de las experiencias más alegres de mi vida, como un *orgasmo de vida* total.

Y hablando de orgasmos, a medida que mi Plan de la alegría progresaba, mi libido aumentó drásticamente. La cuestión del sexo para mí es que cuanto más lo tengo, más lo quiero. Pero cuando no lo he tenido por un tiempo, olvido cuánto me gusta.

Dan y yo somos amigos de una pareja maravillosa, David y Tracy Wikander, que son, respectivamente, *coach* de relaciones y terapeuta matrimonial y familiar. Cada uno de ellos tiene una práctica de terapia privada, y juntos conducen talleres de retiro de parejas los fines de semana, y escriben mucho sobre el tema del sexo. Después de muchos años de trabajar con parejas, los Wikander han descubierto que la mayoría de las personas caen en una de dos categorías: necesitan sentirse conectados emocionalmente antes de querer una conexión sexual, o necesitan tener una conexión sexual antes de abrirse emocionalmente.[12] Estas distinciones no son necesariamente específicas de género, aunque las mujeres tienden a ser las que quieren hablar primero, y los hombres quieren primero el sexo. Siempre pensé que yo estaba en la primera categoría, pero empecé a reconsiderarlo. Cuando Dan y yo hemos creado tensión sexual entre nosotros, por mucho que hablemos no me hace sentir más cerca de él, pero tan pronto como la tensión decae, algo más que mis piernas se abren. De hecho, me siento más abierta a él en términos emocionales. Entonces, la clave para mí es mantener un flujo constante. Y Dan estaba más que dispuesto a complacerme.

Los orgasmos son un fenómeno sorprendente. Inundan nuestro cerebro con endorfinas, reducen nuestros niveles de cortisol e inducen una sensación de relajación. Los estudios han demostrado que los orgasmos frecuentes pueden regular el ciclo menstrual, debido a un efecto equilibrante en las hormonas femeninas. Los orgasmos aumentan los niveles de la hormona dehidropiandrosterona (DHEA) en el cuerpo, mejorando la memoria, la función cerebral, e incluso la apariencia de la piel.[13] Sí; los estudios han demostrado que los orgasmos pueden hacer que nos veamos más jóvenes.[14] Los orgasmos, así como el contacto de la piel con la piel en el sexo, aumentan la oxitocina, regulando así la función cardíaca, reduciendo la muerte celular y la inflamación, y aumentando las sensaciones de amor, confianza, paz y bienestar. Las madres pueden estar familiarizadas con la oxitocina, ya que la hormona se produce en abundancia durante el embarazo y la lactancia.

El sexo se convirtió en un ingrediente clave de mi Plan de la alegría. Pero si no hubiera tenido sexo, de todos modos habría hecho ejercicio, que es casi tan benéfico. En realidad, el ejercicio induce las mismas endorfinas en el cerebro que el sexo. También disminuye el cortisol y la adrenalina en el cuerpo, reduciendo el estrés.[15]

Las endorfinas se liberan después del ejercicio tanto aeróbico como anaeróbico, creando un poderoso efecto en el estado de ánimo. Según una investigación de la Universidad de Vermont, los beneficios en el estado de ánimo luego de apenas veinte minutos de ejercicio pueden durar hasta doce horas.[16] En un estudio de sujetos clínicamente deprimidos, tan solo treinta minutos de caminata en una cinta caminadora durante diez días seguidos fueron suficientes para producir una reducción significativa de la depresión.[17]

Había estado yendo al gimnasio casi cada día desde que comencé mi Plan de la alegría. Antes de que mi negocio fracasara, tal vez iba al gimnasio dos veces al mes para una clase de yoga o una sesión en la máquina elíptica, pero nunca lo disfruté. Miraba el reloj constantemente en clases, mientras estaba en la elíptica, leía revistas de chismes con sus imágenes retocadas de celebridades increíblemente hermosas, y siempre me sentía peor conmigo misma y con mi estado físico que antes de ir.

En ese mes me estaba centrando solo en la alegría, y pensé que trataría de perder peso físico y emocional. No fue fácil al principio: realmente tenía que ir al gimnasio y me sentía increíblemente culpable por pasar tanto tiempo allí. Pero seguí diciéndome que solo sería por un mes, y que luego volvería a ser una buena abejita obrera.

Había estado en clases de Pilates de Alli unas cuantas veces antes, pero eran tan duras que a menudo me salía antes de que terminaran. Después de algunas clases seguidas que en realidad me obligué a hacer en su totalidad, comencé a sentirme diferente. Empecé a sentir mis músculos abdominales responder de nuevo debajo de las capas de carne blanda, me involucré de nuevo y me emocioné. Dejé de mirar revistas de chismes durante mis sesiones en la máquina elíptica, que siempre me hacían sentir mal acerca de mi aspecto, y llevé novelas sustanciosas para leer en su lugar. Mantuve mi rutina simple, y me esforcé hasta sudar cada vez. También fui al sauna del gimnasio todos los días. A medida que sudaba, me pareció que la negatividad y la depresión desaparecían de mi sistema.

El sueño era el último elemento de mi lista de generadores de bienestar que yo debía abrazar. Mientras dormimos, nuestros pensamientos se suspenden, nuestros órganos se recuperan, nuestras células se regeneran, y cuando nos despertamos, somos realmente nuevas personas. Esto nos da la oportunidad de dejar atrás cualquier pensamiento o experiencia poco alentadora del día anterior y comenzar de nuevo cada mañana. También se ha demostrado que el sueño reduce los niveles de cortisol, disminuyendo la inflamación, reduciendo el estrés y previniendo la enfermedad.[18] Mantener un patrón de sueño regular establece nuestro ritmo circadiano interno, lo cual indica a nuestros cuerpos que extraigan las hormonas correctas en el momento correcto del día.[19] Nuestros cuerpos están diseñados para dormir por la noche, con los niveles más profundos de sueño entre las 11 p.m. y las 3 a.m.[20] Acostarse después de las 11 p.m. pone en riesgo las funciones más reconstituyentes del sueño, que era lo que yo hacía generalmente.

Antes del Plan de la alegría, tenía la costumbre de estar despierta hasta las dos o tres de la mañana, y con frecuencia no dormía más de cuatro horas por la noche. Con el paso de los años, he tenido dificultades con el sueño, tanto para conciliar el sueño como para seguir durmiendo. Mi mente se ocupaba a menudo con pensamientos que se agitaban febrilmente en mi cabeza, y si me preocupaba por mis hijas, por algo relacionado con el trabajo o por otros problemas que estaba tratando de resolver, dormir a menudo parecía más como una batalla que como un descanso. Traté de visualizar el sueño, respirando profundamente, sin pasar tiempo en la computadora ni con aparatos tecnológicos antes de acostarme, oyendo música relajante, tomando remedios a base de hierbas e incluso pastillas para dormir, pero nada me había funcionado de manera sistemática. Había decidido que no dormía bien.

Pero una vez que comencé a acostarme más temprano y a permanecer en la cama durante ocho o más horas cada noche, comencé a dormir. De hecho, me convertí en una campeona del sueño. Solo puedo suponer que gracias a mi actividad sexual y al ejercicio —además de los cambios en mi dieta y en mi estado mental—, contribuyeron a que mi sueño mejorara. En poco tiempo, estaba durmiendo de nuevo como una adolescente: un sueño profundo, reparador e ininterrumpido. Con una historia del sueño como la mía, es increíblemente emocionante despertarse por la mañana y darse cuenta de que no has estado despierta desde que te acostaste hace ocho horas. Esto era algo que no había experimentado en más de diez años.

También se me ocurrió un nuevo truco para poder dormir con gratitud en mi mente. En lugar de contar ovejas (sí, me da vergüenza admitir que había estado contando ovejas mentalmente por años en un intento desesperado por dormirme cada noche), repasé mentalmente el alfabeto y pensé en una cosa por la que estaba agradecida en orden alfabético. Aguacates. Elogios. Masajes en la espalda. Raramente llegaba a la *zeta*.

Realmente vi y sentí la diferencia. Todos hemos escuchado que dormir es el mejor producto de belleza, y pude ver una diferencia visible en mi cara cuando comencé a dormir más. Mis ojos eran más brillantes y menos inyectados en sangre, y juro que mis arrugas también se suavizaron un poco. Me sentía emocionada de dormir todas las noches y despertar renovada y entusiasmada con cada nuevo día. Estaba cuidando mejor mi cuerpo de lo que lo había hecho en mucho tiempo, y lo estaba valorando más que nunca.

Pronto cumpliría cuarenta años y durante los últimos cinco aproximadamente, había tenido problemas para aceptar mi cuerpo que comenzaba a envejecer. El daño causado por mis días de adoración al sol realmente se estaba notando, no perdía peso tan fácilmente como solía hacerlo, y me salieron canas. Pero mientras me tomaba el tiempo para nutrir intencionalmente mi cuerpo, algo hizo clic y me encontré sintiendo un nuevo aprecio por el envejecimiento. Porque realmente, si no envejeciera, estaría muerta. Y como voy a envejecer de todos modos, es mejor que haga todo lo posible para disfrutarlo.

Pensé en «envejecer bien» y en que no se trata solo de cuidar mi cuerpo, sino también de cuidar mi mente y mi espíritu. Nutrir mi cuerpo emocional con pensamientos, personas y experiencias que me dan alegría es tan importante como consumir alimentos saludables y hacer ejercicio. Y lo mismo sucede cuando me alejo de todo lo que no contribuye a esto. Ese mes, noté la gran cantidad de pequeños factores de estrés a mi alrededor bajo una nueva luz, y me di cuenta de que era mi responsabilidad manejar mi reacción a ellos a cada momento.

Luego de cada día de mi Plan de la alegría, me sentía mejor física y emocionalmente. Y después de tres semanas, me di cuenta de que sucedía algo milagroso: estaba comenzando a sentirme en paz con quién era y dónde estaba en mi vida. Había entrado al Plan de la alegría con una avalancha casi constante de pensamientos autodestructivos y derrotistas, un problema que tenía lugar principalmente en mi mente. Sin embargo, además del esfuerzo que había hecho para cambiar mis pensamientos, creo que la alegría llegó finalmente a mí luego de cuidar mi cuerpo. Mientras mi cuerpo florecía y ganaba fuerza, mi mente comenzó a relajarse. Ya no estaba desesperada por el fracaso de mi negocio y por mi falta de un plan claro sobre qué hacer a continuación. Estaba disfrutando el momento.

Descubrí que podía colocar mi iPad encima de la máquina elíptica en el gimnasio, poner un teclado inalámbrico en el estante de la revista y escribir mientras me ejercitaba. Así fue como me di cuenta de un gran beneficio personal de las endorfinas: me inspiran a escribir. De hecho, se ha demostrado que el ejercicio aeróbico regular inspira ideas; ¡Albert Einstein afirmó que había pensado en $E = mc^2$ mientras montaba en bicicleta![21] Algunas veces cada semana, me subía a la máquina elíptica por una hora, escribía lo que estaba pensando y luego lo enviaba por correo electrónico a mi editora en mindbodygreen.

Las ideas inspiradas que comenzaron a acudir a mí en silencio cuando estaba en el baño ahora me gritaban en la clase de Pilates y aparecían en mis blogs sobre el hecho de envejecer con elegancia, encontrar inspiración en la naturaleza y hacer de la alegría una prioridad absoluta.

A medida que se acercaba el final de noviembre, mi vida no parecía muy diferente por fuera. Había perdido algunas libras y mis dientes eran más blancos, pero seguía viviendo en el mismo lugar, tenía la misma familia y el mismo saldo en mi cuenta bancaria. Sin embargo, todo había cambiado en mi interior. Mis pensamientos negativos y mi preocupación disminuyeron considerablemente. Estaba apreciando mi entorno, mi familia, mi cuerpo y mi vida más que nunca. Estaba sintiendo alegría casi todo el tiempo. Mis amigas dijeron que me veía diez años más joven. Mi familia dijo que era mucho más divertido estar cerca de mí. En lugar de sentir que el plan de la alegría estaba llegando a su fin, sentí que recién comenzaba.

Faltaba un par de días para Acción de Gracias y estaba particularmente ansiosa por un día feriado dedicado a la gratitud. Estaba comprando alimentos en la tienda cuando me encontré con un antiguo jefe mío, el presidente de la prestigiosa universidad de medicina tradicional china en Santa Cruz. No lo había visto en más de cinco años. Dijo que había estado pensando en mí últimamente porque yo había producido un importante evento de aniversario para la universidad diez años atrás, y necesitaban una planificadora de eventos para una gala similar en unos meses. Allí mismo, en el pasillo de la panadería, me ofreció una consultoría bien remunerada y con pocas horas de trabajo por los próximos tres meses.

Ahora sabía cómo pagar las cuentas en los meses siguientes, y no lo había buscado en absoluto. Parecía que Niko tenía razón: al hacer de mi propia alegría una prioridad durante treinta días, había cambiado mis pensamientos y mis comportamientos de manera exitosa, y los milagros estaban empezando a suceder en mi vida. Comencé a preguntarme qué pasaría si pudiera seguir con el Plan de la alegría más allá de este mes inicial, y si los conocimientos y habilidades que había adquirido en solo treinta días realmente serían suficientes para cambiar mi vida.

CONSEJO # 7 DEL PLAN DE LA ALEGRÍA

Se ha demostrado científicamente que ciertas elecciones en el estilo de vida aumentan las sustancias químicas del cerebro asociadas con la alegría. Pruébalas y crea las mejores condiciones posibles para un cuerpo alegre: vegetales, risas, naturaleza, sexo, ejercicio y sueño. Dormir con gratitud en tu mente y despertar con pensamientos de aprecio te ayudarán a sentirte entusiasta acerca de cada nuevo día.

TERCERA PARTE

Desafíos

PENSÉ QUE ESTO SERÍA MÁS FÁCIL.

En la sección «Desafíos» de un plan de negocios, se presentan barreras inevitables para el éxito, así como las soluciones propuestas. Cada plan tiene desafíos, y a menudo son inesperados. El Plan de la alegría no es una excepción. Por incómodas que puedan ser las dificultades y tribulaciones, son potentes catalizadores para el cambio. Los desafíos brindan la oportunidad de mejorar, refinar y fortalecer el plan.

CAPÍTULO 8

EN BUSCA DE LAS HORMONAS FELICES

«Cuando el cerebro percibe que ya no eres reproductiva porque tus hormonas están desequilibradas, intenta deshacerte de ti».

—SUZANNE SOMERS

Era difícil creer que solo había pasado un mes desde que decidí ensayar el Plan de la alegría. Ese mes me pareció lánguido, largo y delicioso —como si contuviera todo un año—, y no quería que terminara. Como me sentía tan bien, decidí mantenerme al día con mis nuevas prácticas de alegría. Cuando pasé a mi segundo mes dedicado a la alegría, no pensé que podría volver allí donde comencé. Me sentí como si estuviera drogada todo el tiempo. Pero no estaba usando estimulantes externos para alegrarme (a menos que crean que el Pilates, la papaya y la música *bluegrass* son sustancias ilícitas). Lo estaba logrando por mi cuenta.

Y mi alegría era muy constante ahora. ¡Me sentía increíble! Hasta un día, cuando me di cuenta de que estaba loca y que todo en mi vida era un desastre.

Comenzó como cualquier otro día a principios de diciembre. El sol despuntaba cuando salí en pijama y dejé la basura en la acera. El aire enérgico fue un impacto para mi sistema, pues recién había salido de mi cama suave y cálida. Mientras arrastraba la papelera de reciclaje afuera de la casa, vi las luces del árbol de Navidad de nuestro vecino brillando en la ventana de su sala. Ahí fue cuando me golpeó. Ese árbol de Navidad se alzaba con orgullo en la sala de una casa de tres habitaciones propiedad de mis vecinos, unos *verdaderos* adultos. Pronto subirían a sus autos *nuevos* y conducirían a sus trabajos *de verdad*, mientras yo, con casi cuarenta años, estaba allí en pijama frente a nuestra casa alquilada, sin trabajo, sin un auto nuevo, sin una casa propia, sin un árbol de Navidad, y sin un plan real. ¿Qué estaba haciendo con mi vida?

En los días que siguieron, me sentí aún más horrible que antes del Plan de la alegría. Y ahora que sabía que era posible sentirme muy bien, quise desesperadamente volver a sentirme así. Pero volver allí parecía absolutamente imposible: estaba atrapada. Escribí lo siguiente en mi diario:

He caído en un lugar terrible. Es oscuro, aterrador y solitario, y no sé cómo llegué aquí. Siento que todas las personas que amo me han dejado aquí para pudrirme porque les importo un comino. Y no los culpo, porque no soy una persona muy agradable, y no tengo mucho para ofrecerle a nadie. Como parece que no puedo tener éxito en el mundo profesional, debería estar haciendo un mejor trabajo cuidando a mi familia, pero no puedo dejar de hablarles con brusquedad. Soy una mala esposa y una madre terrible, y sigo pensando que estarían mejor sin mí. Sé que estos pensamientos están equivocados, pero no tengo el poder para detenerlos. Tengo ganas de gritar, llorar y romper cosas al mismo tiempo. Hago mi mejor esfuerzo para fingir que no me siento de esta manera, y como nadie lo ve o entiende, me siento completamente sola.

Esta sensación desastrosa me había acompañado durante días, y déjenme decirles que era horrible. No podía quitarme esta sensación de encima; no podía meditar, la papaya apenas me atraía, la música *bluegrass* no me sonaba bien, y el Pilates se me hizo difícil. Cada cosa que Dan decía me molestaba o me ponía triste. Y entonces me di cuenta de que pronto sangraría. Tendría mi período en unos cinco días.

Si no me hubiera centrado tanto en sentirme bien durante el último mes, no creo que hubiera reconocido ese bajón en mis emociones. Simplemente habría culpado a mis sentimientos desesperados, irritados y temerosos con respecto a las circunstancias de mi vida. Pero una vez que noté esta sensación de tortura mental totalmente fuera de lugar, y supe que nada en las circunstancias de mi vida en realidad había cambiado esa semana, me di cuenta de que algo andaba mal. Probablemente esto me estaba sucediendo cada mes desde que llegué a la pubertad, excepto cuando estaba embarazada, amamantando o siguiendo un método anticonceptivo que suprimía la ovulación.

Se estima que el setenta y cinco por ciento de las mujeres en edad fértil experimentan algún tipo de síndrome premenstrual (también conocido como SPM, *Pretty Miserable Shit*). Y entre el tres y el ocho por ciento experimentan una modalidad grave del SPM llamado trastorno disfónico premenstrual (TDPM) que puede alterar la capacidad de que funcionemos normalmente.[1] Tanto en el SPM como en el TDPM, los síntomas comienzan de siete a diez días antes de la menstruación. Mientras que el síndrome premenstrual puede incluir cambios de humor, el TDPM se caracteriza por cambios extremos en el estado de ánimo, particularmente la desesperanza, la ansiedad y la ira. Estos síntomas pueden empeorar durante la perimenopausia, que puede comenzar hasta diez años antes de la menopausia. Y con la edad promedio de la menopausia es a los cincuenta y un años, me di cuenta de que ya podía experimentar los efectos de la perimenopausia.

El contraste entre esa semana de agonía y las últimas semanas de mi mes de alegría fue tan fuerte que pude verlo claramente por primera vez, y pude hacer algo al respecto. Decidí que debería refugiarme en la «carpa roja» hasta que hubiera pasado mi período. Ahora, por supuesto, tengo dos hijas, así que no podía meterme en una carpa con las otras mujeres que menstruábamos en mi comunidad, sentarme en la paja y tomar té durante una semana, como lo habría hecho miles de años atrás. Pero lo que podía hacer era minimizar las interacciones que tenía con los demás y dedicar más tiempo a nutrirme a mí misma, de modo que tuviera menos oportunidades de enojarme.

Dan fue magnífico al respecto, especialmente porque él necesitaba mucho tiempo adicional para cuidar a nuestras hijas durante la semana. Creo que se sintió aliviado porque me había dicho durante años que yo tenía SPM y que eso me hacía enojar. Por supuesto, solo me lo había dicho cuando yo estaba en medio de ello, por lo que no podía ver o pensar con suficiente claridad para darme cuenta de que él tenía razón. Ahora, yo estaba admitiendo que tenía un problema, y eso significaba que él había tenido razón todos estos años. Pero no creo que a Dan le importara tener la razón, sino más bien evitar mi drama. Cuando tengo SPM, puedo ser distante, llorosa, irritable, molestarme fácilmente y ser terriblemente pesimista.

Entonces, esa semana evitaría a Dan como a la peste. No porque no lo amara, sino porque lo hacía. Quería ahorrarle mi ira y aprender a controlar y minimizar mi SPM para poder dejar de pasar el veinticinco por ciento de mi vida en un estado de confusión. Esto fue lo que hice.

Las niñas estaban en la escuela durante el día, así que yo solo tenía que sobrellevar las mañanas. Les dejaba ver un video durante el desayuno para minimizar la posibilidad de enfrascarse en una pelea fraternal, lo que podría impulsarme a perder la calma con ellas. Después de dejarlas en la escuela, iba inmediatamente al gimnasio o a casa para bañarme, dependiendo de lo que me pareciera más reparador ese día. Debido a que estaba trabajando a tiempo parcial ahora —en la planificación del evento que había conseguido—, enviaba correos electrónicos en lugar de hablar con la gente durante mis jornadas laborales. Cancelé todas mis reuniones presenciales de la semana. No llamé a mis amigas o familiares. Como introvertida que soy, hablar con los demás no me calma cuando me siento emotiva. Mientras que una persona extrovertida puede querer asumir el enfoque opuesto y programar tiempo extra con amigos y familiares que sean solidarios, yo prefiero procesar mis emociones y reflexionar más tarde con otras personas.

Dan y yo dividimos nuestras labores en el hogar: yo preparaba la cena dos noches por semana, hacía tareas domésticas, me bañaba y luego me dormía mientras Dan pasaba tiempo con sus amigos, y luego preparaba la cena y hacía otros deberes las dos noches restantes mientras yo pasaba tiempo en el sauna o a tomaba una clase de Pilates en el gimnasio, o iba a una cafetería para escribir en calma, hasta que Dan y mis hijas estuvieran dormidos. Durante cuatro días, Dan y yo nos veíamos solo de pasada, y mantuvimos nuestras interacciones breves, dulces y sobre todo no verbales. Cuando estaba con mis hijas, les permitía ver más videos de lo habitual y les daba muchos proyectos de arte para que se sintieran contentas y no me hicieran demasiadas preguntas.

Y esto fue una mejoría: cuanto menos hablaba con la gente, tenía menos razones para perder el control. Mi motor de la ansiedad interna seguía funcionando, pero tenía menos combustible para agregar a su fuego. Desafortunadamente, mi «experimento de la carpa roja» no le gustó mucho a Dan. A pesar de que lo había apoyado en teoría, Dan es un ser extremadamente social y yo le parecía demasiado fría y distante para que él creyera que no se trataba de nada personal. Estaba tan convencido de que yo me había enojado con él que todo el proceso de tratar de convencerlo de que no era cierto me hizo enojar. Y cuando me enojé, decidí irme.

Era un sábado y mi estado de ánimo era bastante negativo, así que decidí que mi familia estaría mejor si me iba a un hotel el fin de semana. Nunca había hecho algo así. Pero quería continuar mi experimento de la Carpa Roja hasta sentirme mejor. Así que me registré en un motel barato a la vuelta de la esquina de nuestra casa, fui a la tienda de alimentos saludables y me abastecí de chocolate orgánico y papas fritas saladas, y estuve dos días en la habitación del hotel.

Fue bastante divertido en realidad, y si no fuera tan caro y estresante para mi esposo, lo haría con gusto cada mes. Pero al final, decidí que aunque mi experimento de la carpa roja hizo que la semana de mi infierno mental pareciera más llevadera, no era una solución sostenible. Me contactaría con mi amiga Susanna, que es herborista en Italia, y le pediría que me recomendara algunos suplementos para el próximo mes.

Sabía que necesitaba controlar mis hormonas para no sentirme marginada en términos fisiológicos todos los meses de mi Plan de la alegría. Ahora que había probado la alegría sostenida, nunca más quería volver a sentirme mal, especialmente no tanto como me sentía antes de mi período. Así que convertí en mi meta aprender tanto como fuera posible sobre las hormonas, para poder aumentarlas de todas las maneras posibles.

Comencé a aprender sobre el maravilloso mundo de las hormonas cuando estaba tratando de quedar embarazada. Esto no fue posible. Lo intentamos por más de dos años, y durante ese tiempo aprendí todo sobre mi ciclo y el complejo cóctel químico de hormonas que afecta no solo la concepción y el embarazo, sino también muchas otras cosas en nuestra salud y sensación de bienestar.

Luego de mis múltiples análisis de sangre durante ese tiempo, aprendí sobre la curva de campana de hormonas que experimenta una mujer promedio en un mes. El estrógeno y la progesterona les indican a nuestros cuerpos cuándo es un buen momento para reproducirse; dan luz verde para que todos los sistemas estén en condiciones de funcionar lo suficientemente bien como para replicarse. Cuando los niveles de estrógeno y progesterona son altos —más o menos durante la ovulación—, nuestras hormonas hacen todo lo posible para que nos sintamos vitales, sanas y sexys, y poder procrear.

La evolución nos ha diseñado de esta manera. Cuando no estamos ovulando, esas hormonas no son necesarias para que estemos «con ánimos», por lo que nuestros niveles de estrógeno y progesterona están en su punto más bajo justo antes de sangrar. Cuando el estrógeno y la progesterona disminuyen, también lo hace la serotonina, que afecta el estado de ánimo, el apetito, la digestión, la memoria, el sueño y otras cosas. Para mí, eso significa pasar una semana cada mes sintiéndome fea, enojada y loca.

El estrógeno, la progesterona, la testosterona y la serotonina alcanzan sus niveles más bajos cada mes cuando comienza el período femenino y empieza un nuevo ciclo, y luego aumentan gradualmente hasta alcanzar su punto máximo alrededor de la ovulación a mediados de su ciclo.[2] Cuando el estrógeno y la testosterona alcanzan su punto máximo hacia la mitad del ciclo, muchas mujeres se vuelven más habladoras, más seguras de sí mismas y se sienten —además de verse realmente—, más bellas. El estrógeno aumenta el colágeno en nuestras caras y le da más brillo a nuestro pelo, mientras que la prolactina llena nuestros senos y los hace más atractivos. Las hormonas también nos dan una memoria más nítida y la capacidad de hablar con mayor elocuencia en esta época del mes. Los mayores niveles de testosterona aumentan nuestro deseo sexual, así como nuestro deseo de tomar riesgos.

Pero esta sensación agradable no dura mucho tiempo. En la tercera semana del ciclo femenino, los niveles de progesterona siguen aumentando mientras el estrógeno disminuye. Esto puede hacernos más somnolientas, más olvidadizas y reducen nuestra capacidad para hablar articuladamente. A menudo no puedo recordar palabras simples durante esta época del mes, lo cual es muy embarazoso en las reuniones de trabajo. También tengo antojos de alimentos dulces, salados y grasos en este período. La semana más dura es la última. Los seis o siete días antes de que comience el período femenino es cuando todas las hormonas del bienestar caen en picada, y durante esta semana a menudo ni siquiera puedo recordar que alguna vez sentí alegría, independientemente de lo increíble que me pueda haber sentido el día anterior. Para muchas mujeres como yo, los cambios de humor que experimentamos usualmente comienzan casi una semana antes de tener nuestro período, y se estabilizan al segundo día de nuestros ciclos.

Sin suprimir mi ovulación, pensé que la serotonina era una hormona que yo podría tener una mejor posibilidad de controlar que el estrógeno y la progesterona, por lo que estudié cómo podría aumentar mis niveles de serotonina de forma natural. La serotonina es un neurotransmisor —una hormona que se comunica entre las áreas del cerebro—, que es responsable de mantener el equilibrio del estado de ánimo. Los bajos niveles de serotonina pueden provocar sentimientos de depresión y desesperanza. Los niveles de estrógeno y progesterona afectan los niveles de serotonina, pero no son lo único que hace esto.

Resultó que mi instinto de tener una «semana en la carpa roja», cuando minimizaba mis interacciones sociales, era algo acertado, ya que como introvertida que soy, las interacciones sociales me pueden parecer estresantes, especialmente durante el ciclo premenstrual. Mientras que las extrovertidas querrán estar con otras personas en el ciclo premenstrual, estar a solas durante esa semana redujo mi estrés. Y el estrés aumenta los niveles de cortisol, lo cual disminuye los niveles de serotonina.[3]

De otra parte, los estudios muestran que ciertos elementos de la dieta pueden ayudar a impulsar una gran producción de serotonina, como había descubierto por accidente en mi propia dieta al agregar más alimentos con alto contenido de triptófano.[4] También aprendí que el ejercicio, la luz solar, el contacto amoroso y recordar eventos felices pueden elevar los niveles de esta sustancia.[5]

Ya había hecho cambios positivos en mi dieta y rutina de ejercicios, y estaba recibiendo suficiente luz solar y contacto amoroso, pero me sentía más intrigada con los recuerdos felices. Parecía que debería ser la opción más fácil para aumentar la serotonina, pues no tenía que ir a ninguna parte ni hacer algo difícil para evocar un recuerdo feliz. Como dije, cuando me sentía realmente deprimida, conjurar cualquier cosa excepto la desesperación parecía casi imposible, pero fue entonces cuando las fotos me fueron útiles. Tenía pruebas fotográficas de tiempos más felices, y guardé mis favoritas en mi teléfono. Así que, en un intento por aumentar mis niveles de serotonina, miré fotos y videos de momentos agradables e hice todo lo posible para transportarme mentalmente a ellos.

Cuando hablé con mi ginecóloga, me sugirió que usara una aplicación en mi teléfono para hacer un seguimiento de mi ciclo; al menos así no me sentiría tan sorprendida cuando sintiera los cambios de humor. También le pedí su opinión a Susanna, mi amiga herbalista, le dije que estaba experimentando una fuerte caída en mi estado de ánimo y un aumento en mi ansiedad durante aproximadamente una semana cada mes, y le pregunté qué me sugería. Ella respondió que luego de su experiencia con los pacientes, el ochenta por ciento de las veces la causa de la angustia emocional son los bajos niveles de hormonas, tanto en hombres como en mujeres. También mencionó que podemos perder hormonas cuando nuestros cuerpos no son estimulados lo suficiente a través de la actividad física, o cuando nuestros cerebros se estimulan demasiado con pensamientos estresantes.[6] Sabiendo lo mucho que yo había trabajado y que me había estresado últimamente, a Susanna le preocupaba que mi falta de equilibrio hubiera causado el descontrol de mis hormonas.

Ella me hizo algunas recomendaciones sobre los alimentos que podía comer y los suplementos que podía tomar para mejorar mi equilibrio hormonal. También me sugirió que durmiera de ocho a diez horas cada noche para que mis hormonas pudieran regularse adecuadamente.[7] (Por suerte, ya podría tachar el sueño de mi lista). También me dijo que hiciera más ejercicio para inducir endorfinas, y abrazar más a Dan y a mis hijas para aumentar mis niveles de oxitocina.

Susanna se despidió luego de esa prescripción rápida: tomar estas hierbas, dejar de pensar tanto, hacer ejercicio y abrazar, dormir y decirme que llamaría por la mañana. Pero yo sabía cuál era mi tarea: encontrar un equilibrio hormonal feliz y el veinticinco por ciento de mi vida sería instantáneamente mucho más fácil.

CONSEJO # 8 DEL PLAN DE LA ALEGRÍA

Las hormonas tienen un efecto poderoso en el estado de ánimo, tanto en los hombres como en las mujeres. Para ayudar a mantener un equilibrio hormonal saludable, toma un poco de sol y piensa en recuerdos felices para aumentar tu serotonina, haz ejercicio para obtener endorfinas, abraza más para aumentar la oxitocina y haz lo posible por dormir al menos ocho horas cada noche.

CAPÍTULO 9
DÉJALO IR, DÉJALO IR

«El camino de la menor resistencia
es la no resistencia».

—I CHING

Después de que mi período terminó, seguí de nuevo con mi Plan de la alegría. Habían pasado casi dos meses desde que decidí probar este experimento loco, y definitivamente me sentía mejor en términos generales. Había empezado a escribir blogs, un encuentro casual en la tienda de comestibles me había conducido a un trabajo rentable de consultoría, y ahora estaba sintiendo con claridad que mi pasión era escribir. Dan le mencionó a un amigo de su equipo de voleibol de playa que yo estaba escribiendo mucho, y resultó ser otra oportunidad afortunada para mí. El amigo de Dan trabajaba en una empresa de consultoría ambiental y me preguntó si podía volver a escribir buena parte del contenido del sitio web y los materiales de *marketing* de la organización.

Cuando comencé con el Plan de la alegría, pensé que estaría registrando mi progreso, creando medidas para evaluar mi éxito, y buscando evidencia visible de cambios en mi vida, pero todo eso ahora me resultaba completamente desagradable. Sabía que había cambiado muchísimo y estaba claramente más feliz, por mucho más tiempo que dos meses atrás. Pero ya no tenía interés en analizar mi alegría; solo quería disfrutarla.

Sentí que mi personalidad, Patty la habladora —el aspecto de mí que usualmente controlaba, justificaba y criticaba cada acción—, se estaba escabullendo. Y en su lugar estaba emergiendo un nuevo yo —el verdadero yo—, como si despertara de un largo sueño. Era relajada y pacífica, introvertida e introspectiva, espontánea y trivial.

No tenía tanto tiempo libre como el mes anterior, pues estaba trabajando. Pero incluso el trabajo ahora me parecía diferente. Todo se sentía más fácil, más ligero y divertido. Estaba bastante segura de que estaba teniendo éxito con este Plan de la alegría, y que las cosas seguirían mejorando cada vez más. Estaba tomando los suplementos recomendados por Susanna, y confiaba en que mis problemas con el SPM disminuyeran considerablemente durante mi próximo período. De hecho, mi optimismo era tan grande que me sentí casi inquebrantable en mi alegría, como si nada pudiera hacerme caer de nuevo. *Pero estaba muy equivocada.*

Era una hermosa tarde soleada del 21 de diciembre, el solsticio de invierno, y teníamos la puerta abierta para dejar que entrara la brisa y dar la bienvenida a amigos que llegarían pronto a visitarnos. Lovey, nuestra dulce perra, que siempre estaba ansiosa por divertirse, y a menudo corría a jugar con otros perros. En esta fatídica tarde, Lovey vio a un perro caminar por la acera de enfrente. Antes de que pudiéramos detenerla, ella corrió por la puerta abierta y fue atropellada por un automóvil. Murió al instante.

Antes de conseguir a Lovey, yo no era una persona amante de los perros. Tampoco de los gatos, o de ningún tipo de mascota. Solía decir que ya tenía dos mascotas —mis hijas Kira y Nava—, y muchas bocas para alimentar, pelos para peinar y caca para limpiar. Pero mis hijas fueron implacables en sus súplicas por un perro, y Nava dijo: «*Moriré* si no tengo un perro»; eso me empujó al límite. Lovey era la perra perfecta para nosotros: mantenerla costaba poco, dormía en la casa y no en una perrera, su paciencia era infinita, adoraba a las niñas, y le encantaba echarse con nosotros, los baños de burbujas y los atuendos hermosos.

No pasó mucho tiempo hasta que me enamoré completamente de ella. Aunque conseguimos a Lovey para las niñas, pasaba la mayor parte del tiempo conmigo. A menudo trabajaba con Lovey acurrucada en mi regazo o en mis pies, y era mi compañera en mis caminatas cuando me dediqué a pasar más tiempo afuera. Yo no tenía idea de cuánto podía amar —y llorar la pérdida de un animal— hasta que perdimos a Lovey. A pesar de que solo pesaba seis libras, sentimos que había un gran espacio vacío en la vida de nuestra familia cuando Lovey murió. Y definitivamente, fui yo quien más lo lamentó.

Las niñas nos ayudaron a enterrar a Lovey en el patio trasero. Decoraron su tumba con flores y dibujos que hicieron para ella, le cantaron una canción de despedida mientras la colocábamos en el suelo, lloraron y la dejaron ir. Lo manejaron muy bien. Pero sentí su pérdida profundamente, me invadieron oleadas de tristeza, y lloré con frecuencia. Había llegado a amar a Lovey como a una tercera hija, algo que no había entendido anteriormente sobre los dueños de mascotas. Me di cuenta de la enorme fuente de alegría que había sido Lovey en mi vida, y la extrañé muchísimo.

Lovey —como todos los perros y probablemente como todos los animales—, era energía pura y positiva. Nunca tuvo un mal día ni estuvo de mal humor, y nunca se negó a que la acariciáramos. Fue un recordatorio constante de la alegría en mi vida, un modelo a seguir en cierto modo. Sin esforzarse, Lovey fue la encarnación del amor incondicional, y ella me recordó la alegría y el amor dentro de mi propio corazón. Y yo sentía ahora que una parte de mi corazón se había ido con ella, y que nada volvería a ser lo mismo.

Me imagino que lo mismo sucede con todos los tipos de pérdida. Los seres que amamos dejan una huella indeleble en nuestros corazones, y nunca volvemos a ser iguales una vez que se han ido. Los recuerdos de los dulces besos de Lovey en mi nariz, sus ruidos hermosos, y el sonido que hacía al resbalar sobre el suelo duro de madera en nuestra sala cuando estaba persiguiendo una pelota eran como la extremidad de un fantasma que yo podía sentir todavía. Un trasfondo de tristeza llenó nuestras celebraciones navideñas, y los pequeños regalos de Lovey permanecieron envueltos bajo el árbol.

A medida que se acercaba la víspera de Año Nuevo —una época en la que yo escribía generalmente una larga lista de resoluciones y deseos para el nuevo año—, esta vez solo tuve una. Tenemos una tradición en nuestra familia en la que todos escriben sus deseos para el año en un papel y luego lo guardan en un sobre para abrir en la siguiente víspera de Año Nuevo y ver si se han hecho realidad. Cuando sellé mi sobre este año, oré a los poderes: *Por favor, solo déjenme sentirme bien, o al menos saber cómo volver a sentirme bien si no lo estoy.* Simplemente quería sentir alegría este año, y nada más. Había experimentado alegría antes de la muerte de Lovey, pero además de perderla a ella también sentí que había perdido mi alegría.

Pensé en la frase de *El profeta*, de Khalil Gibran: «Cuanto más profundo es el dolor que se cuela en tu ser, más alegría puedes contener», y busqué desesperadamente la alegría otra vez.[1] Pero no pude encontrarla. Me sentí culpable de no haber sido más cautelosa y haber salvado la vida de Lovey. Seguía llorando todos los días después de su muerte. Mis hijas nunca me habían visto llorar tanto, y estaban preocupadas. Sugirieron que consiguiéramos otro perro, pero no podía imaginarme reemplazar a Lovey. Y a medida que mi tristeza continuó, se extendió a otras áreas de mi vida.

Cuando las neuronas se activan en nuestros cerebros, activan una especie de reacción en cadena que se presta para la replicación. Nuestros cerebros clasifican los pensamientos, sentimientos, creencias, emociones y sensaciones en una base de datos de elementos similares que forman grupos de neuronas o redes neuronales. Cuando pensamos en algo repetidamente, nuestros cerebros responden agrupando datos relacionados para apoyar y reforzar esos pensamientos con más grupos de neuronas.[2] Este proceso se fortalece cuando hay una emoción fuerte, especialmente si es negativa. Y cuando los pensamientos se repiten con la frecuencia suficiente, la activación de las redes neuronales que han formado en el cerebro se vuelve habitual. Entonces, cuando tenemos pensamientos y sentimos una emoción sobre un tema, nuestros cerebros buscarán conectar pensamientos similares y respuestas emocionales de otras áreas de nuestras vidas. Cuando llueve, diluvia.

La tristeza y la desesperación parecieron inundar toda mi vida después de la muerte de Lovey. Las compuertas se abrieron y mi personalidad regresó con venganza, golpeándome con recordatorios de lo fracasada que era yo. Aunque había conseguido un poco de trabajo de consultoría, apenas estaba apoyando a mi familia. Tal vez me había estado engañando todo el tiempo al creer que el Plan de la alegría realmente estaba funcionando. Ciertamente no había logrado una alegría inquebrantable. La alegría que había descubierto en los meses anteriores ahora me parecía totalmente fuera de alcance.

Me sentí culpable de no ganar más dinero para que Dan pudiera renunciar a su trabajo y hacer algo que amara. Me sentí culpable de estar desperdiciando miles de dólares al mes en alquiler cuando deberíamos tener una casa. Miré listados de trabajo en línea y eso me hizo sentir peor. Todos parecían duros, aburridos o poco inspiradores. Por mucho que quisiera liberar a Dan del trabajo que no le gustaba, yo temía tener que hacer uno que no me gustaba. Miré los listados de bienes raíces y me sentí aún más desesperada y abatida por los precios de la vivienda que estaban fuera de nuestro alcance.

Incluso mis blogs habituales, que me hacían sentir tanto vértigo, ahora me parecían indulgentes y superfluos. Empecé a tener un flujo regular de pensamientos en la línea de: ¿Quién diablos crees que eres, que todo lo que escribas es de interés para alguien? O, ¿tienes la autoridad para escribir sobre cualquier tema con el conocimiento suficiente para respaldarlo? Tan pronto presionaba «enviar» en una nueva publicación de mi blog para mi editora en mindbodygreen, empezaba a dudar del contenido.

Y luego, como si me hubiese escrito mentalmente una carta a mí misma y la hubiera transmitido telepáticamente al éter, recibí este correo electrónico a través del formulario de comentarios en mi sitio web:

Kaia:

Leí tu biografía en mindbodygreen y miré tu sitio web y me di cuenta de que te perdiste de algunas cosas: ¿no descubriste la cura para el cáncer y no fuiste la primera mujer en llegar a la luna? Creo que Brian Williams y tú harían una gran pareja.

Este mensaje me sorprendió inicialmente. Fue uno de los primeros correos electrónicos que recibí a través de mi sitio web de alguien que no conocía, y no tenía idea de quién era Brian Williams. Pero luego, me reí con fuerza. Me pareció gracioso que la lluvia de pensamientos que me había estado lanzando se manifestara físicamente en un correo electrónico de otra persona. Para mí, esta era una *prueba* de que la Ley de la atracción era tan activa en mi vida como siempre. Y sabía que podría cambiar su flujo en la otra dirección si quisiera. Ese correo electrónico me sacó de mi bajón.

Decidí que sería mucho más divertido recibir correos de admiración que de odio. Pensé en el tipo de carta que realmente me gustaría recibir. Y pensé, si pudiera manifestar un mensaje como ese desde mis propios pensamientos negativos, ¿qué podría manifestar a partir de los pensamientos positivos? ¿Qué pasaría si pudiera atraer una carta de alguien que disfrutara tanto de mis blogs que me animaran a llegar a una audiencia aún mayor? Entonces me senté y me escribí esta carta a mí misma:

Querida Kaia:

He sido una fanática de tu blog en mindbodygreen durante meses. Considero que tus artículos son refrescantes, fáciles de identificarse con ellos y conmovedoramente honestos. Creo que tienes un estilo que se conecta con los lectores sin sermonear, y que ofrece una acción práctica que podría inspirar a muchas personas. ¿Has considerado escribir un libro? Sería genial si pudieras llegar a más personas con tu escritura. Si alguna vez escribes uno, me encantaría llevarte a mi ciudad para firmar libros. Por favor agrégame a tu lista de correo para poder seguir tu labor.

Gracias,
Jenny

Me envié la carta por correo electrónico y pensé, *De acuerdo, Universo/ Dios/Fuente/Gran Espíritu: muéstrame lo que tienes. Demuéstrame que esta Ley de la atracción realmente funciona. Jugaré tu pequeño juego, pero tienes que mostrarme una señal para saber que estoy en el camino correcto.*

Y al *día siguiente* —y tengan en cuenta que no recibía mensajes de los lectores con frecuencia—, recibí esto:

Acabo de leer un artículo tuyo. Nunca antes me había puesto en contacto con un autor, o escrito siquiera un comentario en

YouTube. Pero tenía que decirte que sentía que me hablabas directamente. Es probable que esto suene ridículo y apuesto a que constantemente recibes cartas como esta. ¿Hay algo más que pueda leer de ti? ¿Tienes otros artículos o tal vez un libro? Aprecio y estoy muy agradecida de hacer lo que haces. Gracias y cuídate.

¡Quedé impresionada! Estaba emocionada de haber tocado a alguien con mis palabras y que se tomara el tiempo para agradecerme, pero más que eso, lo reconocí como una señal de que el Universo/Dios/Fuente/Gran Espíritu había aceptado mi desafío y respondido. Y como si eso no fuera suficiente, al día siguiente recibí esto:

Hola Kaia:

Te escribo apenas una línea porque realmente disfruté tu artículo y llegó en un buen momento para mí. Quería que supieras que hoy ayudaste a alguien. Te deseo todo lo mejor y espero que sigas escribiendo. ¡Gracias!

¡Otra carta! ¡No podía creerlo! Y *luego*, recibí esto en Twitter:

@kaiaroman ¡Continúo haciendo clic en los artículos de MBG, realmente disfruto de ellos, me desplazo hacia abajo para comentar y veo que los escribiste! ¡Gracias una vez más!

Las cartas siguieron llegando. Nunca antes había recibido una carta de admiración y ahora parecían llegar todos los días. Pero a medida que llegaba este flujo constante de mensajes, no recibí una sola carta negativa desde la que hacía referencia a Brian Williams.

Las cartas de mis seguidoras definitivamente me dieron un impulso y empecé a sentirme liviana otra vez. Soñé con Lovey regularmente, e hice mi mejor esfuerzo para cambiar mi enfoque de tristeza luego de perderla a otro de gratitud por haberla conocido. Su amor incondicional y su presencia pura y alegre en mi vida (y en mi regazo) me habían ayudado tremendamente mientras me embarcaba en el Plan de la alegría, y estaba agradecida de que al menos la niebla de mi depresión se hubiera levantado lo suficiente cuando ella murió que el hecho de perderla no me arrastrara tan debajo de la superficie que no pudiera salir de nuevo a flote. Había caído bajo, pero ahora volvía a tomar aire.

No podía convencerme a mí misma de conseguir otro perro, pero como Lovey era un perro de rescate, pensé que apoyar a otros perros de rescate sería una forma adecuada de honrar su memoria. Me inscribí para ser voluntaria de Peace of Mind Dog Rescue, una organización sin fines de lucro local que encuentra hogares para perros viejos cuyos dueños fallecieron o ya no pueden cuidarlos. Los perros permanecían con nosotros mientras esperaban encontrar un hogar definitivo. También ayudamos en eventos en los que la organización traía perros para conocer propietarios potenciales. Los perros que cuidamos a menudo tenían problemas de salud, dietas restringidas y necesidades especiales. A veces se sentía como cuidar a un bebé recién nacido, levantarse a medianoche para consolar a un perro o darle medicamentos. Pero se sentía bien ser útil.

De hecho, se ha demostrado que el voluntariado reduce la depresión, aumenta la sensación de bienestar, disminuye la presión arterial y prolonga la esperanza de vida.[3] La interacción social del voluntariado (así como la interacción con los perros, en mi caso) proporciona un impulso de oxitocina, y el aumento de la actividad física ayuda a reducir el cortisol. Curiosamente, estos beneficios en la salud solo se observan en individuos que se ofrecen como voluntarios para ayudar a otros, en lugar de ayudarse a sí mismos; por ejemplo, para el reconocimiento personal o para agregar una actividad a su currículo. En mi caso, me sentí que ser voluntaria en Peace of Mind Dog Rescue me ayudaba tanto como a los perros. En uno de nuestros eventos de adopción de perritos, vi a un chihuahua que iba en la canasta de la bicicleta de su propietario, vistiendo una camisa rosa diminuta que decía «LA RESCATÉ». Pude identificarme con eso.

Empecé a sentir que estaba de nuevo en el Plan de la alegría, volviendo regularmente a mi cuaderno de gratitud, placeres simples y cambios saludables en mi estilo de vida que había implementado como fuentes de alegría. Y a medida que me sentía cada vez mejor, hacía un inventario de lo que había estado sucediendo en mi vida desde que comencé a hacer de la alegría mi máxima prioridad. Los clientes acudieron a mí sin que yo los buscara. Al ser más alegre con mis hijas y darles más autonomía, en realidad me suplicaban para ayudar con las tareas domésticas. Todavía tenía cosas que hacer, pero parecía que las estaba haciendo más rápido, y con una especie de resorte en mi andar que hacía que todo se sintiera divertido.

Sentí que cuanto menos hacía, más cosas lograba. Proyectos de trabajo que anteriormente me hubieran tomado cuatro horas, ahora podía completarlos en treinta minutos. Estaba planeando un viaje para visitar a Susanna en marzo, quien pasaría el invierno en Miami con su esposo Gordon, y mis planes de viaje encajaron con un mínimo esfuerzo. Las reuniones sincrónicas y las llamadas telefónicas a menudo me traían esas cosas sobre las que yo me preguntaba, poco después de pensar en ellas. Además de los dos trabajos de consultoría que había recibido el mes anterior, conseguí otros dos a través del boca a boca. Y los clientes siguieron ofreciéndome más y más dinero, más de lo que había ganado por hora antes. A pesar de los esfuerzos de mi personalidad para convencerme de lo contrario, pensé que el Plan de la alegría estaba funcionando.

En enero y febrero, comencé a aplicar el Plan de la alegría de manera sutil con mis clientes, dirigiendo a los miembros del equipo a trabajar en las tareas que les resultaban más alegres y delegando tareas que normalmente habría hecho pero que ahora me daba cuenta de que me parecían aburridas.

Niko me contrató para ayudarla a ella y a su esposo con un nuevo plan de *marketing* para la escuela vocacional que tenían y operaban en el sur de California, y viajé al condado de Orange para trabajar con ellos por unos días. Después de nuestro segundo día de abordar una serie de desafíos en la escuela, a Niko se le ocurrió el concepto de «entregarlo». Entregarlo es lo que haces cuando en lugar de entregarle algo a otra persona para que se ocupe de eso, se lo «entregas» a un poder superior para que se encargue de esto. Básicamente, si te quedas atascada en algo, lo dejas a un lado y te enfocas más bien en algo alegre por un tiempo. Después de que Niko y yo descubrimos una serie de problemas que no sabíamos cómo resolver, decidimos entregarlo todo, salimos del trabajo y nos fuimos a una clase de yoga. Creo que la mayor contribución que hice a Niko y al negocio de su marido no fue la optimización de los motores de búsqueda o la copia mejorada del sitio web, sino conspirar con Niko para traer un poco de magia. ¿Podría el plan de la alegría realmente funcionar en el trabajo?

Al día siguiente, el teléfono de Niko sonó de una manera que, según ella, era muy inusual. Una tras otra, acudieron soluciones para cada problema que habíamos abordado el día anterior: tres nuevos empleados aparecieron para puestos que ella había estado tratando de llenar; dos empleados se ofrecieron para hacer un trabajo que Niko no sabía cómo cubrir anteriormente; un asociado talentoso de *marketing* que solo había estado disponible a tiempo parcial, de repente estuvo disponible para trabajar más horas; una gran cantidad de nuevos estudiantes potenciales solicitaron entrevistas; los propietarios del edificio finalmente aprobaron nuevos avisos en la fachada que Niko había querido instalar desde un año atrás; e incluso un problema mecánico dentro del sistema de aire acondicionado de la escuela logró ser reparado. Todo eso en un solo día.

El Plan de la alegría parecía demasiado bueno para ser cierto cuando Niko lo propuso, y parecía demasiado bueno para ser cierto ahora que en realidad estaba funcionando. A pesar de que muchas cosas en mi vida se sentían casi sin esfuerzo, yo sabía que había sentado las bases y hecho el esfuerzo en los últimos meses. Sin embargo, ahora estaba dirigiendo mi esfuerzo de un modo diferente. Al preguntarme continuamente: «¿Esto se siente bien?» cada vez que me encontraba exigiéndome demasiado y sumiéndome en pensamientos o emociones negativas, me esforzaba por sentirme mejor. Esto significaba a veces tomar un baño cuando tenía el bloqueo del escritor, por ejemplo —lo que iba en contra de mi fuerte ética laboral—, pero estaba aprendiendo a soltar la tensión y abrazar la relajación.

Estaba leyendo un libro pequeño y mal traducido del ruso, recomendado por mi madre y por Susanna, titulado *Reality Transurfing* [*Transurfeando la realidad*].[4] Este libro detalla un proceso para «recurrir» a nuestros peores miedos como un método para crear realmente lo que queremos en nuestras vidas. Encontrar una manera de aceptar aquello que más tememos elimina el poder que el miedo tiene sobre nosotros. Como dijo Eleanor Roosevelt, «Debes hacer lo que crees que no puedes hacer».

Esta filosofía me recordó cuando yo estaba tratando de quedar embarazada de Dan. Me obsesioné cada vez a medida que pasaban los meses, y eventualmente, los años. Hice una lista de mi ovulación, regulamos nuestro calendario de sexo y restringí mi dieta. Los especialistas en fertilidad no pudieron encontrar nada físico que nos impidiera concebir, y estábamos considerando medicamentos de fertilidad o FIV como nuestra próxima opción.

Susanna vino a visitarnos de Italia en esa época. Había decidido que la maternidad no era para ella, y dijo que deberíamos considerar la libertad, las oportunidades y las aventuras que podríamos tener, sin trabas, si no teníamos hijos. Al principio me resistí a la idea, pero luego comencé a imaginar qué haría con mi vida si nunca tuviera hijos. Pensé a cuántos proyectos interesantes podría dedicarme sin tener que preocuparme por mis horarios. Susanna y yo comenzamos a soñar con una nueva empresa comercial. Y en realidad empecé a emocionarme.

Estaba decorando nuestra nueva casa en ese momento, y tenía mis ojos puestos en un hermoso sofá blanco. Sin embargo, me dije de inmediato que era una compra absurda. *Pronto tendremos hijos*, pensé. Un sofá blanco es una idea terrible si tienes hijos. Pero el día en que desistí de quedar embarazada, compré ese sofá blanco. Y estaba encantada. Y al mes siguiente quedé embarazada.

Mi embarazo no fue planificado, calculado ni programado. Cuando mi período se retrasó y la prueba de embarazo salió positiva, sentí una pequeña punzada de decepción porque no estaría siguiendo mi nuevo plan. Por supuesto, estaba encantada, y nuestras hijas son maravillosas. Pero, ¿habrían llegado esas niñas alguna vez si no hubiera comprado ese sofá blanco, que finalmente se volvió de un tono marrón apagado debido a todas las manchas?

El libro *Reality Transurfing* explica que a veces nos aferramos tanto a las cosas que queremos evitar que entren en nuestras vidas. Porque junto con todo ese deseo existe el temor de que no las obtengamos, y es muy difícil atraer cosas buenas a nuestras vidas cuando nos encontramos en un estado de miedo. El miedo es generado por una amígdala activa, que bloquea nuestra capacidad de pensar mejor.

Era difícil creer que yo podía dejar ir algo que realmente *quería* —tener hijos—, pero lo hice. Imaginé mi vida sin hijos y encontré una manera de estar bien con eso, así fuera por un corto tiempo. Tan pronto liberé mi control sobre el deseo, acudió a mí con la velocidad del rayo. Creo que un elemento crítico del Plan de la alegría es dominar este arte de dejar ir las cosas. Y sé que no puedo fingir esto, tiene que ser una verdadera liberación.

Entonces pensé acerca de mis miedos actuales. ¿De qué tenía miedo? Es decir, ¿qué era lo peor que podía pasar?

Comprendí que mi mayor temor era divagar para siempre, nunca tener éxito en mi vida profesional y ser mediocre en mi vida personal. Temía no ganar mucho dinero y que Dan se viera obligado a seguir haciendo un trabajo que odiaba para mantenernos, y que se molestara conmigo por eso.

Pero luego pensé en el *peor* de los casos: ser vista como perezosa y egoísta. Uno de mis mayores temores durante muchos años ha sido ser considerada como una persona perezosa: este miedo me ha motivado a ser alguien que casi no se sienta, que está constantemente haciendo las tareas domésticas, que ordena las cosas de manera implacable y que está obsesionada con ser útil. Este miedo a ser perezosa me llevó a ser una mamá que a menudo estaba muy ocupada limpiando y no podía jugar con mis hijas. Pero ahora me pregunté: ¿Y si al ser perezosa —si se siente bien— todo se vuelve más fácil? De hecho, parecía que eso es lo que yo había experimentado hasta ahora con el Plan de la alegría.

Una noche de principios de febrero, tuve un sueño vívido en el que estaba sola en una gran casa victoriana, explorando el piso de arriba. Entré a una habitación con una cama con cuatro doseles y en un rincón vi dos pequeños monstruos peludos que parecían sacados de *Gremlins,* la película de los años ochenta. No eran las cosas más aterradoras del mundo, porque eran pequeñas y peludas, pero tenían caras aterradoras y me mostraban sus dientes afilados. Salí corriendo de la habitación, di un portazo y grité pidiendo ayuda. Pero no vino nadie.

Entonces decidí abrir la puerta y echar otro vistazo a los pequeños monstruos. Cuando me acerqué a ellos, vi que parecían bastante aterradores después de todo. Gruñían, siseaban y rechinaban los dientes. Pero cuanto más me acercaba —y cuanto más me enfrentaba a mi miedo en lugar de huir de él—, los monstruos se transformaron en cachorros, y comenzaron a menear la cola. Cuando me incliné para mirarlos más de cerca, me lamieron la cara.

¿Tal vez Lovey me estaba enviando un mensaje desde el más allá? *Deja ir tu miedo, Kaia, y deja entrar la ALEGRÍA.*

CONSEJO # 9 DEL PLAN DE LA ALEGRÍA

Cuando quieres tanto las cosas que el hecho de no tenerlas se siente con más fuerza que la alegría que traerán, tu concentración en la carencia evita que aquello que quieres venga a ti. Tan pronto liberes tu control de tus deseos, lo que desees puede llegar a la velocidad del rayo. Dominar el arte de dejar ir las cosas es un elemento crítico para el plan de la alegría.

CAPÍTULO 10

QUEJARSE VERSUS CREAR

«Si crees que puedes, o si crees que no puedes, de todos modos tienes razón».
—HENRY FORD

Era principios de febrero y habían pasado poco más de tres meses desde que comencé por primera vez con el Plan de la alegría. A medida que transcurrían las semanas, y aunque me sentía muy bien con mi trabajo de consultoría, mis escritos y con el hecho se seguir con mi Plan de la alegría, Dan se sentía completamente desgraciado. Su trabajo había alcanzado un mínimo histórico y realmente quería renunciar. Por supuesto, yo quería que Dan hiciera un trabajo que le gustara, pero también quería tener suficiente dinero para que nuestra familia tuviera la vida que queríamos en Santa Cruz, donde el costo de vida era alto. Dependíamos de sus ingresos para hacer eso. Y yo estaba un poco molesta porque, aunque Dan apoyaba mi plan de la alegría, realmente no me preguntó qué estaba haciendo yo o por qué, o si había algo que él pudiera hacer para crear su propio Plan de la alegría.

Dan venía a casa todos los días y me decía lo duro que había sido su día. No puedo culparlo: desde que tuvimos hijas, Dan y yo teníamos el hábito de quejarnos de nuestros días casi como si fuera una competencia. Creo que era parte de una estrategia subconsciente que ambos usamos para tratar de no lavar los platos o acostar a las niñas: si pudiéramos demostrar que habíamos tenido el día más difícil, tal vez así esquivaríamos nuestras tareas.

Yo sabía que él veía lo feliz que yo me había vuelto y estaba segura de que él también quería sentir alegría. ¿Pero las quejas nos traerían alguna alegría? No quería quejarme más, pero las quejas de Dan sobre su trabajo me molestaban tanto que tenía que quejarme de ello con alguien. Entonces, cuando llamé a Susanna y a Gordon para ultimar los detalles de mi próxima visita, tuve una charla con Gordon sobre las quejas.

Gordon es profesor universitario y mentor de empresarios de alto nivel. Tiene un Ph.D. en psicología, lo que significa que es certificable y realmente inteligente. Así que le pedí su opinión sobre las quejas, y lo que compartió conmigo me ayudó a verlas bajo una luz completamente nueva. Gordon explicó que cada vez que nos quejamos de algo, independientemente de lo que *sea*, nuestra reacción a ello es nuestra elección. Una queja dice que algo debería ser diferente de lo que es, pero esto es solo un punto de vista.[1] Proyectamos nuestros pensamientos a través de palabras y acciones, y es así como creamos nuestras vidas. Nuestra experiencia de vida está determinada por lo que decimos al respecto. Las quejas perpetuas se convierten en una forma de pensar, y esa forma de pensar puede convertirse en una forma de vida.

Quejarse es lo opuesto a la aceptación. Quejarte de tu día lo empequeñece, y tus días conforman tu vida. Incluso cuando suceden cosas negativas, no tenemos que reaccionar de manera negativa. Quejarse bloquea una experiencia diferente. Por ejemplo, si nos quejamos de que el trabajo es una trampa, esa queja bloquea nuestra capacidad de ver el trabajo como una forma de generar ingresos, algo que permite la comodidad y la estabilidad. Quejarse no resuelve los problemas; más bien, bloquea las soluciones.

Gordon no solo me habló de las virtudes de no quejarse; realmente lo practicaba. Era una de las personas más perpetuamente positivas que había conocido. Y me animó a prestar más atención a cómo me comunico en mi vida y en mis relaciones. Me dijo que yo no podía cambiar el comportamiento de Dan o de otra persona, pero puedo elegir mi propio comportamiento y luego modelar para los demás aquello que me esfuerzo en seguir. Podría quejarme de lo que no quiero, o centrarme en lo que quiero.

Gordon me preguntó que considerara quién sería yo en el mundo si no me quejara. ¿Cómo reaccionaría cuando sucediera algo que no me gustara? ¿Qué impacto tendría mi reacción en quienes me rodean? También sugirió que podríamos tener una «jarra de quejas» así como otras familias tienen una «jarra de juramentos», pero en lugar de echar dinero en el frasco cada vez que alguien se quejaba, como un castigo, podríamos usar los refuerzos positivos depositando una ficha en la jarra por cada día que no nos quejáramos como familia. Cuando la jarra estuviera llena, podíamos hacer un viaje especial en familia para celebrar nuestro logro.

Me inspiré para tomar esto como un desafío, y decidí comenzar a hacer todo lo posible para no quejarme durante una semana. Incluso escribí una publicación de blog titulada, «Por qué deberías dejar de quejarte por una semana y ver qué sucede» e invité a mis lectores a unirse a mí en un desafío de una semana. Estaba prestando mucha atención ahora a todas las veces que me quejaba, y me sorprendió la frecuencia con que lo hacía. Además de quejarme frecuentemente con mi esposo, a menudo me quejaba cuando estaba nerviosa, especialmente cuando hablaba con alguien que no conocía bien.

De alguna manera, había caído en el hábito de quejarme del tráfico, del clima, de los precios altos, y de cualquier cosa, en un intento de establecer un vínculo con los demás. Pero este hábito nunca se sintió bien —al igual que otros hábitos—, yo sabía que podría romper con este mediante la fuerza de voluntad y la práctica. Para mi desafío de una semana, juré mantener mis frustraciones para mí misma y ocuparme de mi bienestar dándome un baño, un paseo rápido o respirando profundamente cuando sintiera la necesidad de quejarme.

Prometí esforzarme al máximo para ver el objeto de mi posible queja desde una nueva perspectiva y buscar el lado positivo cambiando mi actitud. Gordon señaló que las quejas resaltan lo que no queremos, lo que nos ayuda a entender mejor lo que queremos. Entonces, durante mi semana libre de quejas, me pregunté qué quería ser, hacer o tener en lugar de lo que no quería. En lugar de ocupar las conversaciones con mis quejas, haría más preguntas, y específicamente, haría preguntas importantes que nos orientaran hacia temas positivos.

Le preguntaría a Dan y a otros sobre las cosas que los inspiraban, y luego les agradecería por inspirarme. Y si se quejaban, cambiaría el tema por algo que podríamos agradecer juntos. No sabía cómo iba a cambiar mi vida después de una semana sin quejarme, pero esperaba poder romper el hábito al que estaba acostumbrada y comenzar un nuevo ciclo.

Al final de la publicación de mi blog, escribí: «¿Quién está conmigo? ¡Hagamos esto juntos!», y luego contuve la respiración, presioné Enviar, y me pregunté si alguien lo leería.

Cuando envío un blog a mi editora en mindbodygreen, nunca sé qué día aparecerá en línea. Y como había escrito que comenzaría mi desafío de una semana ese mismo día, esperé pacientemente hasta que apareciera publicado, tratando de sacar mientras tanto todas las quejas de mi sistema. El blog fue publicado el día que me iba por una semana a visitar a mi familia en Nuevo

México con las niñas. Era el Día del Presidente y las niñas tenían una semana de vacaciones escolares. Dan tenía que trabajar y no iría con nosotros.

La respuesta al blog fue increíble. Tan pronto se publicó, miles de personas en Facebook y en Twitter se comprometieron a unirse a mí en una semana sin quejarse. Y yo sabía que esta semana, con el viaje potencialmente estresante que tenía por delante, podría ser una de las semanas más difíciles posibles para que tuviera lugar este desafío. Pero sentí que tenía todos estos amigos en el espacio cibernético a quienes no quería defraudar, y eso me hizo tener muchísimo cuidado en no quejarme, lo que me ayudaría a tomar todo con calma cuando las cosas salieran mal.

Abordamos nuestro vuelo en Oakland sin ninguna novedad, pero cuando estábamos a punto de despegar, el avión tuvo un problema mecánico. Tuvimos que permanecer una hora y media en el avión, que estaba en la pista, y el aire no circulaba. Mucha gente se quejó, pero las niñas y yo vimos una película y nos imaginamos que estábamos en un lugar cálido y tropical.

Cuando llegamos a Phoenix, nuestra maleta fue enviada a otro carrusel de equipaje, y la aerolínea la retiró al ver que no la habíamos recogido. Así que tuvimos que esperar una hora más en el aeropuerto para que alguien la trajera de nuevo. Desempacamos la comida que habíamos traído e hicimos un picnic en el área de reclamo de equipaje mientras esperábamos. Luego, el GPS no funcionó en el automóvil que alquilé, pero no fue ningún problema; hice el viaje de cinco horas por el desierto hasta la zona rural de Nuevo México sin perderme.

Sin embargo, las niñas se enfermaron de fiebre cuando llegamos, la una después de la otra. No había problemas con eso; yo podría manejarlo. Tenía paracetamol y hierbas chinas y las niñas se recuperaron rápidamente. Pero luego me enfermé y no me recuperé pronto. Tuve una fiebre intensa, además de alucinaciones, escalofríos, dolor en todo el cuerpo y cefalalgia. Mi padrastro se encargó de las niñas durante varios días seguidos e incluso pasaron una noche en la casa de mi hermano. Estaban fascinadas con esto. Jugaron con Sophia, su adorable prima, y con su enorme perro mastín tibetano.

Mientras tanto, me sentí increíblemente culpable de haber venido a Nuevo México principalmente para ayudar a mi madre, que estaba muy mal de salud y necesitaba mucha ayuda, y terminar enferma en la cama durante casi dos días de nuestro viaje. Sin embargo, nunca me quejé en voz alta, y mi lamento interno era menos una queja que una culpa. En cambio, hice todo lo posible para aceptar lo que no podía cambiar.

Mientras estaba acostada en la cama en medio de una bruma inducida por la fiebre, se me ocurrió que tal vez estar enferma era en realidad el camino de menor resistencia para este viaje. Así evitaba tener que hacer malabarismos al cuidar de mis hijas y de mi madre al mismo tiempo, y podía ayudarla con la tarea que más necesitaba ella el día que me sentí bien, lo cual pareció ser suficiente para ella. Todos estaban contentos, por lo que decidí que yo debería estarlo también, y elegí estar agradecida por el tiempo adicional que tenía para dormir. Me sentí mejor justo antes de regresar a casa, y estaba segura de que merecía un premio por completar mi desafío de una semana sin quejarme. Me había centrado en las soluciones y no en los problemas, y practicado la aceptación incluso cuando las cosas no salieron según lo planeado.

De vuelta en Santa Cruz, mientras compraba alimentos en la tienda, le mencioné al cajero que acababa de regresar de un viaje a Nuevo México y que necesitaba llenar mi refrigerador vacío. Él se lanzó en una diatriba sobre el alto costo del alquiler en Santa Cruz, en comparación con lugares más accesibles como Nuevo México. El costo de la renta era un tema al que normalmente me unía para quejarme: hacía años que me quejaba de ello. Pero esta vez solo sonreí y dije: «Sí, pero mira dónde podemos vivir. No hay muchos otros lugares en el mundo donde puedas nadar en el océano y caminar en el bosque de secoyas a la misma hora». Y así, como si hubiera accionado un interruptor, empezó a contarme sobre su sitio favorito para caminar.

Había pasado una semana sin quejarme, pero no pasé una semana sin sentirme culpable. Y la culpa era una bestia completamente diferente que necesitaba enfrentar. La verdad es que he tenido una tremenda «culpa de felicidad» durante mucho tiempo, probablemente durante la mayor parte de mi vida.

En Australia, donde Dan y yo vivimos durante siete años, la respuesta habitual o adecuada cuando alguien pregunta: «Howya Goin'?» (Que en Australia significa «¿Cómo estás?»), es «No está mal», «Bien», o «Normal», pero rara vez, «¡Genial!», «¡Maravilloso!», o «¡Fantástico!». No se supone que todo sea demasiado fácil o demasiado agradable; de lo contrario, podrían considerarte una amapola «alta» (que se eleva por encima de las otras amapolas en el campo) y ser cortada rápidamente a tu tamaño habitual.

Mi amiga Eleonor, de Israel, me lo explicó de esta manera: «Es mala suerte estar muy feliz. Siempre debes quejarte, al menos un poco. Si eres demasiado feliz, estás pidiendo problemas». Mi madre también me dio esta perla de sabiduría cuando yo era más joven: «Tus defectos son un regalo que ayuda a los demás a identificarte contigo. Cuando eres feliz, hermosa y exitosa, la gente estará celosa de ti, por lo que es bueno tener al menos algunos defectos».

Mi culpa por sentir felicidad ha sido profunda durante años y reforzada por influencias culturales como estas, pero la he soportado como una carga que solo podía echarme encima. He tenido la idea de que si no estoy siendo productiva —ya sea trabajando duro en la computadora, limpiando o logrando algo—, entonces soy perezosa e improductiva. Esto ha significado que —a pesar de que he vivido varios años a una cuadra de la playa—, rara vez pongo los pies en la arena. Significa que rara vez he estado acostada en el sofá y visto una película desde que tuve a mis hijas. Y también significa que regularmente me he quejado de mi carga de trabajo, solo para asegurarme de que todos los demás supieran lo ocupada que estaba y no creyeran que mi vida era demasiado fácil.

Esta dinámica funcionaba más con mi esposo. Sentí que tenía que justificar mi tiempo al final de cada día cuando Dan y yo nos veíamos después del trabajo, volviendo a sacar a la superficie todo lo que era difícil. Y si hacía algo placentero, me sentía culpable al hablarle de eso.

Era hora de que tanto la queja como la culpabilidad terminaran: estos hábitos idénticos y tóxicos ya no me servían, y ciertamente no me daban alegría. Decidí mantener mi desafío de no quejarme, y agregar el desafío de contenerme cada vez que sintiera punzadas de culpa. Necesitaba replantear la forma en que experimentaba la vida —especialmente la forma en que experimentaba el estrés—, para poder detener estos hábitos por completo.

El estrés aparece de muchas maneras en nuestras vidas, —el mental, físico y emocional—, y no todo el estrés es malo. En 1975, el endocrinólogo Hans Selye acuñó el término *euestrés* (*eu* significa «bueno» en griego) para describir el tipo de estrés que motiva a nuestras mentes y cuerpos a trabajar hacia una meta tangible.[2] En lugar de cerrar nuestros cuerpos y mentes o provocar una reacción de lucha o huida, el *euestrés* nos inspira a perseguir lo que queremos.

Al reestructurar mentalmente mis experiencias de las que antes me habría quejado, pude ver las situaciones como oportunidades de aprendizaje más que como problemas. Esta distinción entre *angustia* y *euestrés* sería mi guía para ver cada desafío como una oportunidad de aprender y crecer en lugar de dejar que se convirtiera en una espiral descendente de quejas y preocupaciones.

En lo referente a la culpa, recuerdo de mis estudios universitarios de psicología que es una experiencia emocional que ocurre cuando alguien cree —acertadamente o no—, que ha hecho algo que no debería, o que no ha hecho algo que debería[3]. Sigmund Freud calificó alguna vez a la culpa como «el más poderoso de todos los obstáculos para la recuperación».

Entonces, si la culpa era una experiencia interna basada en mi propio juicio de lo que está bien y de lo que está mal, parecía que yo podía cambiar de opinión y dejar de ser tan dura conmigo misma. Ya estaba viendo evidencia de que trabajar menos generaba más ingresos en mi vida, tenía ideas inspiradoras cuando tomaba baños calientes y asistía a clases de Pilates, y las soluciones sincrónicas acudían con mayor rapidez a las preguntas en las que pensaba poco en comparación con los problemas por los que me preocupaba en gran medida.

Además, no tenía evidencia de que en realidad hubiera consecuencias negativas si me cuidaba y hacía cosas que disfrutaba. De hecho, parecía que cuanto más me divertía y cuanto menos me preocupaba, mejor era mi vida.

Decidí que solo tenía que mantener las cosas simples y, siempre que fuera posible, decir sí en lugar de no. Si estuviera disfrutando, diría que sí y seguiría haciéndolo. Si no me estaba divirtiendo, consideraría lo que yo prefería ser, hacer o tener y decir que sí a eso. Usando mi analogía de Pandora, buscaría los «pulgares arriba» al otro lado de cada «pulgar hacia abajo».

Pasé por una casa de mi barrio y vi un letrero llamativo en el patio delantero. Era una réplica en madera de un perrito blanco y hermoso haciendo sus necesidades en cuclillas. La palabra «¡NO!» estaba escrita en rojo en el pecho del perro. Cuando miré por primera vez este adorno, vi la palabra «NO» y pensé que marcaba un lugar designado para que los perros hicieran sus necesidades. *Qué extraño*, pensé.

Pero cuando comprendí el propósito de este aviso decorativo, me pareció irónico que esa familia quisiera tanto no tener excremento de perros en el jardín que estuviera dispuesta a ver la imagen de un perro que defeca cada vez que mira la fachada de su casa. Y pensé, si yo fuera un perro, tampoco notaría la palabra «NO». Vería a un amigo agradable mostrándome dónde hacer mis cosas.

Este letrero sobre los excrementos de perro se ha convertido en una metáfora lúdica cuando pienso en las cosas que no quiero en mi vida. ¿Quiero erigirles un monumento, escribir «¡NO!» en todas partes, y luego gritar desde los tejados a cualquiera que escuche que NO QUIERO

ESTAS COSAS? Cuando pienso en mi vida, las veces que he tenido más de aquello que no quería —el mayor dolor o incomodidad física, el dolor más emocional, la mayoría de los problemas con cualquier cosa o con alguien—, siempre ha sido cuando he pensado y hablado de esas cosas *ad nauseam*. *Ad nauseam* traduce del latín como «hasta las náuseas», que creo que es muy apropiado en este caso. Porque cada vez que estoy hablando de las cosas que no quiero, me meto el dedo en la garganta.

Después de aceptar el desafío de dejar de quejarme y de ser más concienzuda en liberar la culpa, un día me di cuenta de que me sentía diferente. Tenía la sensación de que me faltaba algo, y me pregunté si lo había dejado en Nuevo México. Seguí mirando alrededor para ver lo que estaba olvidando, pero no era eso. Parecía que había algo que tenía que hacer y que no podía recordar, pero tampoco era eso. Me sentí más ligera, como si me hubiera quitado una capa o soltado un objeto pesado que llevara. Pero, ¿qué era eso?

Esta sensación permaneció unos días en mí hasta que finalmente descubrí la ausencia: mi ansiedad había desaparecido. A pesar de que la mayoría de las veces me sentía feliz, todavía estaba acostumbrada a cargar con cierto nivel de ansiedad, como si fuera un saco pesado sobre mi espalda, y me sentía extraña sin él. El pánico de bajo grado que normalmente sentía a lo largo del día simplemente había *desaparecido*. Todavía tenía mucho por hacer —las circunstancias de mi vida, las relaciones y las condiciones no habían cambiado después de todo—, pero yo era diferente. Había derribado otra barrera para mi alegría, sin siquiera darme cuenta.

¿Había sido la semana intencional sin quejarme? ¿Había sido mi atención para dejar ir la culpa? Fuera lo que fuese, se sentía liberador. Yo era libre, al menos por ahora.

Dan también notó este cambio en mí, y vi que él se quejaba menos. Seguía sin gustarle su trabajo, pero cuanto menos me obsesionaba yo con sus quejas, menos se quejaba él. La gente a menudo nos muestra el comportamiento que esperamos de ellos, y tal vez quejarme de las quejas de mi esposo solo había estado perpetuando el problema.

En nuestros votos matrimoniales, Dan y yo nos comprometimos a ser siempre honestos el uno con el otro. ¿Pero hay una línea entre ser honesto y ser destructivo con la verdad? Si me siento ansiosa, abrumada y estresada —y sé que me sentiré mejor después de ir al gimnasio o de dormir bien una noche—, ¿realmente necesito contarle a Dan todos los detalles esenciales de mis preocupaciones? ¿Nos ayuda realmente a cualquiera de nosotros? Regodearse en la negatividad sin intentar encontrar una mejor solución o sensación solo hace que dos personas se sientan mal en lugar de una. Y esa negatividad puede propagarse como un virus, mientras se la paso a él y él se la pasa a la siguiente persona con la que habla, y ellos la pasa, y así sucesivamente.

Creo que es útil «desahogarse» de vez en cuando; abrir la boca y dejar que salga toda la suciedad. Pero no es realmente justo para mi esposo estar en el extremo receptor de mi purga a menos que yo lo prepare mentalmente y él sepa que no tiene que responder, resolver nada o asumir mi dolor. Y yo también puedo hacer eso por él. De hecho, nuestros amigos *coach*es y terapeutas de pareja, David y Tracy, enseñan un ejercicio llamado «sostener la canasta», en el que las parejas piden «sostener la canasta» por sus problemas solo cuando necesitan desahogarse.[4] Ahora que yo estaba cambiando mi enfoque de la queja a la creación, Dan y yo comenzamos a poner ese ejercicio en práctica.

Y acordamos que después de arrojar nuestras preocupaciones a la canasta, las dejaríamos a un lado. Y en su lugar usaríamos nuestra asociación para cocrear soluciones, visualizar una situación mejorada, o simplemente volver a algo más agradable, como el amor.

CONSEJO # 10 DEL PLAN DE LA ALEGRÍA

Quejarse no resuelve los problemas, pero bloquea las soluciones. Las quejas perpetuas se convierten en una forma de pensar, y esa forma de pensar puede convertirse en una forma de vida. Tu experiencia de vida está determinada por lo que dices al respecto. En lugar de quejarte de lo que no quieres, centra tu atención en lo que quieres.

CUARTA PARTE

Equipo

ESTA ES MI GENTE

La sección «Equipo» de un plan de negocios presenta los principales actores detrás del negocio. Este es el equipo ejecutivo, cuya experiencia y dedicación son esenciales para el éxito del plan. Somos animales sociales, y nos necesitamos unos a otros para sobrevivir y prosperar. Ni siquiera los introvertidos viven en el vacío. Otras personas son esenciales para el Plan de la alegría, especialmente para aquellos con quienes compartes tu vida íntimamente. Esta es mi gente. ¿Quién es la tuya?

CAPÍTULO 11

ESE ES EL AMOR VERDADERO

«Un matrimonio exitoso requiere enamorarse
muchas veces, siempre de la misma persona».

—MIGNON MCLAUGHLIN

Un estudio realizado en 2015 por la Universidad de Birmingham en el Reino Unido mostró que la oxitocina, la hormona que inunda nuestro sistema nervioso cuando nos enamoramos, tiene el mismo efecto en el cerebro que el alcohol.[1] Ambas sustancias influyen en la liberación de ácido gamma-aminobutírico (GABA) en la corteza prefrontal y en las áreas límbicas del cerebro, cuyo resultado es la reducción del estrés y la ansiedad, y una mayor confianza y toma de riesgos. No hay duda de que esto explica muchas cosas.

Enamorarse se siente increíble. Esa sensación de estar flotando en el aire, soñadora y cálida, es en realidad un proceso químico. Y al igual que los efectos del alcohol, puede desaparecer con el tiempo. El acto de enamorarse es muy diferente del acto de permanecer enamorado. Emborracharse es bastante fácil, pero mantener una embriaguez saludable durante varias décadas es una habilidad.

Brindamos por los recién casados en las bodas deseándoles una vida larga y feliz juntos, sabiendo que menos del cincuenta por ciento permanecerán casados. Esperamos con gran optimismo que estas dos personas crezcan y cambien juntas durante toda la vida, pero nos damos cuenta de que las probabilidades están en su contra. Como lo sabe cualquiera que haya estado en una relación a largo plazo, el matrimonio no siempre es fácil. Así que no me tomo a la ligera que Dan y yo estemos aquí, después de catorce años, eligiéndonos todavía el uno al otro. En la actualidad, muchos consideran que estar juntos durante catorce años es un «largo tiempo». A mí me parece que apenas estamos empezando a acostumbrarnos, y finalmente hemos crecido lo suficiente como para hacer algo bueno en este matrimonio, pero aún tenemos mucho que aprender el uno del otro.

Como escribí diariamente en mi cuaderno de gratitud, sigo estando muy enamorada de mi esposo. Pero en muchos sentidos desde que tuve hijas, no me había esforzado mucho en nuestro matrimonio, y sabía que podía hacerlo mejor. Había muchas maneras en que podía ser más solidaria, generosa y divertida con Dan, algo que él agradecería sin duda. También percibí que, de alguna manera, mi matrimonio era un recurso bastante inexplorado para sentir una gran alegría. Ciertamente lo había sido al principio.

Para nuestra primera cita, Dan me invitó a una cata privada de vinos en Ravenswood Winery, en Sonoma. La cata fue dirigida por el dueño de la bodega, y probamos vino directamente de barriles que no habían sido embotellados todavía. Fue uno de los días más divertidos de mi vida. Caminamos por hileras de viñedos florecientes. Hablamos de viajes, ideas de negocios, música, comida, filosofía, y nos reímos todo el día. Dan era guapo, inteligente, extrovertido y un caballero absoluto. Hablaba cinco idiomas y había vivido en varios países. Yo estaba encantada.

Unos días después de nuestra cita en la bodega, recibí un paquete de un servicio de entrega de una hora en San Francisco. Era el CD de Macy Gray, *On How Life Is*, con una nota de Dan que decía: «Estoy escuchando esto ahora y pensando en ti. No puedo esperar para verte de nuevo». Apagué el CD y escuché la primera canción sensual con mi amiga Dulcie, que estaba en mi casa cuando lo recibí.

—¿Quién es este tipo? —me preguntó ella cuando escuchó la letra—, Realmente está interesado en ti.

—Creo que yo también estoy realmente interesada en él —dije—. ¿Estoy en problemas? ¿Me romperá el corazón?

—Si no te rompe el corazón, no es amor —respondió ella.

Pero Dan nunca estuvo a punto de romperme el corazón. Nunca me hizo preguntarme si él me amaba, si estaría ahí para mí, si se sentía atraído por mí, o si yo era una prioridad para él. Él dejó en claro desde el comienzo de nuestra relación cuán comprometido estaba conmigo, y no ha fallado. En una cita temprana en su ciudad natal de Berkeley, Dan me llevó al famoso Berkeley Rose Garden que da a la bahía de San Francisco, con una vista impresionante de la ciudad y del puente Golden Gate. Describió una boda de la que fue testigo cuando era adolescente: cómo la novia que descendía por las hileras de rosas y parecía un ángel flotando en una nube. «Espero verte bajar esas escaleras como un ángel hacia mí algún día», dijo. Me presentó a un grupo de sus amigos de la escuela secundaria en una fiesta más tarde esa noche como «la última novia que les presentaré». Y dos años después descendí por esas escaleras con gradas cubiertas de rosas para decir «Sí, acepto».

Hemos pasado por muchas cosas desde entonces. Tuvimos dos hijas, nos mudamos en muchísimas ocasiones —a veces a otros países— y comenzamos y dejamos numerosos trabajos y empresas. Ambos tuvimos cirugías, enfermedades y lesiones, y Dan perdió a su madre, que era su mejor amiga. Y a pesar de todo, creo que nos ha ido bastante bien. Incluso cuando ha visto lo peor de mí — y créanme que es muy, muy malo—, él se ha mantenido a mi lado, sólido como una roca. Dan se enamoró de una chica fiestera de veinticinco años con una peluca rosada, pero sigue amándome como una mujer de casi cuarenta años con el pelo gris moteado, cuya idea de una fiesta es un buen libro y una taza de té. A pesar de mis altibajos a lo largo de los años, Dan ha sido un verdadero amigo y socio y me ha amado sin importar lo demás. Pero sé que soy mucho más adorable —y divertida— cuando estoy en un estado de alegría.

Y había *llegado* a un punto en mi Plan de la alegría que me sentía bastante sólida en mi alegría, especialmente porque reduje mis quejas y dejé de sentirme culpable por mi felicidad. Pero podría decir que Dan, a pesar de que trataba de quejarse menos, en realidad no era feliz. Y todo lo demás puede ser totalmente genial en mi vida, pero si las cosas no están bien con Dan, todo se siente fuera de lugar para mí.

Era un día hermoso a principios de marzo cuando la desdicha de Dan alcanzó un punto crítico. Niko nos estaba visitando en Santa Cruz, y Dan, ella y yo estábamos comiendo tacos en uno de nuestros lugares favoritos. Dan comentó, «Estoy teniendo una crisis de la mediana edad». Tuve dos pensamientos inmediatos sobre esto. El primero era que si cuarenta y siete años eran la mitad de su vida, entonces él piensa que vivirá a unos noventa y cuatro años, lo cual es bastante bueno. Eso me hizo feliz. Me gusta pensar en envejecer y estar arrugada con Dan y vivir para conocer a nuestros bisnietos. Lo siguiente que pensé fue que él quería cambiarme por una esposa más joven y un convertible rojo.

Pero cuando mencioné la esposa de trofeo y el convertible, él me aseguró que eso no iba a suceder.

—Siento como si hubiera llegado a una meseta —dijo él, —como que hasta este momento he estado subiendo una escalera, alcanzando siempre puntos más y más altos en mi vida, y ahora no tengo adónde ir. Estoy insatisfecho con mi trabajo, pero hace posible nuestro estilo de vida, y simplemente no sé a dónde ir desde aquí.

—Dan, creo que el asunto es que —dijo Niko con naturalidad—en este punto de la vida, el viaje no ha terminado; más bien, *continúa*. Ella sugirió que él podía pensar en ello —en lugar de una *crisis* a mediados de su vida— como si se tratara de una *apertura* a mediados de su vida.

Pensé en ese comentario el resto del día. Muchos de nosotros pasamos la primera mitad de nuestras vidas tratando de alcanzar ciertos hitos —«crecer» y sostenernos a nosotros mismos, tal vez tener una familia propia y descubrir cómo sostenerla—, y para la mayoría de nosotros, es un viaje cuesta arriba. Un viaje lleno de dificultades y luchas y, con suerte, de triunfos. ¿Es por eso que llaman a los cuarenta años «arriba de la colina»? No solo alcanzas tu plenitud física a esta edad, sino que también habrás alcanzado una cierta estabilidad que puede sostenerte durante el largo descenso por el otro lado, mientras que todo disminuye en tu vida.

Pero sé que no tiene que transcurrir de esta manera, especialmente para Dan. Es la persona más recursiva que conozco; es una de las razones por las que me enamoré de él y algo que todavía me encanta. Dan puede hacer que todo suceda, desde entradas gratuitas para conciertos hasta un trabajo de ensueño. Pero en aquella época, se sentía sin inspiración y que su mejor momento había quedado atrás. Yo sabía que Dan necesitaba encontrar su propio Plan de la alegría, pero no sabía cómo apoyarlo sin sonar sermoneadora o crítica.

Afortunadamente, Niko intervino. Ella y Dan se conocen desde hace más tiempo del que me conocen a mí, pues el marido de Niko y Dan son amigos desde la escuela secundaria. Como compañeros extrovertidos y

amantes de la aventura, Niko y Dan siempre han tenido un vínculo especial.
El día después del incidente del taco y la crisis de la edad mediana, Niko le
envió a Dan este correo electrónico, que compartió conmigo:

Querido Dan:

Quería comunicarme contigo porque cuando te miré a los ojos,
pude ver que estabas sintiendo algunas cosas bastante difíciles.
Y al menos, solo quiero que sepas que estás en tu camino. Estás
tan lleno de amor, luz, energía, brillo, inteligencia, encanto y
aventura, y queda mucho para tu viaje increíble. Tuviste un pico,
SÍ, y este es un giro diferente en tu camino. Es un giro interno,
que te llevará a un lugar donde debes mirar hacia adentro y luego
encontrarás tu camino. ¡Y brillarás de formas nuevas y aún más
brillantes que nunca antes! Confía en mí. La próxima década
estará llena de mucha alegría, aventura y creación. Ya verás.
  Sigue adelante, hermano.

Tu hermana siempre,
Niko

Qué amiga. Creí que ella tenía razón y que había soluciones brillantes
a la vuelta de la esquina, una forma en que Dan y yo podríamos sentir
alegría al mismo tiempo y disfrutar del estilo de vida que amamos. Todo
este dilema ya se podría haber resuelto, pensé, si ambos estuviéramos en el
plan de la Alegría. Pero me pareció como si Dan estuviera más bien en el
Plan de la Agonía.

Y por mucho que quisiera ser comprensiva y cariñosa, me enojó un
poco que él no estuviera tomando las riendas de su propia vida, siguiendo

sus pasiones y creando magia como yo sabía que era tan capaz de hacerlo. Pero cuando realmente pensé en ello, me di cuenta de que yo temía que él quisiera que yo renunciara a mi trabajo de consultoría, de escritura y de cuidar a nuestras hijas la mitad del tiempo, y conseguir más bien un trabajo a tiempo completo en Silicon Valley. Si yo fuera realmente honesta, tendría que admitir que aunque yo quería que él siguiera sus pasiones para convertirse en maestro, entrenador o chef, estaba tan acostumbrada a la estabilidad financiera que Dan le proporcionaba a nuestra familia con su alto salario de ventas de tecnología que tenía miedo de perderlo. Y sabía que eso era lo que estaba en el corazón de la crisis a mediados de su vida.

Hablé con Niko al respecto. «Es doloroso escuchar lo desgraciado que se siente en su trabajo porque me siento muy responsable. Si tan solo hubiera tenido éxito en mi negocio, o si estuviera ganando más dinero ahora, él no estaría atrapado allí. Pero no puedo dejar de pensar que él debería estar agradecido de poder ir a una oficina agradable con gente inteligente todos los días y ser valorado por su tiempo con un buen salario. Él tiene una situación muy afortunada en muchos sentidos».

Es útil contar con una amiga cercana que tenga una personalidad muy similar a mi esposo, porque me ayuda a entenderlo cuando no puedo hacerlo.

«Lo que más quiere Dan en este momento», explicó Niko, «es ser escuchado, sentirse apreciado y ser amado. Necesita saber que tú entiendes —que realmente comprendes— cómo se siente él. No que estés de acuerdo o interesada en algo específico, sino que escuches plenamente cómo se siente encerrado él, que se siente tan lejos de su vocación, que tal vez tenga miedo de morir sin haber tenido la oportunidad de explorar por completo el propósito de su vida. Él quiere que la persona más cercana a él en todo el mundo realmente esté completamente en eso con él. Y que quiera esto para él».

Mientras la escuchaba hablar, deseé eso para él más que nada en el mundo.

«¡Y desear esto para él no significa que tengas que renunciar a algo!», continuó Niko. «¿Pero puedes oírlo, escucharlo realmente? Y luego ver lo que sucede cuando escuchas desde un lugar de amor sin temer que él está tratando de quitarte algo. Algo sorprendente podría suceder. Algo que ni siquiera puedes imaginar. Hay más dinero, tiempo, libertad y alegría en este mundo de lo que podemos imaginar. Y sé que tú y Dan pueden tener eso sin sacrificar nada. Así que escucha con amor y confía en tu alegría y en este Universo que provee tan bien, y sonríe y ríete de la situación. ¡Esto es verdaderamente extraordinario! Este es un momento perfecto para entregarlo, amiga».

Después de hablar con Niko, conduje a la oficina de Dan y me encontré con él en el estacionamiento. Quería abrazarlo y decirle que podríamos superar cualquier desafío, siempre y cuando lo hiciéramos juntos. Cuando nos recostamos en mi auto y nos abrazamos, un Cadillac convertible se detuvo junto a nosotros y sonó a todo volumen «Not Fire Not Ice», de Ben Harper, la primera canción que bailamos en nuestra boda. Lo tomé como una señal, un mensaje y un guiño del Universo de que solo necesitábamos enfocarnos en nuestro amor mutuo y que todo saldría bien. «Gracias por la música», dijo Dan al tipo que conducía el Cadillac, «La necesitábamos en este instante».

Quiero mucho a este hombre, pensé. De hecho, a menudo todavía me deja sin aliento cuando lo veo desde el otro lado de la habitación. Y cuando él me sostiene, cuando apoyo la cabeza en su pecho y siento sus brazos cálidos y fuertes a mi alrededor, tengo una sensación primaria de seguridad que no siento en ningún otro lado. No hay nada mejor en todo el mundo que Dan y yo divirtiéndonos juntos. De hecho, me enamoré de Dan porque era divertido. No era rico —tenía muy pocas posesiones cuando lo conocí—, pero era divertido, amable y generoso, y también me inspiró a ser divertida, amable y generosa. Sin embargo, en algún momento dejamos de ser tan divertidos.

Para recuperar la diversión en nuestra relación, necesitábamos pasar más tiempo juntos sin las niñas: tiempo para *nosotros*, y no solo como mamá y papá. Así que decidimos comenzar a tener una noche de cita una vez a la semana. Ofrecimos pagarles a las niñas un dólar a cada una para que se «cuidaran mutuamente». Les dábamos la cena, les poníamos una película y Dan y yo cenábamos sobre una manta en el patio trasero. Realmente funcionó. Debido a que las niñas estaban motivadas por el dinero y la oportunidad de estar solas en la casa, no nos molestaron. Y podíamos vigilarlas a través de la puerta corrediza de vidrio, para asegurarnos de que no incendiaran la casa. Lo peor que presenciamos fue que sacaron la crema batida del refrigerador y la comieron directamente de la lata, un pequeño precio a pagar por nuestro precioso tiempo a solas.

Pasar más tiempo juntos y a solas definitivamente fue clave para que volviéramos a ser una pareja alegre de nuevo. Nos reímos, coqueteamos y hablamos sobre nuestros sueños para nuestro futuro juntos. Dan expresó lo contento que estaba de que mi Plan de la alegría me hiciera tan feliz. Él siempre ha sido mi gran admirador, se ha inspirado y emocionado a lo largo de los años al verme entusiasmada y apasionada por mis diversos proyectos. Y no hay una mayor emoción para mí que verlo iluminarse por algo que realmente le entusiasma. Pero hacía mucho tiempo que no veía eso en él y deseé a toda costa que lo tuviera de nuevo.

Le pregunté qué cosas pequeñas podía hacer él para comenzar a traer más alegría a su vida, aunque no renunciara a su trabajo de inmediato. Dijo que sabía que más ejercicio lo ayudaría a sentirse mejor. Así que le pedí que se comprometiera a surfear o a jugar voleibol de playa, sus dos formas favoritas de ejercicio, después del trabajo o los fines de semana al menos tres veces por semana. También dijo que haría todo lo posible para concentrarse en lo positivo de su trabajo y comenzaba a explorar otras opciones laborales que le parecieran más satisfactorias. Y para mi sorpresa, me dijo que iba a comenzar un diario de gratitud.

Le aseguré que su alegría era más importante para mí que sus ingresos, y que lo apoyaría para hacer cualquier cosa que lo alegrara.

Pocos días después, una de las lectoras de mi blog me escribió para pedirme consejos sobre un momento difícil que estaba teniendo con su esposo. Mientras leía su carta, pensé que podía haber sido escrita por cualquier persona en una relación a largo plazo, al menos en algún momento de esta. La lista de quejas puede variar para cada pareja, pero el sentimiento es el mismo. Si estás el tiempo suficiente con alguien, seguramente verás los «lados oscuros» del otro.

El matrimonio y otras relaciones a largo plazo son probablemente las más desafiantes que experimentamos en la vida, porque compartimos muchas cosas: espacio, sueño, dinero, sexo, comida y, a menudo, la crianza de los hijos. Y todo esto sucede con una persona cuya aprobación y amor es de suma importancia para nosotros. Esto hace que el matrimonio sea el mejor ambiente para que surjan desafíos. Pero eso significa que el matrimonio también brinda la mejor oportunidad para el crecimiento personal.

La conocida «proporción mágica» (también conocida como la «proporción de Gottman») es una fórmula desarrollada por el psicólogo John Gottman para predecir la probabilidad de divorcio.[2] Debido al sesgo de negatividad incorporado en nuestro cerebro, generalmente se cree que se necesitan tres experiencias positivas para superar el impacto de una experiencia negativa. Sin embargo, y de acuerdo con Gottman, esa relación de tres a una aumenta de cinco a una en el matrimonio y en las asociaciones a largo plazo. En otras palabras, se requieren cinco veces más interacciones positivas entre los cónyuges que las negativas para crear una relación duradera y estable. Es más probable que las parejas que no mantienen esta proporción se separen.

Una investigación en la Universidad de California en Berkeley mostró que las parejas que se aprecian más entre sí tienen más probabilidades de permanecer juntas con el tiempo. Las personas que se sentían apreciadas por sus parejas románticas eran más agradecidas y estaban más atentas a las necesidades de sus cónyuges.[3]

Teniendo estos hallazgos en cuenta, y en respuesta a la carta de mi lectora, escribí una publicación en mi blog para mindbodygreen titulada «Cómo enamorarte de tu pareja a largo plazo una y otra vez». Mis sugerencias fueron:

1. Haz lo que *te* produzca alegría. Ponte de buen humor de la forma como puedas, tan a menudo como puedas. Aunque parezca que tu pareja es completamente responsable de su propio estado de ánimo, tienes mucha influencia en la armonía de tu relación. Al llenar tu propia taza, tendrás más paciencia, aceptación y alegría, y tu buen humor probablemente contagie a tu pareja. Cuando sea posible, realiza actividades juntos que aumenten las hormonas inductoras de la alegría, como el ejercicio, pasar tiempo al aire libre, reír, abrazar y, por supuesto, ocuparse entre las sábanas.

2. Cada día, haz una lista de las cosas que aprecias de tu pareja. Ignora por el momento las que no te gustan y anota todas las que agradeces. Céntrate en los detalles que te ayuden a recordar el enamoramiento en primer lugar: su olor único y sexy, el hermoso sonido de su risa, cómo tu cabeza encaja perfectamente en el hueco de su brazo, la dulce forma en que reacciona cuando ve un arco iris, etc. Sé específica, compromete tus sentidos, y mira estas listas cada vez que te sientas poco cariñosa.

3. Elogia a tu pareja tan a menudo como sea posible, por todo lo que te parezca digno de elogio. Esto incluye cosas pequeñas: cómo arregló

esa molesta puerta chirriante, la taza de té que te trajo mientras leías el periódico, los platos que guardó, esa pila de ropa que ella lavó y planchó. Y, por supuesto, también lo importante: qué padre tan maravilloso es, qué amiga tan amable es ella, qué impresionada estás por sus logros, y cuán admirado estás de su brillantez y belleza. No hables cuando tengas ganas de criticar, y pregúntate si realmente es tan importante. Asegúrate de ofrecer al menos cinco veces más elogios que críticas.

Yo esperaba que, si escribía esto, podría vivirlo una y otra vez, por el resto de mi vida.

CONSEJO # 11 DEL PLAN DE LA ALEGRÍA

El matrimonio y las asociaciones a largo plazo son el entorno más propicio para que surjan desafíos. Pero también brindan la mejor oportunidad para el crecimiento personal. Ten en cuenta que se necesitan cinco veces más interacciones positivas que negativas entre los cónyuges para crear una relación duradera y estable, y que las parejas que se aprecian mutuamente permanecen juntas por más tiempo.

CAPÍTULO 12

JUNTA DIRECTIVA PERSONAL

«No subestimes el poder de la amistad.
Esos vínculos son puntos apretados
que cierran los agujeros por los que
de otro modo podrías caerte».
—RICHELLE E. GOODRICH

Era mediados de marzo y me dirigía a Miami para pasar una semana de unas vacaciones inusuales sin mis hijas en compañía de Susanna. Sabía que este viaje suministraría una enorme inyección de alegría a mi Plan de la alegría. Había estado alejada de Dan y de las niñas solo un puñado de veces en los últimos nueve años, generalmente por asuntos de negocios, así que estar alejada de mis hijas era muy importante para mí. Y a pesar de que Susanna y yo somos muy cercanas, no hemos pasado mucho tiempo juntas desde que fui madre. Nos reímos como adolescentes desde el momento en que entré a su apartamento *art decó* en el corazón de South Beach. Gordon también estaba allí, pero se dejó ver poco durante toda la semana para darnos el mayor tiempo posible juntas.

Estar con Susanna fue como un recuerdo de una época de mi vida que apenas recordaba, antes de mis hijas, cuando nunca tenía que mirar el reloj y podía comer y dormir cuando quería. Pasamos cinco días sin trabajar, y sin hijos ni esposos para cuidar, completamente libres. Paseamos por South Beach en su Vespa. Tomamos el sol en la playa durante horas. Nos pusimos elegantes y fuimos a ver *Wicked* en la Ópera de Miami. Comimos lo que queríamos a horas intempestivas, hablamos hasta las cuatro de la mañana y dormimos hasta el mediodía. Y todo el tiempo nos reímos. De hecho, me dolía la cara de tanto reír.

En un momento de la semana, ella me dijo: —Tengo ganas de bañarme. Normalmente lo hago por una hora todos los días, y como estás aquí, solo he estado tomando duchas rápidas.

—Yo también —comenté.

Entonces nos turnamos bañándonos una hora cada una en la bañera, mientras hablábamos todo el tiempo a través de la puerta del baño. La bañera de Susanna no tenía juguetes chillones ni crayones de baño como la mía; tenía sales gaseosas de colores, aceites aromáticos a base de hierbas, baños de burbujas para adultos y velas. *Esta es una mujer que sabe cómo cuidarse sola*, pensé. Cuando le conté sobre el Plan de la alegría, tuvo mucho sentido para ella. Así es como Susanna vive su vida ahora.

Mi amor por Susanna, así como por mis otras amigas cercanas, ha producido la misma reacción de oxitocina exaltada y semejante a la embriaguez durante toda mi vida al igual que mis relaciones amorosas con hombres. Y cuando quiero a una amiga como lo hago con Susanna, puedo pasar años sin verla y, cuando nos reunimos de nuevo, retomamos la conversación como si no hubiera pasado el tiempo. Tengo la bendición de tener varias amistades como esta en mi vida.

Estas mujeres me ayudan a mantener una perspectiva saludable con respecto a mi matrimonio y a ser una mejor esposa. Me dan un alivio cómico y un control de la realidad cuando estoy luchando con las complejidades de la maternidad y me hacen ser una madre mejor. Me inspiran con su brillantez, coraje y amabilidad, y hacen de mí una persona mejor. Y lo que más me sorprende de mis amigas es que mis problemas —los altibajos de mi vida— son tan interesantes para ellas como lo son para mí. Se preocupan genuinamente por lo que me está sucediendo y quieren lo mejor para mí, y yo siento lo mismo por ellas.

Es bastante increíble cuando piensas en ello: las amigas a menudo son personas con las que nos encontramos por casualidad. Conocí a algunas de mis mejores amigas en una fiesta al azar, en un evento de negocios, en una clase de preparación para el parto y, en el caso de Susanna, en una granja en Australia cuando ambas estábamos allí. Y estas personas se entretejen intrincadamente en nuestras vidas. Se comprometen de lleno con nuestra alegría, e incluso podrían desearla más que nosotros. Nos animan cuando estamos deprimidas, nos hacen reír y nos recuerdan lo competentes y creativas que somos cuando lo olvidamos. Los amigos son la familia que elegimos, y cuento mis estrellas de la suerte todos los días para que favorezcan a mis seres queridos.

Tener amigos cercanos ofrece numerosos beneficios para la salud. Las personas con amigos cercanos tienen un cincuenta por ciento más de probabilidad de sobrevivir que quienes no los tienen. De hecho, las amistades cercanas aumentan la esperanza de vida tanto como dejar de fumar, e incluso más que el ejercicio regular o mantener un peso saludable.[1] En un estudio realizado en el University College de Londres, los estudiantes universitarios que informaron tener amigos cercanos tenían un cincuenta por ciento menos de probabilidades de contraer el resfriado común que sus pares que no informaron tener amigos cercanos, cuando todos los sujetos tenían la misma exposición al virus.[2] En otro estudio, cuando los sujetos fueron colocados en una situación estresante, calificaron su autoestima como más alta y produjeron menos cortisol cuando un amigo cercano estaba presente.[3]

Otros estudios han confirmado que el contacto regular con amigos nos hace más felices. De hecho, los hallazgos indican que las personas tienen doce veces más probabilidades de sentirse felices en los días que pasan con sus amigos.[4] Los estudios también han confirmado lo que todos sabemos, que una conversación rápida con un amigo optimista aumenta significativamente nuestro propio optimismo y reduce el estrés.[5]

Yo no necesitaba que la ciencia me dijera lo importante que eran mis amistades, pero después de pasar una semana con Susanna me di cuenta de que debería sacar tiempo para escapadas como esa con mayor frecuencia. El tiempo de calidad con amigos es un elemento esencial en el Plan de la alegría. Me reí más en esa semana que en todo el año, y supe que eso era bueno para mi salud mental, física, emocional y espiritual. Y la suerte quiso que yo tuviera la oportunidad de volver a pasar tiempo con amigos cercanos de inmediato.

Regresé a California y me dirigí directamente al retiro anual de fin de semana con mi círculo de mujeres. Un círculo de mujeres (o círculo de hombres, o simplemente «círculo» para un grupo mixto) es un grupo íntimo de amigos que se reúnen para apoyarse mutuamente de forma regular. A diferencia de un grupo profesional de redes o de una reunión informal como un club de lectura, que se concentran en un tema de interés común, el enfoque de un círculo de mujeres es el apoyo mutuo y el crecimiento personal. La diferencia importante entre un círculo de mujeres y cualquier otra reunión de amigos es la intención que hay detrás. El grupo está ahí para apoyar a cada individuo inequívocamente, sin juicios. Es un refugio seguro para el intercambio profundo y confidencial, y para los sueños personales y anhelos que se llevará a cabo por un colectivo.

Algunos círculos eligen reunirse semanalmente; nuestro grupo se había reunido mensualmente durante los últimos quince años. A pesar de que cinco de las seis mujeres de mi círculo se habían casado y tenían hijos desde que comenzamos a reunirnos, y que cada una se había mudado varias veces, haciendo malabares con trabajos y responsabilidades múltiples, todas convertimos en una prioridad reunirnos en un lugar hermoso para pasar juntas un fin de semana cada año.

Para ese fin de semana, alquilamos una cabaña en un balneario costero de *camping* (más parecido a un complejo de *glamping*; es decir, un *camping* glamuroso) llamado Costanoa, a unos cuarenta y cinco minutos al norte de Santa Cruz. Fui la primera en llegar, después de un vuelo nocturno desde Miami, y disfruté de un día relajante escribiendo bajo el sol. A medida que llegaba cada una de mis amigas, reflexioné sobre cuán afortunada era de llamar a estas mujeres inspiradoras mi círculo más cercano, cada una de las cuales tenía una carrera exitosa y gratificante y una vida personal plena.

Pensé en todas las estrellas que tuvieron que alinearse para hacerme amiga de estas mujeres. Tuve la suerte de conocerlas cuando tenía veinticuatro años, poco después de mudarme a San Francisco, por medio de una organización de mujeres emprendedoras.[6] A medida que pasaron los años, la mayoría de nosotros progresó en nuestra vida profesional, y nos dimos cuenta de que lo que realmente queríamos era continuar reuniéndonos fuera de la estructura de la organización para apoyarnos en nuestras búsquedas de pasiones personales. Así que Sara, Erin, Michelle, Julie, Niko y yo formamos nuestro círculo de mujeres, y hasta el día de hoy —lo mejor que podemos, algunas veces virtualmente si es necesario— nos reunimos cada mes y pasamos juntas un fin de semana completo al año.

Este círculo está conformado por mis amigas, pero son más que eso: son mi «junta directiva» personal. Estas mujeres me ayudan a orientarme en la dirección correcta cuando me desvío del rumbo. Ninguna de ellas vive en Santa Cruz, así que la mayoría de las veces no las veo fuera de las fechas de nuestro círculo mensual. Y debido a esto, no estamos enfrascadas en los detalles diarios de nuestras vidas. Cuando nos juntamos, vemos el panorama general, la vista de alto nivel, y como nos conocemos desde hace quince años o más, estamos a un alto nivel de lo mejor. Estas mujeres me recuerdan a mi ser más elevado cuando olvido quién soy. Se enfocan en mis mejores cualidades, independientemente de que sean claras para mí o no. Y cuando dejo nuestro círculo, me veo a través de sus ojos.

También veo que incluso estas mujeres exitosas y poderosas experimentan altibajos. Ser rica, hermosa, tener un esposo, una casa o un trabajo de ensueño no garantiza una vida libre de preocupaciones. La vida transcurre en nuestros corazones y mentes, y todos experimentamos desafíos a pesar de las bendiciones que podamos tener o no.

Cuando estaba en la universidad, uno de mis trabajos a tiempo parcial fue como asistente de investigación de un profesor de psicología que estaba estudiando el fenómeno de la liberación de endorfinas cuando las personas hablan de sí mismas. Algunos afirman que es uno de los beneficios de la terapia. En nuestro círculo de mujeres, siempre comenzamos con un «registro» en el que cada mujer tiene diez minutos para hablar sin ininterrupciones. Puede usar este tiempo para hablar sobre cómo se encuentra en el momento actual, relatar los desafíos que enfrentó durante el último mes o compartir cualquier otra cosa que quiera. El resto de las mujeres prestan toda su atención; no hacemos comentarios ni resolvemos problemas durante este espacio. Ser escuchada por un grupo de personas que te conocen, te aman profundamente y que no te juzgan, es maravilloso.

Cada mes compartimos también meditaciones inspiradoras, visualizaciones y ejercicios con intenciones específicas, y no deja de sorprendernos el poder que tienen para crear resultados reales en nuestras vidas. Los estudios científicos han demostrado que la intención grupal concentrada puede amplificar los resultados del pensamiento individual, y esto es lo que hacemos intencionalmente en nuestras salas durante cada reunión mensual.[7]

Dan bromea cada mes cuando llego a casa luego de estar con mi círculo de mujeres: «¿Tuviste algún intercambio explícito y un reconocimiento radical?».Y él puede bromear todo lo que quiera: sé que lo que hacemos en nuestro círculo es poderosamente efectivo. Aunque todas somos diferentes, cada una de las mujeres de mi círculo sirve a los demás de alguna manera, tanto en nuestra vida profesional como personal. Usamos nuestro tiempo en el círculo para llenar nuestras propias reservas emocionales de modo que podamos continuar siendo lo mejor de nosotras con los demás. Después de cada círculo, emergemos con más energía, paz y confianza, mejor preparadas para hacer una contribución positiva al mundo.

Todas las personas deberían hacer esto, pensé, mientras nuestro fin de semana transcurría en una deliciosa combinación de ejercicios organizados para establecer intenciones y tiempo libre lúdico. Más allá de ser simplemente mis amigas, estas mujeres son depositarias en mi vida.Ven mis triunfos, así como mis desafíos, como los suyos propios. Combinamos la estrategia con el apoyo, y creamos la responsabilidad mutua para ayudar a mantener el rumbo para alcanzar nuestras metas. Así como se ha demostrado que los grupos de apoyo aumentan la efectividad de los programas de tratamiento, sé que mi círculo de mujeres me hace más efectiva en mi Plan de la alegría.[8]

Si están muy inclinados a hacerlo, les recomiendo crear uno en sus vidas. Puede ser un grupo que reúnas de entre tus conocidos, los que sientes que anhelan una conexión y apoyo más profundos. Puedes encontrar un grupo a nivel local al que puedas unirte. O tal vez podrías conectarte con un grupo virtual. Si las reuniones grupales no son lo tuyo, tal vez puedas llevar las prácticas de compartir de manera ininterrumpida y establecer intenciones combinadas a tus amistades individuales si no lo estás haciendo ya.

A veces, una caja de resonancia es exactamente lo que necesitas para poder escuchar tu propia sabiduría interna.

En nuestra última noche juntas en Costanoa, fuimos a la playa para hacer una fogata bajo la luna llena, pero la niebla era demasiado espesa para ver la luna. Sara nos guio en un ejercicio para compartir aquello que «nos ilumina» mientras estábamos envueltas en sacos de dormir sobre una manta en la arena. Nos turnamos alrededor del círculo mientras cada una hablaba de una cosa que la hacía sentir alegre, embelesada, sexy, valiente y viva. Y con cada cosa que se dijo, todas sacamos un momento para dejar que calara, imaginando esa cosa alegre en nuestra propia experiencia y permitiéndonos atrapar el zumbido de la alegría de nuestra amiga.

Hablamos una por una: bailar alrededor de mi cocina; cantar canciones de Katy Perry con mi hija; andar en bicicleta por la ciudad después del trabajo; ver atardeceres en la playa; la forma en que mi esposo besa mi cuello; saber que acabo de hacer bien algo en el trabajo; el sabor de una papaya dulce y jugosa; recibir un cumplido de un extraño atractivo. Una a una, nos imaginamos todas esas cosas alegres, y mientras nos estábamos animando, abrimos físicamente un agujero en el cielo. En un cielo oscuro cubierto de niebla, un agujero perfectamente simétrico se abrió justo encima de nosotros y dejó al descubierto una luna llena de plata, que se unió a nosotros en nuestra alegría. Todas nos fuimos esa noche de la playa sintiéndonos completamente eufóricas.

En el camino de regreso a casa a la mañana siguiente, sintiéndome eufórica todavía después de la maravillosa semana que acababa de pasar, vi una manada de ballenas nadando mientras conducía hacia el sur a lo largo de la costa. Me detuve para mirarlas. Me sentí tan abrumada por la gratitud que me puse a llorar tras estar sentada en mi auto mirando esas ballenas. Me sentí agradecida de que las cosas siempre me salieran bien; esa magia es el curso natural de las cosas y no hay nada que tenga que hacer para que suceda, salvo permitirlo. *El camino viene a mí,* pensé. Reflexioné sobre las personas a las que he tenido la bendición de conocer, amar y ser amada, y sentí un profundo agradecimiento por todas ellas. Esta es mi gente, el equipo de dirección ejecutiva de mi vida, y no podría hacerlo sin ellas. No podía esperar para derramar mi amor abundante sobre mi esposo y mis hijas.

CONSEJO # 12 DEL PLAN DE LA ALEGRÍA

Las amistades cercanas aumentan la salud y la felicidad de muchas maneras mensurables. Pero más allá de ser simplemente tus amigos cercanos y queridos, son los depositarios en tu vida. Ven tus triunfos, así como tus desafíos, como si fueran propios. Tener el apoyo de amigos cariñosos —además de ser una amiga amorosa y comprensiva con los demás—, te hará más efectiva en tu Plan de la alegría.

CAPÍTULO 13

NIÑOS Y OTROS MAESTROS ESPIRITUALES

«Tus hijos no son tus hijos. Son hijos e hijas de la vida deseosa de sí misma».

—KAHLIL GIBRAN

Había estado diez días alejada de Dan y de las niñas, y me sentí emocionada de verlos nuevamente. Al estacionarme en el camino de entrada, vi que mis hijas habían escrito «Bienvenida a Casa, Mamá» con tiza, y decorado mi espacio de estacionamiento con corazones, flores y un retrato de familia que incluía a Lovey.

Ver la palabra «Mamá» en el camino de entrada, y escuchar que me la decían una y otra vez, me pareció surrealista. Todavía no me siento lo suficientemente adulta como para ser mamá. Ángela, la madre de Dan, me dijo cuando cumplió ochenta años que nunca te sientes mayor de dieciséis. «Tu cuerpo envejece, pero tu espíritu no», señaló.

Mis padres tenían apenas veinticuatro años cuando el método astrológico del control de la natalidad de mi madre fracasó sorpresivamente (¿qué pensaban ellos?) y terminó embarazada de mí. Ahora que tengo casi cuarenta años —y que sigo sintiendo que aún no soy una adulta de verdad—, veinticuatro años me parecen una edad dolorosamente joven. Sé que mis padres siempre hacían lo mejor que podían dadas las circunstancias, pero de alguna manera, ellos y yo crecimos realmente juntos. Puedo ver cómo desarrollé un rol prematuramente adulto en mi familia, y cómo, frente a la inestabilidad, compensaba eso teniendo siempre un plan. Mientras que mis habilidades de planificación prosperaron como una reacción de supervivencia, también me sentí congelada en una especie de desarrollo detenido, esperando siempre que alguien me cuidara y nunca me sintiera como una verdadera adulta, independientemente de los años que pasaban o de las responsabilidades que asumía.

Ahora que soy madre, me doy cuenta de lo difícil que es tomar decisiones cuando sabes que tus elecciones afectarán profundamente el curso de vida de estas personitas. A menudo me pregunto si este momento, *este instante*, será un momento decisivo para mis hijas, creando un recuerdo indeleble que nunca podrán borrar. Todo el tiempo dudo de mí, y me preocupa que las esté marcando de por vida. La mayoría de las veces siento que hago mi mejor esfuerzo, pero hay muchas otras en las que sé que podría hacerlo mejor y que simplemente no lo hago. Las dejo pasar demasiado tiempo frente a la pantalla, comer demasiada azúcar, estar despiertas hasta muy tarde y no ir a la escuela si están cansadas. Pierdo la paciencia con ellas y a veces les grito. Estoy lejos de ser la madre perfecta. Y sin embargo, mis hijas se convertirán en seres únicos tal como lo hice yo, gracias en parte a mi crianza poco menos que perfecta.

Kira y Nava aún me escriben notas de amor y me llenan de abrazos y besos todos los días, pero a menudo me pregunto qué recordarán de mí cuando piensen en su infancia. ¿Recordarán todas las veces que fui dura cuando estuve bajo presión? ¿O pensarán en mí como una madre que casi siempre fue calmada, y que las ayudó a sortear los altibajos de la infancia con amor y alegría?

Desde que comencé el Plan de la alegría, noté más que nunca que mis hijas se ven muy afectadas por mi estado de ánimo. Cuando estoy estresada, gruñona y frustrada, pelean más entre sí, me presionan más y son más lentas cuando es hora de salir de casa. Y noté que cuanto más constantemente estaba yo de buen humor, ellas también lo estaban. Les conté sobre mi Plan de la alegría desde el principio, y les pedí que me ayudaran a mantenerme encaminada para ser feliz y divertida. Les preguntaba cada pocos días, «Bueno, chicas, ¿cómo lo estoy haciendo hoy como mamá?», y la mayoría del tiempo me dijeron que estaba haciendo un gran trabajo.

Pero de vez en cuando decían: «Mamá, podrías decir eso de un modo más agradable», cuando les gritaba órdenes, o, «Prefiero que sean desordenadas que odiosas», cuando insistía en que la casa estaba desordenada. Ellas me ayudaron a mantenerme a raya. Aunque soy su madre y la persona adulta en la relación, confío en los comentarios de Kira y Nava.

Kira fue una «bebé fácil»: dormía, comía, hacía sus necesidades y creció. Pero Nava no hizo ninguna de esas cosas con facilidad. Permanecía despierta varias horas todas las noches, rara vez hacía siesta, estaba molesta a menudo y solo se consolaba cuando yo le daba pecho. Se negó a comer alimentos sólidos hasta que la desteté a los diecisiete meses. Si yo no hubiera estado tan privada de sueño, probablemente habría notado antes que algo andaba terriblemente mal. Estuve muy enferma durante ese tiempo, con cefaleas constantes y problemas digestivos, erupciones con picazón, resfriados perpetuos y otros síntomas extraños. Ningún médico parecía saber qué estaba pasando conmigo o con Nava.

Finalmente, un médico vio en mi análisis de sangre que el nivel de histamina estaba por las nubes. La histamina es un compuesto natural liberado por el cuerpo como parte de la respuesta inmune, particularmente en presencia de alergias. En cantidades normales, ayuda a combatir sustancias invasoras. Pero el médico me dijo que nunca había visto tanta cantidad de histamina en una muestra de sangre, y que era notable que yo funcionara. Con esa información, pude hacerme las pruebas de diagnóstico correctas y descubrir que tengo intolerancia a la histamina: carezco de la enzima diamina oxidasa, que descompone la histamina cuando tengo una reacción alérgica o inflamatoria. Y debido a que tengo múltiples alergias, sin esta enzima importante, la histamina permanece en mi torrente sanguíneo, causando estragos en mi sistema digestivo y nervioso, y creando una serie de síntomas incómodos. Justo antes de que Nava naciera, nos mudamos a una casa vieja que desencadenó mi alergia severa a los ácaros del polvo. La pobre Nava recibía toda esa histamina en la leche materna, lo que explica por qué no podía dormir y por qué las cosas mejoraron después de destetarla.

Aunque mis días de amamantamiento han quedado atrás, puedo ver cómo sigue afectando a mis hijas con tanta intensidad como cuando las alimentaba con mi propio cuerpo. La forma en que me siento fluye a través de mí y en ellas cuando estoy a su lado, por lo que mi bienestar emocional es tan crítico como mi bienestar físico como madre. Nuestros hijos necesitan vernos modelar hábitos saludables, ya que así es como aprenden. Y la alegría es un hábito tan saludable como hacer ejercicio, comer vegetales, limitar el tiempo frente a las pantallas y dormir lo suficiente.

Hay una mirada particular, distante y espaciada que tienen mis hijas varias veces al día. Y cuando veo esa expresión en sus miradas, sé que sus cerebros están emitiendo ondas *mu*, un tipo de actividad eléctrica en la corteza motora que ocurre cuando las neuronas espejo están activas. Las neuronas espejo son células especializadas en el cerebro que transmiten impulsos relacionados con la imitación y permiten que el cerebro registre el comportamiento como si se realizara personalmente, para luego replicarlo más tarde.[1] En otras palabras, esa mirada vidriosa que adquieren mis hijas significa que sus cerebros están memorizando mi comportamiento para poder repetirlo ellas mismas posteriormente. Así es como los hijos imitan a sus padres. La actividad de la neurona espejo está completamente desarrollada a los siete años, y es la forma en que los niños lo aprenden todo, desde el lenguaje y los patrones del habla hasta las habilidades sociales y la empatía.[2]

Saber cómo funcionan las neuronas espejo en mis hijas —y en qué edad impresionable están todavía—, es un gran incentivo para tener mi mejor comportamiento frente a ellas. Este fenómeno explica por qué he visto a Kira y a Nava copiar exactamente nuestras palabras y gestos, e incluso discutir de la misma manera que Dan y yo lo hemos hecho frente a ellas. Mientras más podamos expresar Dan y yo nuestros sentimientos de una manera amorosa, manejar los conflictos con gracia, comprometernos libremente, mantener las cosas alegres, y enfocarnos en el amor y la bondad, más cultivarán nuestras hijas esas habilidades a medida que crezcan. De hecho, mejorar nuestro propio comportamiento probablemente tendrá un efecto mucho más profundo en el suyo que instruirlas sobre la multitud de formas en que ellas podrían mejorar.

Como lo sabe cualquier persona que haya estado cerca de un bebé, la alegría es nuestro estado natural; así es como todos comenzamos. Y a los siete y nueve años actualmente, la alegría sigue siendo el estado natural de Kira y Nava. Puedo ver que mis hijas en realidad tienen mucho más para enseñarme que yo a ellas, especialmente cuando hago a un lado mi impulso de controlar y las veo como lo que realmente son: milagros que se desarrollan ante mis ojos. Y cuando estoy centrada, puedo darles un pequeño empujoncito aquí y allá para ayudarlas a no adquirir una personalidad fuerte (como mi propia Patty la habladora).

Kira, mi hija mayor, tiene todas las razones para sentirse segura: es verdaderamente dotada. Y estoy bastante segura de que no digo esto solo porque soy su madre. La primera vez que Kira trató de andar en bicicleta, simplemente lo hizo sin caerse nunca. Después de algunas lecciones de vocales y consonantes con su maestra de kínder, tomó un libro y lo leyó sin problemas. La primera vez que golpeó una pelota de béisbol, conectó un jonrón y siguió bateándolos uno tras otro. Fútbol, surf, español, indonesio, matemáticas, danza, gimnasia, violín, piano, costura: todo lo nuevo que Kira ha intentado lo ha dominado de inmediato con el menor esfuerzo. La miro con asombro y me pregunto si su confianza contribuye a su competitividad. Kira espera que las cosas le sean fáciles, y generalmente lo son.

Kira también es un gran ejemplo para mí acerca de cómo eliminar cosas que son desagradables. Al igual que cualquier otra persona, ella tiene altibajos a lo largo del día, pero nunca deja que nada la desanime por mucho tiempo. Hay muchas cosas divertidas como para perder el tiempo estando de mal humor. Kira está en una búsqueda constante de pasar momentos agradables, y los encuentra en todas partes. Apenas deja pasar un segundo sin encontrar algo que la entusiasme, ya sea un juego, una canción, una idea nueva o un refrigerio delicioso.

Y siempre está buscando nuevas amigas para compartir su diversión. Kira es tan social como su padre es extrovertido, y tal vez más. Cuando le dije que a veces me sentía tímida, ella me consoló diciendo: «Solo tienes que pensar en algo para hablar y que puedas tener en común con alguien, y luego conversarlo con esa persona», como si fuera lo más fácil del mundo. Y para Kira, lo es. Su confianza y entusiasmo se desbordan en todo lo que hace.

Cuando Nava era más pequeña, me preocupaba que sintiera que vivía a la sombra de su hermana mayor. Quizá debido a los problemas que tuvo para dormir y comer, Nava es pequeña para su edad. También suele ser callada, y viaja en su propia mente. Estas dos diferencias entre ella y su hermana pueden hacer que parezca que Nava es mucho menor que Kira de lo que realmente es. Pero en otros sentidos, Nava es sabia mucho más allá de sus años. Las palabras de sabiduría que salen de su boca cuando habla son tan profundas como las de cualquier gurú en lo que a mí respecta. Un día, me dijo que a menudo jugaba sola en el patio de la escuela porque las otras niñas no la incluían en sus juegos. Mi instinto maternal de protegerla del rechazo se activó de inmediato. Pero cuando le pregunté a Nava si esta situación la estaba molestando, ella dijo simplemente: «Podría estar molesta por eso, pero prefiero ser feliz». Ella continuó contándome acerca de los juegos imaginarios que juega sola, y dijo, «Al menos las cosas son tranquilas y pacíficas cuando estoy sola». Era claro para mí que Nava valora demasiado su propio bienestar como para permitir que la política de los juegos infantiles la desanime.

Nava me dio una vez un abrazo fuerte y delicioso, me miró directamente a los ojos y me dijo: «Mamá, te amo a ti, a papá y a Kira en segundo lugar, porque me amo más a mí misma». Yo no podría haber estado más orgullosa. Nava ha logrado dominar el amor propio, algo con lo que los adultos luchamos sin parar. Supe que tenía mucho que aprender de ella.

A pesar de lo maravillosas que son mis hijas, pelean como hermanas, y Nava no se altera con tanta facilidad como Kira. Cuando regresé de mi viaje, les compré un juego de mesa que habían querido por un tiempo, para agradecerles por ser tan buenas mientras estuve fuera. Lo abrieron para jugar de inmediato. Pero su juego rápidamente se convirtió en un concurso de gritos sobre quién podría usar el auto de color rosa. Nava arrojó sus piezas al suelo, se fue corriendo a su habitación y cerró furiosa la puerta. Sin embargo, salió unos minutos más tarde con una mirada calmada y serena en su rostro y exclamó: «¡Todo está mejor!». No era la primera vez que la había visto hacer eso, y quedé tan impresionada que le pedí que me dijera cómo lo hacía. Para mi sorpresa, Nava me explicó que tiene un plan de cinco pasos que sigue (¡y que ella misma inventó!), y luego los enumeró:

1. Respira profundamente.

2. Cierra la boca para que el sonido no pueda salir.

3. Repítete a ti misma: «Siéntete mejor, siéntete mejor, siéntete mejor».

4. Cierra los ojos.

5. Ten pensamientos felices.

Anoté esto y lo puse en el refrigerador para que todos pudiéramos recordarlo y nos maravilláramos de la sabiduría que emana de nuestra pequeña profeta. El plan de cinco pasos de Nava para calmarse no solo es sabio, sino que es científicamente sólido. Respirar profundamente disminuye los niveles de cortisol al activar el sistema nervioso parasimpático, que es el regulador natural del descanso y la relajación de nuestro cuerpo. Y cuando estamos enojados y a la defensiva, nuestra capacidad de razonar queda fuertemente suprimida.[3] Pero si descansamos un poco, podemos calmarnos, estabilizar nuestro estado de estrés agudo y luego comunicarnos claramente y con propósito. Además, cerrar nuestros ojos nos ancla inmediatamente a las sensaciones de nuestros cuerpos. Es más fácil concentrarnos en nuestra respiración y en nuestro mantra interior y calmante («Siéntete mejor, siéntete mejor, siéntete mejor», de Nava) cuando los estímulos externos disminuyen. Y se ha comprobado científicamente que los pensamientos felices reducen el cortisol al tiempo que aumentan la serotonina y mejoran nuestra capacidad de analizar, haciéndonos pensar literalmente con más claridad.[4]

Kira sugirió que podrían tener una «conversación de paz» para superar su desacuerdo. *Con chicas seguras y sabias como estas, debo estar haciendo algo bien,* pensé.

Asistir a una pequeña escuela privada donde se fomentan la individualidad y la autoexpresión ciertamente ha contribuido a su confianza. Y hasta ahora habíamos estado muy contentos con su experiencia escolar. Pero recientemente, la madre de una compañera de Kira se había quejado de que las chicas de la clase no se llevaban bien. La maestra me dijo que este comportamiento era común para las niñas de su edad, y me aseguró que lo estaban resolviendo con su apoyo. Pero esta madre estaba molesta y señaló a Kira. Me envió un correo electrónico irritado, con copia a todas las madres de las otras niñas, y acusó a Kira de estar «enamorada» de otra compañera, lo que hacía que su hija se sintiera excluida.

Pude sentir que empecé a ponerme nerviosa cuando vi la carta, pero afortunadamente acababa de escribir una publicación en mi blog titulada «Cómo lidiar con gente molesta». Había escrito sobre el hecho de buscar una lección cuando alguien sabe cómo alterarte y tomar el camino de la menor resistencia. Así que busqué el lado bueno de esta situación y tuve una idea de repente. Recordé a una amiga que una vez me contó sobre una clase de atención plena que se enseñaba en la escuela de su hija. Quizá lo que las niñas de la clase de Kira realmente necesitaban era aprender a reconocer y a expresar mejor sus sentimientos. Si les mostraran cómo usar las respiraciones profundas para calmarse cuando estaban molestas, cómo practicar la empatía con sus amigas y cómo elegir pensamientos optimistas en lugar de pesimistas, no solo serían mejores comunicadoras en el patio de recreo, sino también creadoras más efectivas de alegría en sus vidas.

Podría enseñar una clase de atención plena, pensé, *basada en lo que estoy aprendiendo en mi Plan de la alegría*. Y al planificar mis lecciones utilizando la gran cantidad de currículos oficiales de atención plena que están disponibles, también aprendería mucho. La enseñanza de la atención plena está creciendo en popularidad en las escuelas, y por buenas razones. La investigación ha demostrado que aumenta el optimismo y la felicidad en las aulas, mejora el enfoque y la concentración, ayuda a los estudiantes a resolver conflictos, disminuye la intimidación y la agresión, y aumenta la compasión y la empatía por los demás.[5]

Envié un correo electrónico para compartir la idea con el director de la escuela, ¡y él respondió de inmediato con un sí rotundo! También se ofreció a reducir significativamente la matrícula de nuestras hijas a cambio de que yo le diera la clase a todos los estudiantes de la escuela, divididos por edad en cuatro grupos, una tarde a la semana. Fue simplemente así: ¡de una queja a una creación!

Les pregunté a Kira y a Nava qué pensaban de que yo enseñara atención plena en su escuela y les encantó la idea. Incluso comenzaron a darme sugerencias de inmediato para las actividades de la clase. Yo sabía que ellas serían unas asistentes invaluables de enseñanza para mi nueva clase.

Enseñé mi primera clase de atención plena a principios de abril. Para prepararla, recogí varios frascos de vidrio vacíos e hice «jarras mentales» llenándolas con agua caliente y brillantina con pegamento. El calor del agua disuelve el pegamento, dejando la gruesa emulsión de brillantina suspendida en el recipiente. La brillantina representa la forma como nuestras mentes pueden sentirse cuando están agitadas con pensamientos y emociones, especialmente las incómodas, como la ira, la preocupación o la tristeza. Cuando nos sentamos en silencio y respiramos profundamente, incluso durante un minuto, así como la brillantina en la jarra mental que se asienta lentamente en el fondo, nuestras amígdalas se calman y comenzamos a sentirnos mejor. Mi objetivo para la clase de atención plena era brindar a mis alumnos herramientas que pudieran poner en práctica, para que, con el tiempo, aprendieran a responder hábilmente al estrés que experimentarían inevitablemente en sus vidas.

Durante la clase, le di a cada niña un pedazo de papel y le pedí que lo doblara por la mitad una vez, y luego otra vez por la mitad. Se tomaron su tiempo alineando los bordes y haciendo los pliegues con cuidado. Luego les pedí que desplegaran la hoja de papel y la volvieran a doblar siguiendo las mismas líneas del doblez, y vi la rapidez con que doblaban el papel la segunda vez, casi como si se estuviera doblando solo.

Les dije que los pliegues en el papel son como surcos en nuestros cerebros. La primera vez que tenemos un pensamiento o experiencia, es nueva y novedosa. Puede requerir un poco de esfuerzo, como al aprender a andar en bicicleta o decidir si nos gusta una comida nueva. Con cada nuevo pensamiento y experiencia, las células nerviosas en nuestros cerebros, llamadas neuronas, registran la información como un recuerdo. Pero con el tiempo y la repetición, esas neuronas se unen con otras, formando eventualmente vías neuronales.

Expliqué que los caminos neuronales son como carreteras favoritas por las que nuestra mente viaja todo el tiempo. Cuanto más frecuentemente accedamos a estas vías mediante pensamientos y acciones repetitivas, más automáticas se vuelven. Es por eso que el papel se pliega tan fácilmente la segunda vez. Esto se llama neuroplasticidad en acción, les dije, y así es como aprenden nuestros cerebros. La neuroplasticidad es la forma de la memoria muscular del cerebro. Eso les pareció genial a las niñas.

Aprendemos todo el tiempo, pero los niños asimilan y procesan nueva información a un ritmo mucho mayor que los adultos, simplemente porque continuamente tienen experiencias por primera vez. Las vías neuronales que establecen en la infancia forman la base de sus conocimientos, opiniones, preferencias e incluso de sus personalidades como adultos. Esto es positivo buena parte del tiempo. Aprenden a comunicarse, a usar sus cuerpos de manera efectiva, y a sentir y expresar sus emociones.

Pero, ¿qué pasa con los hábitos de pensamiento y acción que tienen menos probabilidades de prestarles un buen servicio a nuestros hijos a medida que se vuelven adultos? La neuroplasticidad también puede funcionar en detrimento de nosotros. He visto niños que pasan más tiempo interactuando con videojuegos que con personas, y esto se hace evidente en su comportamiento. Incluso una declaración repetida con frecuencia, tan simple como «No me gustan los vegetales» activa las vías neuronales que serán difíciles de cambiar más tarde en la vida.

La buena noticia es que nuestros cerebros permanecen moldeables durante toda nuestra vida. Aunque las vías neuronales pueden estar bien establecidas en la adolescencia, siempre se pueden cambiar y redirigir. Muchos de nosotros experimentamos un momento en nuestras vidas como jóvenes adultos cuando reexaminamos todo lo que hemos aprendido y posiblemente nos rebelamos contra esto, tomamos nuevas decisiones y sacamos nuevas conclusiones sobre la vida.

Sin embargo, ¿qué pasaría si los niños entendieran lo que estaba sucediendo en sus cerebros desde una edad temprana? ¿Qué pasaría si reconocieran que estaban formando hábitos, como ser un amigo servicial o un estudiante atento, e hicieran esas elecciones repetidamente porque ese es el comportamiento que quieren que sus cerebros aprendan y recuerden? ¿Cuántas horas y dólares en terapia podrían ahorrarse nuestros hijos cuando sean adultos? ¿Cuántos niños conscientes podríamos criar? ¿Y qué clase de mundo crearían esos niños cuando sea su turno de estar a cargo?

Creo que el conocimiento es poder, y entender algo tan fundamental como el funcionamiento de nuestros cerebros me parece algo que todos los niños deberían aprender y sentirse empoderados por esto. Con la simple metáfora de un pedazo de papel, esperaba que mis alumnas vieran que siempre tenían una opción sobre dónde hacer los pliegues.

Me sentí enganchada después de mi primera clase. Estaba entusiasmada con todos los juegos de atención plena, ejercicios y proyectos de manualidades que haría con mis alumnas cada semana. Escribí una publicación de blog para mindbodygreen con algunos de mis favoritos, titulado «Siete formas divertidas de enseñarles la atención plena a tus hijos» y quedé estupefacta cuando fue compartido más de cien mil veces en Facebook. Fue increíblemente alentador ver cuántos padres querían compartir estos ejercicios con sus hijos.

Hacer malabares con las complejidades de la vida cuando tenemos hijos puede parecer una tarea monumental, y mantenernos alegres en el proceso puede parecer imposible en ciertas ocasiones. Pero practicar la atención plena con nuestros hijos les muestra que estamos tan dedicados a estar calmados y en paz como quisiéramos que ellos lo estuvieran.

El Dalai Lama dijo una vez: «Si a cada niño de ocho años en el mundo se le enseña la meditación, eliminaremos la violencia del mundo en una generación». Yo había encontrado una nueva pasión y una nueva misión.

CONSEJO # 13 DEL PLAN DE LA ALEGRÍA

Los niños se ven fuertemente afectados por nuestros estados de ánimo. La forma en que nos sentimos fluye a través de nosotros y en ellos cuando estamos a su lado, por lo que nuestro bienestar emocional es tan crítico como el físico en nuestro papel de padres y cuidadores. Los niños necesitan vernos modelar hábitos saludables, ya que así es como aprenden. Y la alegría es un hábito tan saludable como cualquier otro.

QUINTA PARTE

Proyecciones

¡ILUMINA EL FUTURO!

La sección «Proyecciones» de un plan de negocios pronostica el futuro. En este punto del plan, con una base sólida, una estrategia adecuada, un enfoque orientado a las soluciones para los desafíos y un equipo dedicado, el futuro debería ser brillante. Una vez vi un cartel en el faro de Pigeon Point en la costa norte de California que decía «¡Ilumina el futuro!», y decidí adoptar esta frase como mi lema personal. Porque con cada pensamiento, palabra y acción, estamos creando nuestro mundo y nuestro futuro. ¡Hagámoslo brillar!

CAPÍTULO 14

ESCRIBIENDO UNA NUEVA HISTORIA

«Imagina una nueva historia para
ti y comienza a vivirla».
—PAULO COELHO

Así como mis padres lo hicieron conmigo, siempre les he dicho a mis hijas que visualicen lo que quieran crear en sus vidas y que crean en su propia magia. Piden deseos cuando ven estrellas fugaces y arrojan centavos en los pozos de los deseos. Invento cuentos para la hora de dormir con temas relacionados con hacer sus sueños realidad, y animo a Kira y Nava a creer en su propio poder para crear. No siempre estaba segura de que funcionaría, pero —con mis niñas como conejillos de Indias—, pensé que eventualmente lo descubriríamos.

La especialidad de manifestación de Nava son los espacios de estacionamiento, y en los últimos cinco años, su índice de éxito ha sido del cien por ciento. Cuando estacionarme es complicado y tengo a Nava en el asiento trasero, le pido «magia de estacionamiento» y ella mueve sus manos en el aire y hace un silbido. Por lo general, pasan menos de treinta segundos a partir de ese momento para que aparezca un espacio de estacionamiento perfecto.

Kira tiende a centrar sus expectativas en manifestaciones más materiales. Me pide algo que considero un desperdicio o demasiado costoso, como muñecas de plástico con mucho maquillaje o zapatos con patines incorporados que dejará de usar en poco tiempo, y le digo que no. Y luego, miro con asombro mientras pide deseos para que esa cosa llegue a ella, confiando totalmente en que así será, encuentra casualmente el objeto de su deseo, o alguien termina por dárselo gratis. Ella ha hecho esto a lo largo de los años con juguetes, libros, ropa, zapatos e incluso con servicios.

El último deseo de Kira fue el de aprender a tejer. Fui al extremo de comprarle agujas e hilos, pero yo quería que aprendiera a hacerlo viendo videos instructivos en YouTube, porque el tejido de punto me parecía tan poco divertido como la limpieza. Entonces Kira comenzó a preguntarle a todo el mundo —y me refiero a todo el mundo—, si sabían tejer. Le preguntó a la mujer en el mostrador de Trader Joe's. Les preguntó a las otras mamás en la escuela. Les preguntó a sus maestras. Le preguntó a la bibliotecaria. Pero en el transcurso de una semana, no tuvo suerte para encontrar un buen maestro para tejer.

Poco tiempo después, casi a las siete de la noche de un sábado, justo cuando las niñas y yo estábamos viendo los créditos finales de *En el bosque* y esperábamos a que estuvieran listas las frituras de col rizada, mi amiga Grace nos visitó de sorpresa en compañía de otra amiga. Yo no había visto a Grace ni sabido nada de ella por lo menos en seis meses, y estaba encantada de verla. Kira les preguntó de inmediato si sabían tejer.

Grace y yo nos conocimos en un café en Byron Bay, Australia en 2009, cuando me oyó hablar con algunos clientes acerca de un programa de televisión sobre renovación ecológica en el que estábamos trabajando. Grace se acercó y me preguntó si podía ser mi pasante de *marketing*. Nos hicimos amigas de inmediato. Aunque Grace es quince años menor que yo, es sabia más allá de sus años, divertida y tiene un espíritu libre, es inteligente y también una triunfadora práctica. Grace vino a visitarnos cuando Dan y yo nos mudamos a Santa Cruz. Estaba tratando de echar raíces en algún lugar, y le sugerí que intentara con Santa Cruz. Terminó quedándose.

Pero la vida es agitada, y entre sus múltiples trabajos, su novio y sus viajes, y mi trabajo, mis hijas y la vida en general, Grace y yo nos veíamos muy poco. Entonces, cuando ella y su amiga pasaron por nuestra casa y decidieron visitarme, puse la tetera para unas tazas de té mientras Kira hablaba con ellas sobre el tejido. Resultó que Annie, la amiga de Grace, era una buena tejedora, y estuvo más que feliz de sentarse con Kira y sus artículos para tejer y enseñarle lo básico. Mientras tanto, Grace y yo tomamos té y comimos frituras de col rizada.

—Estoy trabajando para unos hermanos millonarios —me dijo Grace—. Abrieron una compañía tecnológica en Silicon Valley y ganaron mucho dinero, y quieren usarlo para hacer del mundo un lugar mejor. Establecieron una fundación, y básicamente estoy a cargo de recomendar cómo gastar el dinero. Son realmente apasionados por los temas medioambientales y la educación, y por alguna razón son partidarios de proyectos en Nueva Zelanda. Así que eso es lo que he estado haciendo: financiar iniciativas medioambientales en Nueva Zelanda, mientras enseño yoga a los empleados de la compañía de tecnología.

—¡Suena asombroso! —dije—. ¿Podrías encontrarme un par de millonarios que también quieran gastar su dinero en asuntos medioambientales y en educación?

En ese momento, yo llevaba más de cinco meses en el Plan de la alegría, y realmente me sentía feliz la mayoría de las veces. Tenía una nueva bolsa de trucos —un juego de herramientas confiables a las cuales recurrir cada vez que sentía que mi alegría comenzaba a menguar—, y la mayoría de las veces funcionaban. Estaba sintiendo un gran placer al escribir y, de hecho, estaba ganando dinero como escritora. Pero Dan quería renunciar a su trabajo, todavía me preocupaba por nuestras finanzas, y cuando se trataba de dinero, seguía siendo la misma historia de siempre: Dan sentía que no tenía forma de renunciar al trabajo que odiaba porque los dos dudamos que pudiéramos ganar suficiente dinero para respaldar nuestro estilo de vida elegido haciendo algo que nos apasiona.

Parecía que yo siempre había sido eficaz para hacer que las empresas de otras personas fueran financieramente exitosas, pero nunca las mías. ¿Era acaso porque yo creía más en las empresas ajenas que en las mías, o simplemente porque dudaba menos de ellas? No tenía ninguna razón para creer que las empresas de mis clientes no tendrían éxito, así que cuando asumí sus campañas de *marketing*, no encontré ninguna resistencia, y mis clientes habían tenido un gran éxito. Entonces, ¿por qué estaba bloqueada cuando se trataba de mi propio éxito?

Estaba leyendo *The 9 Steps to Financial Freedom* [*Los 9 pasos hacia la libertad financiera*] de Suze Orman, y me sorprendí al derramar una lágrima cada pocas páginas. El enfoque de Orman me pareció una mezcla de terapia y de planificación financiera mientras leía sus descripciones de varios clientes que descubrieron cómo sus obstáculos en torno al dinero se originaron en la infancia. Orman cree que las experiencias fundamentales de la vida temprana a menudo crean bloqueos en torno al dinero, como una clienta suya que rompió un plato valioso de su abuela cuando era niña y nunca volvió a sentir confianza en tener algo que fuera valioso, u otra clienta cuyo dinero fue robado por su hermana y, posteriormente, nunca le confió su dinero a otros.[1]

Reflexioné sobre cómo mis padres siempre habían tenido problemas con el dinero, cómo los negocios empresariales de mi madre nunca habían funcionado financieramente de la manera que ella quería, y pensé en mis propias neuronas espejo cuando era niña. Con todos los pensamientos repetitivos y las vías neuronales que había formado durante décadas con respecto al dinero y la escasez, no era ninguna sorpresa que siguiera creyendo que esto era un bloqueo para mí. Si seguía haciendo hincapié en el dinero, temerosa de que nunca fuera suficiente, no estaría abierta energéticamente a la solución abundante que podría estar esperando a la vuelta de la esquina. Y en un estado de estrés, tampoco pensaría ni resolvería problemas de la mejor manera. Era hora de una nueva historia sobre mi pasado, una que no me retratara como alguien a quien siempre le faltaba algo. Necesitaba una nueva historia en la que fuera la heroína, atrevida, valiente y exitosa.

En un taller de negocios al que una vez asistí, nos pidieron para romper el hielo que camináramos por el salón y nos presentáramos a los demás hablando sobre la película que actualmente estábamos protagonizando. La película debía ser la metáfora de nuestras vidas, y el ejercicio fue pensado para ser una manera ligera y fácil de contar nuestra historia de vida abreviada a personas desconocidas. ¿Era un drama? ¿Un romance? ¿Una película de acción? ¿Un musical?

Este ejercicio me tomó por sorpresa porque la película que yo protagonizaba en ese momento se parecía más a una tragedia que a la película que me hubiera gustado protagonizar, que era una aventura épica llena de romance, intriga y descubrimiento. Luché con la forma de responder a esta pregunta y eventualmente decidí presentar mi película como una comedia, porque al menos podía reírme de lo desgraciada que era. Posteriormente, pegamos recortes de revistas en cartulinas a modo de carteles de cine para nuestro largometraje. Para ese ejercicio, decidí contar la historia de mi vida de la manera que quería que fuera, y no necesariamente como era en ese momento. Creé un póster de película digno de las estrellas más glamorosas de Hollywood.

He pensado mucho en ese ejercicio desde entonces y en cómo las historias que contamos sobre nosotros realmente moldean nuestras vidas. Todos somos las estrellas de nuestras propias películas, pero ¿con qué frecuencia aprovechamos la oportunidad de tener nuestro mejor desempeño y ser héroes? Y cuando les contamos a otros sobre nuestra película, ¿con qué frecuencia hacemos que parezca un éxito de taquilla? Cada vez que hablamos de nuestros problemas, estamos tejiendo una historia que tiene la energía y el poder para reconfirmar lo que creemos, y crear eso en nuestras vidas.

He pasado la mayor parte de mi vida contando mi historia tal como es —incluso si resulta ser agradable en ese momento—, minimizando las partes felices y enfatizando en lo que era difícil o desafiante. ¿Por qué? Tal vez haya querido simpatía o comprensión, o tal vez haya sido reacia a aceptar una historia de vida verdaderamente fabulosa porque sentía que no me la merecía, o porque haría que otras personas se sintieran incómodas si yo estuviera mejor que ellos. Pero, ¿esta práctica de contar mi historia, o de presentar mi película, como menos que brillante realmente me ayudaría a mí, o a alguien más para el caso? Si estuviera cansada de escuchar mi vieja historia de lágrimas a causa del dinero, estoy segura de que todos los que estaban cerca de mí probablemente también sentirían lo mismo que yo.

Entonces, sabiendo lo que sé ahora sobre el poder y la energía creativa de los pensamientos, decidí que preferiría alentar los pensamientos sobre lo que quiero ser, hacer y tener, en lugar de cómo soy, lo que hago, y lo que tengo en este momento. Realmente no necesitaba que otras personas pensaran en mis dificultades. Más bien, preferiría aprovechar el poder de los pensamientos positivos de otras personas para mi propio beneficio. Decidí que preferiría formar vías neuronales cada vez que hablara sobre mi vida y que me condujeran a la vida que quiero —a la película que quiero protagonizar—, en lugar de volver a confirmar una vieja historia.

Crear una nueva historia no significa que tengamos que negar la realidad. Podemos ver la amplia gama de experiencias y circunstancias en nuestras vidas y elegir lo que queremos perfeccionar. Podemos amplificar las cosas que están sucediendo y que nos gustan, podemos sentirnos entusiasmados con lo que vendrá después, y podemos hacerlo sin importar qué otra cosa esté sucediendo. Podemos ser selectivos con nuestro enfoque, así como somos selectivos con lo que comemos. Si algo nos desagrada, no tenemos que llevarlo a nuestras bocas. Si hay una condición en nuestras vidas que no se siente bien, no tenemos que prestarle nuestra valiosa atención, ni contar la historia a otros para que también le presten su valiosa atención.

Contar una nueva historia puede parecer incómodo al principio, pero al igual que todo lo demás en el Plan de la alegría, es simplemente una práctica que se vuelve más fácil con el tiempo. La parte más difícil es darse cuenta del gran poder que tienen nuestros pensamientos y palabras, y entrenarnos a nosotros mismos para elegirlos sabiamente.

Como dice el proverbio: «Cuida tus pensamientos porque se convierten en palabras. Cuida tus palabras, porque se convierten en acciones. Cuida tus acciones, porque se convierten en hábitos. Cuida tus hábitos porque se convierten en tu carácter. Cuida tu carácter porque se convierte en tu destino».

Necesitaba practicar contándoles a otras personas el lado de la aventura épica de mi historia cuando hablaba sobre mi vida, y omitir las partes que no valían más que el crédito de una película de poca importancia. Si contara mi historia con orgullo y con frecuencia, tal vez se convertiría en realidad ante mis ojos.

Ya tenía una gran prosperidad: relaciones amorosas, alegría consistente y la escritura que me apasionaba. Pero también estaba lista para tener prosperidad financiera. Y yo quería crear esa prosperidad financiera por mis propios medios, quitándole la carga a Dan para que pudiera elegir su trabajo en función de lo que lo llena a él, y no en lo que llenara más nuestra cuenta bancaria.

Decidí mejorar mi perfil de Linkedin en aras de la prosperidad financiera. Y mientras miraba mi perfil, apareció al azar un «Trabajo recomendado para ti» en la pantalla. Se trataba de un trabajo para una escritora con experiencia, y reconocí el nombre de la compañía como el lugar donde mi amiga Grace trabajaba con los hermanos millonarios.

Algo cambió para mí en ese momento. En un abrir y cerrar de ojos, pude verme viajar a Silicon Valley; y ese viaje de dos horas en tren o en auto en compañía de Grace ya no me parecía opresivo, sino divertido. Recordé que ella me había dicho que a veces comenzaban sus reuniones de negocios con una meditación, y que la fundación apoyaba la enseñanza de la atención plena en las escuelas. Vi desarrollarse un futuro en el que me convertía en el sostén principal de nuestra familia, trabajando en una empresa donde mis ideas eran valiosas y me pagaban bien. En mi visión, solo viajaba a mi trabajo dos días a la semana, daba clases de atención plena en la escuela para niñas medio día a la semana y trabajaba desde mi casa el resto del tiempo.

De repente, me vi escribiendo un libro titulado *El negocio de la atención plena*: una guía práctica para que las empresas brinden atención plena en el lugar de trabajo, basada en mi experiencia como maestra de atención plena en la escuela primaria mientras también trabajaba en una compañía de tecnología de Silicon Valley. Imaginé una lluvia de ideas con Grace durante nuestro viaje, discutiendo cómo gastar los millones de la fundación en iniciativas que marcarían una enorme diferencia para el planeta. Me gustó esta nueva historia.

Profundicé más en el futuro y vi la posibilidad de ser contratada como profesora de atención plena en varias escuelas internacionales donde Dan podría trabajar en admisiones y como entrenador de voleibol, tal como lo hizo en la escuela de Bali donde trabajamos. Podríamos acceder a nuestra red de todos los profesores con los que trabajamos allí, que ahora están diseminados por escuelas internacionales de todo el mundo.

Luego, me imaginé a mí misma como una escritora y autora independiente, con un trabajo remoto que le permitía a nuestra familia vivir en cualquier parte del mundo. Vi a Dan disfrutando de un trabajo internacional en el cual podía usar los cinco idiomas que habla, y lo vi sintiéndose apasionado y entusiasmado con su trabajo. Vi estas múltiples posibilidades y me sorprendió descubrir que era feliz al tenerlas a todas en cuenta.

Ya no sentía que la única forma en que podía encontrarme en un estado de alegría era seguir la fórmula que había creado para mi vida en Santa Cruz: trabajar a tiempo parcial, ir al gimnasio todos los días, bañarme, pasar mis tardes con las niñas. Ya no era una condición externa que yo necesitaba mantener, sino una interna. Podía imaginarme una nueva historia en la que el horario de trabajo de Dan le permitiera pasar más tiempo con las niñas, o que teníamos una niñera fabulosa que adoraba a Kira y a Nava. Estas ideas —inaccesibles para mí antes de mi Plan de la alegría—, de repente me parecieron no solo posibles, sino también fáciles, y supuse que este era otro efecto positivo del Plan de la alegría: yo tenía ahora la capacidad de mirar más allá de mi situación actual y ver otras posibilidades.

A la mañana siguiente, mientras estaba en el gimnasio, Erin, una amiga de mi círculo de mujeres, me llamó para preguntarme si podía hacer un trabajo de escritura como contratista. Me dijo que podría usar mi ayuda en el equipo donde ella trabajaba en Google. Sentí un mundo de posibilidades abriéndose a mí, mientras mi nueva historia se estaba escribiendo justo ante mis ojos.

Horas después, conducía para recoger a las niñas luego de jugar, y necesitaba llegar al teatro en cinco minutos. Tenía un gran deseo de comer una galleta con chispas de chocolate en la tienda cercana. The Pacific Cookie Company se encuentra en la calle más transitada del centro de Santa Cruz, donde es casi imposible encontrar un espacio de estacionamiento, y no tenía a Nava conmigo para que me hiciera la magia del estacionamiento.

Decidí que solo me permitiría comer una golosina si pudiera estacionarme frente a la tienda. Y, ¿saben algo? Justo cuando me detuve, un auto salió del estacionamiento que estaba al frente de la tienda. Comí mi galleta, fresca y recién sacada del horno.

A pesar de lo deliciosa que era esa galleta, saqué algo de esa experiencia que era mucho mejor. Se me ocurrió, ¿y si todo en mi vida fuera tan fácil como conseguir esa galleta? ¿Quién dice que la riqueza, la salud, el amor, las posesiones o cualquier otra experiencia que yo pudiera desear tiene que ser más difícil de lograr que eso? Yo había deseado esa galleta deliciosa, y un espacio de estacionamiento quedó disponible para que yo lo ocupara. Seguí mi alegría y el Universo me reveló el camino. ¿Qué pasaría si yo viera todo en mi vida como una galleta, y la idea de disfrutarla me hiciera salivar mientras confío en que estoy encaminada y que todo saldrá bien si estoy destinada a obtenerla? La fe es un componente crítico de esta teoría de la galleta.

Me encanta la cita de Jim Carrey sobre la fe que dio en el discurso de graduación en la Clase de Administración de 2014 en la Universidad Maharishi: «¿Por qué no arriesgarse con la fe? No con la religión, sino con la fe. No con la esperanza, sino con la fe. No creo en la esperanza. La esperanza es un mendigo. La esperanza camina por el fuego y la fe salta sobre ella».

Carrey puede ser un comediante, pero creo que lo resumió mejor que el filósofo más serio cuando dijo: «Por lo que puedo decir, solo se trata de dejar que el Universo sepa lo que quieres y trabajar para lograrlo mientras dejas de lado cómo podría suceder».

Yo sabía que quería la galleta, y confié en el Universo para hacer que esto fuera más fácil para mí. Sabía que quería el éxito y la prosperidad, y confié en que el Universo también haría que esto fuera fácil. No tenía que saber cómo.

Estaba haciendo todo lo posible para soñar una nueva historia. Científicos y psicólogos han realizado numerosos estudios que demuestran una correlación entre visualizar un resultado exitoso y lograrlo. Soñar despiertos ha demostrado activar regiones en el cerebro que estimulan la creatividad y la realización de soluciones creativas.[2] Había hablado con mis estudiantes de atención plena sobre el poder de la visualización y les había contado una historia de baloncesto que les encantó.

En un experimento ahora famoso de los años sesenta, se eligieron tres grupos al azar para hacer tiros libres de baloncesto durante veinte días.[3] El Grupo Uno practicó tiros libres durante veinte minutos todos los días. El Grupo Dos solo practicó tiros libres durante veinte minutos el día uno y el día veinte, y aparte de esto no practicó baloncesto en absoluto. El Grupo Tres tuvo la misma cantidad de práctica física que el Grupo Dos pero, además de la práctica física por el resto de los veinte días, se visualizó haciendo canastas durante veinte minutos diariamente. Después de veinte días, el Grupo Uno mejoró su desempeño en un veinticuatro por ciento, el Grupo Dos no mejoró su rendimiento, y el Grupo Tres mejoró su desempeño en un veintitrés por ciento, demostrando que la práctica mental era casi tan efectiva como la práctica física.

En cierto sentido, el soñar despiertos y la visualización son lo opuesto a la atención plena. Mientras que la atención plena es una práctica de concienciar sobre el momento presente, el soñar despiertos y la visualización entran en otro mundo mental, permitiendo que las imágenes y los pensamientos nos lleven a un viaje que está lejos del aquí y del ahora. Sin embargo, ambas prácticas pueden ser ventajosas, especialmente si los contenidos de nuestra visión o sueño son agradables. El desafío es mantener un nivel de metaconciencia mientras nuestras mentes divagan. De esa manera, podemos recordar los destellos de brillantez que pueden acudir a nosotros mientras nuestros cerebros están en un estado creativo.

Quería ayudar con mi propia visualización y con el proceso de ensueño, así que recorté algunas imágenes de revistas, volantes y folletos y creé un «tablero de visión» con el aspecto que yo quería que tuviera mi vida. Me sentí atraída por una foto grande de una manada de delfines en una revista que teníamos, así que la recorté y la pegué como imagen de fondo para las otras fotos de mi tablero de visión. No pensé mucho en los delfines.

Dan no vio el tablero de visión, pero en una semana después de hacerlo —y sin que yo lo supiera—, reservó un viaje sorpresa en un bote de observación de ballenas para nuestra familia una semana después de esto. Al cabo de diez minutos, el bote estuvo rodeado por cientos de delfines, que saltaron a través de la estela del bote y nadaron con nosotros durante veinte minutos. Estaban tan cerca que pude escuchar sus sonidos, y nos salpicaron con sus chapoteos. No noté ni me acordé de la foto de delfines en mi tablero de visión hasta unos días después, y cuando la vi, sonreí y me di cuenta de que el tablero de visión ya estaba haciendo su magia.

CONSEJO # 14 DEL PLAN DE LA ALEGRÍA

¿Qué historia vieja y repetida has estado contando, y cómo podrías revisarla? Crear una nueva historia no significa que tengas que negar la realidad. Puedes ver la amplia gama de experiencias y circunstancias en tu vida y elegir qué perfeccionar. Puedes amplificar las cosas que suceden y que te gustan, puedes sentirte entusiasmada con lo que viene a continuación, y puedes hacer esto sin importar qué otra cosa esté sucediendo.

CAPÍTULO 15

EJERCITANDO EL MÚSCULO DE LA ALEGRÍA

«La alegría no nos pasa simplemente a
nosotros. Tenemos que elegir la alegría
y seguir eligiéndola cada día».

—HENRI J.M. NOUWEN

Habían pasado casi seis meses desde que creé el Plan de la alegría y lo que se pretendía que fuera un experimento de treinta días se había convertido en algo mucho más, ya que ese primer mes había sentado las bases para mi alegría continua. Hasta este momento, había estado trabajando solo a tiempo parcial con algunos clientes de consultoría, escribiendo cuando tenía tiempo y participando en actividades familiares y de mi maternidad. Empezaba todos los días con quince minutos de gratitud y me concentraba en mi respiración. La mayoría de los días iba al gimnasio, caminaba un poco al aire libre, desayunaba con un batido de papaya y col rizada, escuchaba mi estación Allison Krauss de Pandora, y encontraba razones para sonreír y reír. Estar en el Plan de la alegría se había convertido más un estilo de vida que un experimento, pero de todos modos tenía que ser intencionada para mantener la práctica.

Grace me conectó con el director de *marketing* de su empresa y tuvimos una gran charla. Estaban entusiasmados por la estrategia y las ideas que yo podía proporcionar basada en mi experiencia en *marketing* y relaciones públicas, y estaban buscando una escritora de tiempo completo, lo cual se adaptaba a mis necesidades. Me interesaba el contenido sobre el que escribiría, estarían dispuestos a que yo trabajara principalmente desde mi casa, y podría seguir con mi clase de atención plena una vez por semana. Fue una primera reunión prometedora. También sostuve conversaciones con el equipo de Erin en Google con el fin de hacer labores continuas de escritura para su división.

Ahora que estaba inspirada para dedicarme al trabajo de tiempo completo, quería condensar el Plan de la alegría en pasos simples que pudiera recordar fácilmente, sin importar lo ocupada que estuviera. Al igual que los músculos que había desarrollado en la clase de Pilates, no quería que mi alegría se atrofiara si no hacía de ella mi enfoque principal. Necesitaba un régimen de ejercicio diario para mi músculo de la alegría que reforzara los nuevos hábitos saludables y las redes neuronales en mi cerebro que yo había formado.

Incluso si me despertara pronto mucho más temprano todas las mañanas para comenzar a trabajar, podría comenzar el día con quince minutos de gratitud y respiración, al igual que con mis amadas papaya y col rizada. Podría seguir prestando atención a los pensamientos, imágenes, noticias, conversaciones y eventos que se sentían bien a lo largo de mi día, y rechazar todos aquellos que no lo hacían. De todos los nuevos hábitos que había implementado en los últimos seis meses, el simple acto de cambiar mi enfoque a las cosas que se sentían bien fue realmente el punto crucial del Plan de la alegría para mí.

En algunos sentidos, comenzar un nuevo trabajo sería un desafío bienvenido. Mi vida se había vuelto bastante rutinaria. Estaba haciendo cosas similares todos los días, y aunque no estaba aburrida, tampoco tenía muchos desafíos. Ponerle un poco de picante a las cosas ayudaría a mantener a punto mi «radar de la alegría». Los estudios han demostrado que las personas prosperan cuando tenemos la cantidad correcta de estimulación.[1] Demasiados desafíos en nuestras vidas se sienten como estrés, lo cual tiene implicaciones negativas tanto emocional como físicamente. Pero muy pocos desafíos pueden ser igualmente estresantes. El euestrés —el tipo de estrés que se siente más motivador que intimidante—, es beneficioso para nuestra salud mental y, de hecho, nos ayuda a lograr nuestros objetivos. Tal vez un nuevo trabajo me ofrecería la cantidad justa de estrés para estar en la cima.

Lo más probable es que estuviera de nuevo en un entorno más social, y necesitaba asegurarme de poder seguir honrando todos los días a mi cerebro introvertido con tiempo para la soledad. Hacer un trabajo que se basara principalmente en la escritura, en lugar de las actividades más extrovertidas de *marketing* y relaciones públicas que había hecho anteriormente, sería de ayuda. Si iba al trabajo en autobús o en tren, apreciaría ese momento para soñar despierta, escribir por placer, o simplemente para desconectarme y procesar mentalmente mi día. Más interacciones sociales podrían brindar más oportunidades potenciales para conflictos, quejas y desafíos, pero me sentí entusiasmada con la oportunidad de practicar lo que aprendí en el Plan de la alegría sobre dejar ir, entregarlo, crear en lugar de quejarme y encontrar cosas por las cuales estar agradecida. También estaba a la espera de nuevos amigos y nuevas experiencias.

En esa época estaba tomando varios suplementos a base de hierbas recomendados por Susanna para mi SPM, que se había vuelto mucho más fácil de manejar. Me sentía más sincronizada y enamorada de Dan que en mucho tiempo, y estaba entusiasmada con las posibilidades que se abrirían para él cuando yo ganara más dinero. Me maravilló cómo, solo unos meses antes, yo habría considerado aceptar un trabajo en Silicon Valley (con sus tres a cuatro horas diarias de viaje) solo como último recurso, y ciertamente no como el camino hacia mi alegría. Pero ahora, podía ver el camino iluminarse ante mí, y apuntaba en la dirección de la menor resistencia. Mi actitud había cambiado, y el Universo respondía con oportunidades. O tal vez las oportunidades habían estado allí todo el tiempo, pero yo no podía acceder a ellas hasta que mi actitud cambiara.

También sabía que este cambio podría ser realmente difícil en ciertas ocasiones, y al igual que otras transiciones de la vida por las que yo había pasado, mis amigas me apoyarían para ayudarme a superarlas. No importa lo ocupada que estuviera, adquiriría fuerzas luego del apoyo mensual de mi círculo de mujeres. Pensé en los beneficios que obtendrían mis hijas al pasar más tiempo con otras influencias adultas positivas: Dan o un clon de Mary Poppins que encontraríamos para ellas cuando yo estuviera trabajando más. Esto podría requerir algún ajuste, pero estarían bien. Y tal vez era hora de que nuestra familia consiguiera un perro.

En un intento por crear algo a lo que pudiera recurrir regularmente para mantenerme encaminada en el Plan de la alegría cuando estuviera ocupada, escribí esta lista para colgar al lado de mi escritorio:

RECUERDA ESTAS COSAS

1. Eres responsable de tu propia experiencia.
2. Comienza cada día con gratitud.
3. Siempre que sea posible, evita o ignora cualquier cosa que te haga sentir mal.

4. Mantén una gama mental de pensamientos felices a los que puedas recurrir regularmente.

5. Haz ejercicio hasta sudar al menos tres veces por semana.

6. Busca oportunidades para sonreír y reír.

7. Camina al aire libre, mira alrededor y maravíllate de lo milagroso que es todo.

8. Deleita tus cinco sentidos en alguna forma de placer todos los días.

9. En caso de dudas, bebe más agua y come más vegetales.

10. Si tienes problemas en tu relación con Dan, ten sexo. La mayor parte del tiempo los solucionará.

11. Nada es tan importante como crees que es.

12. Quejarte de algo le dice al Universo que te gustaría una segunda ayuda, por favor.

13. No tienes que ser definida o derrotada por tus dificultades.

14. El fracaso no existe; solo la investigación y los giros argumentales.

15. Cuando las cosas sean difíciles, recuerda que estás al borde de un gran avance.

16. La clave del éxito no es la inteligencia o el dinero; es la fe.

17. Los lugares de estacionamiento y las galletas se manifiestan con tanta facilidad como los trabajos de ensueño y la abundancia financiera.

18. El Universo tiene una forma creativa de realizar todos tus deseos más allá de lo que puedes imaginar. Tu miedo y preocupación se interponen simplemente en tu camino.

19. Busca formas de decir «sí» en lugar de «no».

20. Regresa siempre a la gratitud.

La clave para mantener mi Plan de la alegría como un estilo de vida más que como un proyecto fue repetir estas acciones y pensamientos todos los días hasta que los hábitos estuvieran tan arraigados que se convirtieran en lo que soy. Un hábito es un comportamiento que se vuelve automático; esto sucede en el cerebro. Es posible transformar comportamientos nuevos en hábitos, pero lleva tiempo y repetición. En un estudio realizado por el University College de Londres, los investigadores determinaron que, en promedio, un nuevo comportamiento se vuelve automático después de la repetición en el transcurso de 66 días, aunque dependiendo del hábito específico, la persona y las circunstancias, puede oscilar entre 18 y 254 días.[2] Yo llevaba aproximadamente 180 días.

Pronto cumpliría cuarenta años, y eso me pareció muy importante. Vi una publicación divertida en Facebook que me impactó mucho; decía: «Tengo casi cuarenta años, pero aún me siento como si tuviera veinte... hasta que salgo con veinteañeros. Entonces pienso: *No, no importa, tengo cuarenta años*». Algunos pueden interpretar que esto significa que no tengo la energía o el cuerpo que tenía a mis veinte años, pero para mí, significaba algo más. Puede que aún no me haya sentido como una adulta de verdad, pero no tengo la mente que tenía a mis veinte años, ¡gracias a Dios! No me preocupa tanto lo que otros piensen de mí porque me doy cuenta de que lo más probable es que no estén pensando en mí en absoluto. No me preocupo mucho por mi apariencia porque me siento bien en mi piel. Finalmente he descubierto a qué pensamientos, actividades y personas vale la pena dedicar mi energía, y cómo bajarle volumen a todo lo demás.

Solo el tiempo me hubiera traído aquí. El tiempo y la experiencia. A pesar de lo duros que han sido mis tiempos difíciles a lo largo de los años, han sido mis maestros y mis triunfos, las rayas de honor que llevo como las estrías de mis embarazos.

En cierto sentido, el Plan de la alegría me mantenía joven. Estaba tomando decisiones más saludables para mi cuerpo —incluyendo más ejercicio, verduras y sueño—, y mi nivel de estrés era mucho menor, lo que significaba que también tenía niveles más bajos de cortisol. Me veía y me sentía más joven y energética. Pero en otro sentido, el Plan de la alegría me estaba ayudando a crecer. Estaba asumiendo la responsabilidad por mis propios pensamientos, sentimientos y experiencias, y finalmente estaba creando mi propia vida en lugar de sentirme como una víctima de ella.

Aunque me había embarcado en el Plan de la alegría en una encrucijada en mi vida, sabía que la estaba abordando desde un lugar de relativa comodidad y estabilidad: estaba en una relación amorosa, y mi marido tenía un trabajo estable, aunque no le gustara. Sin embargo, yo quería mantener el Plan de la alegría todo el tiempo, incluso aunque surgieran circunstancias verdaderamente difíciles. Y esperaba inspirar a otros a hacer lo mismo. Recibí una carta particularmente conmovedora de una lectora de mi blog, y me pregunté si podría ayudarla a encontrar su músculo de la alegría, que era claramente débil en ese momento:

Hola Kaia:

Me encanta leer siempre las publicaciones de tu blog en mindbodygreen y realmente aprecio tus ideas. Sé que te estoy enviando un correo electrónico de la nada, pero me pregunto si podrías darme algún consejo porque realmente ahora estoy teniendo dificultades en mi vida. Probablemente recibas correos electrónicos como este todo el tiempo, pero te estaría muy agradecida si sacas el tiempo para responder al mío.

Tengo treinta y seis años, estoy casada y soy maestra en Sacramento. Tengo una buena relación con mi familia, buenos amigos y un buen hogar. Todo parece estar bien por fuera, pero me siento desgraciada por dentro. Mi esposo y yo hemos tratado de tener un hijo durante cuatro años y hemos pasado sin éxito por tres sesiones de tratamientos de fertilidad. He engordado mucho recientemente, y la clínica no me hará otra sesión de tratamiento hasta que pierda peso.

Siento que mis pensamientos me están sofocando. Es difícil explicar todas las cosas que me hacen sentir tan mal, así que últimamente he estado escribiendo mis pensamientos negativos para tratar de llegar al fondo del asunto. Solía ser una persona positiva. Estaba llena de esperanza para mi futuro. Tenía sueños y metas, pero ahora no. He perdido mi esperanza y mi chispa porque siento que ya soy demasiado vieja para hacer cambios en mi vida. Me comparo con personas más jóvenes que yo y que ya tienen hijos y desearía no haber perdido tanto tiempo. Estoy abrumada por la tristeza y el miedo. Hay una voz en mi cabeza que está llena de arrepentimiento y no me deja relajarme nunca. Me dice que soy demasiado vieja para tener planes y sueños porque esperé demasiado y ahora es demasiado tarde.

Quiero dejar de sentirme así, pero no sé cómo. Es como si estuviera congelada. Comienzo a sentirme un poco mejor y a tener pensamientos positivos, pero simplemente se esfuman. No es solo la infertilidad lo que me deprime, sino mi vida entera. ¿Tienes alguna sugerencia? Tus pensamientos y consejos realmente significarían mucho para mí.

Gracias,

Lauren

Ay, querida Lauren. Yo sabía cómo se sentía ella. Estaba atrapada en el atolladero de la duda, empujándose hacia abajo como si se tratara de arena movediza. La duda es un proceso mental insidioso y se fortalece cada vez que lo tenemos. Y hay tantas cosas por las cuales dudar. Tus habilidades. Tu salud. El futuro. Tu cónyuge. Los médicos. El Gobierno. Solo para nombrar unos pocos. Cuando quieres algo y dudas que puedes tenerlo, tu cerebro se confunde. ¿Debería enfocarse en una solución o en un problema? Si la atención a la duda es más fuerte que la atención a la solución, tu cerebro irá allá, y esa vía de pensamiento se fortalecerá.

Cuando queremos tanto las cosas que la falta de ellas se siente con más fuerza que la alegría que nos producirán, nuestro enfoque en la falta evita aquello que queremos que venga a nosotros. Queremos ese trabajo soñado, el amor verdadero, un cuerpo saludable, dos o tres hijos, una casa hermosa, un contrato de publicación de un libro, y esperamos que el teléfono suene para darnos la noticia de que nuestros sueños se han hecho realidad. Pero nuestras dudas y miedos bloquean la señal y hacen que el teléfono deje de sonar. Los pensamientos de duda que repetimos mantienen a nuestros cerebros atrapados en el mismo patrón, sintiendo los mismos sentimientos y experimentando las mismas cosas en la vida.

Yo sabía que Lauren estaba atrapada en la duda, y esperaba poder ofrecerle un salvavidas para que se agarrara de él y saliera a flote.

Querida Lauren:

Quiero agradecerte por contactarme. Eso requirió coraje, y me siento honrada de que me hayas confiado tu historia. Me encantaría apoyarte para cambiar tu situación, y creo que podría ser realmente fácil. Si lo piensas, las únicas cosas que te hacen desgraciada son tus propios pensamientos, ¡y tus pensamientos son algo que puedes cambiar! Es posible que no puedas cambiar tu peso o tu estado de embarazo inmediatamente, pero apostaría cualquier cosa que, si comienzas por cambiar tus pensamientos, lo mismo sucederá con todo lo demás.

Comencemos con el inventario que hiciste: escribir tus pensamientos negativos para llegar al fondo de tu tristeza y remordimiento. Ahora que has hecho ese inventario, es hora de parar. Probablemente descubrirás que no hay fondo y que dirigir tu atención a esos pensamientos simplemente los perpetuará y amplificará los sentimientos que quieres dejar atrás. Es hora entonces de crear algunos pensamientos nuevos. Te sugiero que tomes esa lista y la quemes, y hagas luego un nuevo inventario. Esta nueva lista es de todas las cosas que disfrutas, agradeces, que te hacen sonreír, que te brindan incluso breves momentos de alegría. Consigue un cuaderno para escribir estas cosas, llévalo contigo y escribe con frecuencia. Oblígate a hacer esto. Puedes enviarme la lista si eso te ayuda a ser responsable.

A continuación, me gustaría invitar personalmente a la perra en tu cabeza para que se vaya de la ciudad. Ya no es bienvenida y si yo estuviera allí, le diría esto cada vez que te envíe un pensamiento de remordimiento. El remordimiento es una trampa mental porque no puedes retroceder en el tiempo y cambiar el pasado. Pero lo que puedes hacer es notar esos pensamientos de remordimiento cada vez que vengan y encontrar un pensamiento que cada vez se sienta mejor. Puede ser un pensamiento sobre cualquier cosa: un video divertido, una pintura hermosa, un oso de peluche. Haz esto, Lauren, porque no estoy allí para patearle el trasero a la perra, así que tendrás que hacerlo tú. Cuanto más frecuentemente encuentres pensamientos que te hagan sentir mejor, más rápido tu cerebro liberará su círculo vicioso del remordimiento y gravitará hacia nuevos pensamientos.

Y, ¿qué tal un proyecto artístico, con brillantina, para traer un poco de chispa a tu vida? Recorta imágenes de todas las cosas que deseas que se manifiesten en tu vida, crea un tablero de visión, y espolvorea un poco de brillantina sobre él y sobre ti. ¡Míralo todos los días y encuentra la manera de creer que esas cosas estarán llegando a ti! Ora, respira, corea, canta, baila, suda, y sigue diciéndole a esa perra que se calle cuando te diga que estás loca. Debes sentir la alegría de las cosas que deseas en tu vida incluso antes de que entren a tu realidad; debes tener fe en que están en camino.

Otra cosa: no digas más eso de que «soy demasiado vieja». La semana pasada vi en Santa Cruz la charla de TEDx que dio un hombre de ochenta años que no tenía hogar y había sido adicto a la heroína la mayor parte de su vida. Comenzó su carrera musical a los setenta años y actualmente encabeza las listas de *blues*. Conozco a mujeres que quedaron embarazadas a los cuarenta o a los cincuenta, ¡e incluso una vez conocí a una mujer que quedó embarazada a los sesenta años! Eres tan vieja como te sientas, y en mi opinión, treinta y seis años es una edad casi perfecta. Ya sabes lo que no funciona para ti, así que estás en un punto perfecto en tu vida para concentrarte en aquello que funcione.

Por favor, mantente en contacto, comunícate cuando quieras y cuéntame cómo te va.

Con amor,
Kaia

Sé que la alegría puede parecer descabellada y desesperadamente fuera de tu alcance cuando estás deprimida, cuando parece que has tomado demasiadas decisiones equivocadas para cambiar las cosas, y cuando te sientes increíblemente estancada. He estado ahí. Pero a menudo, estamos demasiado centrados en nuestros problemas para darnos cuenta de la solución. Y la energía de un problema es muy diferente a la energía de una solución: la primera tiene miedo, mientras que la segunda tiene esperanza. Dar el primer paso para cambiar esto es a menudo la parte más difícil.

Cuando comencé el Plan de la alegría, mi músculo de la alegría estaba flojo y flácido. Había pasado tanto tiempo sintiéndome abrumada y estresada que casi había olvidado cómo ser de otra manera. Y al igual que ir al gimnasio y ejercitar cualquier grupo de músculos, al principio me dolió cuando comencé con el proceso. Fue difícil, incómodo e incluso aburrido en ciertas ocasiones. Pero eventualmente, a través de la repetición y con el tiempo, mi músculo de la alegría se hizo más fuerte, y comenzó a sentirse bien, *realmente bien*.

Entonces, ¿cómo logras un objetivo en la vida si no lo has alcanzado todavía, sin concentrarte en la carencia? Tienes que entrar en la incómoda sensación de cambio. El doctor Joe Dispenza, autor de *You Are the Placebo* [*Tú eres el placebo*], dice que el cambio es incómodo para el cerebro en términos físicos, pero que debemos pasar por esa incomodidad para llegar al otro lado. Dispenza escribe:

«La parte más difícil de las decisiones no es tomar las mismas decisiones que el día anterior... Este nuevo estado del ser no es familiar; es desconocido. No se siente "normal". Dejamos de sentirnos como nosotros mismos, porque no somos nosotros mismos... Por muy incómodo que pueda ser al principio, es el momento en que sabemos que hemos entrado a el río del cambio... Una vez que entendemos que cruzar el río del cambio y sentir que la incomodidad es en realidad la muerte biológica, neurológica, química e incluso genética del viejo yo, tenemos poder sobre el cambio y podemos fijar nuestra vista al otro lado del río».[3]

Por incómodos que sean el dolor, la tristeza, la ira o el miedo, son catalizadores muy potentes para el cambio. El carácter chino de la palabra «crisis» se compone de dos símbolos, uno que significa «peligro oculto» y otro que significa «oportunidad oculta». Los tiempos de crisis y las experiencias cumbre en la vida nos abren a nuevas realizaciones. En estos momentos, debido a preocupaciones más apremiantes que requieren nuestra atención, nuestros procesos de pensamiento normales se ven interrumpidos, y podemos tener nuevas ideas con mayor facilidad. Es por eso que un avance a menudo está esperando al otro lado de un colapso.

Tal vez tenemos que perdernos antes de encontrarnos a nosotros mismos, o tal vez, como dijo George Bernard Shaw, «la vida no consiste en encontrarte a ti mismo, la vida consiste en crearte a ti mismo».

CONSEJO # 15 DEL PLAN DE LA ALEGRÍA

La clave para adoptar el Plan de la alegría como un estilo de vida en lugar de un proyecto temporal —al igual que mantener tus músculos en forma—, es seguir un régimen diario para reforzar los hábitos saludables y las redes neuronales que has formado. Recuerda que cuando las cosas son difíciles, debes buscar pequeños momentos de gracia y belleza. La energía de un problema es temerosa, mientras que la energía de una solución es esperanzadora.

CAPÍTULO 16

LA ALEGRÍA ES CONTAGIOSA

«El arma más poderosa en la tierra
es el alma humana en llamas».

—FERDINAND FOCH

En el transcurso de los últimos seis meses, noté que mi Plan de la alegría estaba teniendo un efecto en otras personas. Y no siempre era un efecto positivo.

Me había acostumbrado a usar un fabuloso sombrero de camionero con un unicornio volando sobre un arco iris cada vez que me sentía menos animada de lo que quería. También me aplicaba brillo con frecuencia y usaba un labial muy brillante de color rosa que les pedía prestado a mis hijas, en un intento de hacer que mi interior coincidiera con mi exterior. Pensé en estas cosas como en mi contrapeso, como el proceso de lo que en la física se conoce como el «movimiento armónico». Era mi intento de usar la fuerza proporcional para empujar un objeto en movimiento (yo) en la dirección opuesta.

¿Funcionó esto? Sí, a veces, más o menos. No soy física. Pero valió la pena intentarlo. También lo fueron el ejercicio y la risa, dormir más, comer más vegetales, tener más sexo y ser voluntaria, y muchas otras cosas con una base científica que explican por qué ayudan a crear las condiciones para la alegría. Y continué probándolas todas. Porque soy obstinadamente persistente y creo que vale la pena persistir en pos de la alegría.

Pero me di cuenta de que muchas personas —que obviamente no sabían nada de mi Plan de la alegría—, me vieron con mi sombrero de unicornio, arco iris y brillo, y solo sentían náuseas por mi aparente exceso de felicidad.

Yo había estado haciendo de la alegría mi mayor prioridad por un tiempo y en silencio, manteniéndola básicamente para mí misma. Pero con el tiempo, comencé a mencionarla más a menudo en conversaciones con otras personas además de mis familiares y amigas cercanas. Y a menudo me dejaban perplejas las reacciones que veía cuando les decía que estaba haciendo un esfuerzo coordinado para sentir más alegría. Solían responder de dos maneras: pensativa, como: «Sí, necesito hacer algo así también, pero nunca tengo tiempo», o con una clara reacción de incomodidad en la que apartaban la mirada y cambiaban rápidamente de tema.

La segunda reacción fue tan desconcertante para mí que le pregunté a Niko al respecto.

—¿Mi alegría es ofensiva? —le pregunté— ¿O creen que estoy loca?

—No —dijo ella, —Te tienen envidia.

Eso me tomó completamente por sorpresa.

—¿Por qué alguien podría sentir envidia de mí? —le pregunté.

—Porque tienes un matrimonio maravilloso, dos niñas preciosas, vives en una ciudad playera y eres hermosa. Ah, y ahora estás hablando de la alegría —dijo ella—, es un poco ridículo. Si no te quisiera tanto, también te habría envidiado.

Ah, comprendí. Están pensando, *ella está tan feliz que tiene que jactarse de ello y llevar un maldito unicornio en su cabeza.*

«¡Pero nadie debería envidiarme!», protesté. «Mi matrimonio es maravilloso ahora, pero hemos pasado por momentos muy difíciles. Mis hijas son hermosas, pero son completamente agotadoras. La ciudad playera en la que vivo es tan cara que tenemos problemas financieros. Y debajo de mi ropa y maquillaje, a menudo tengo un brote de psoriasis», le dije. «¡Mi camino a la alegría no ha sido fácil! Crecí en la pobreza, he sufrido de ansiedad y depresión la mayor parte de mi vida, y todavía tengo muchos problemas físicos. Créeme, si la gente me conociera realmente, no me envidiarían».

Lo entiendo. La gente realmente feliz también me molestaba. Su alegría dulce y pegajosa resaltaba todas las formas en que me estaba quedando corta. Pero cuando alguien nos envidia, realmente nos está haciendo un cumplido. Aunque estar cerca de alguien que se encuentra en un estado de alegría puede irritarnos, también puede ayudarnos a percibir las cualidades que nos gustaría adoptar. No quería ocultar mi expresión de alegría para evitar la envidia de los demás; quería que se sintieran alegres conmigo.

Afortunadamente, mi alegría no estaba siendo molesta para todos. Muchas veces, podía decir que mis interacciones dejaban a las personas un poco más felices de lo que habían estado antes. Les sonreía más a los desconocidos y bromeaba con más frecuencia. Hacía elogios a menudo. Como había dejado prácticamente de quejarme, mis conversaciones con los clientes, los padres y maestros en la escuela, y con las personas en los mostradores de la tienda de comestibles a menudo eran agradables. Y quienes estaban más cerca de mí —mis hijas, mi esposo, mi familia y mis amigas—, definitivamente se contagiaron de mi alegría.

El Instituto de HeartMath ha realizado investigaciones para medir el efecto que tiene el estado emocional de las personas en el ritmo del latido del corazón de quienes los rodean.[1] Se ha demostrado que nuestros corazones emiten un campo electromagnético que se extiende varios pies, abarcando a otras personas cuando interactuamos con ellos de cerca. Y su evidencia muestra que cuando esto sucede, nuestros patrones de latido realmente se sincronizan. Cuando los cuerpos de otras personas están envueltos literalmente por nuestras emociones, nuestro comportamiento también se introduce en sus cerebros.[2] Debido a las neuronas espejo y a nuestra tendencia natural a imitar cualquier movimiento que vemos, cuando registramos la emoción en otra persona y reflejamos los movimientos sutiles de su rostro, percibimos y sentimos la sensación que tiene esa persona.[3] Hacemos esto involuntariamente.

Como explica el psicólogo Chris Firth en su libro *Descubriendo el poder de la mente*: «Cuando interactuamos con otros, los imitamos. Nos volvemos más como ellos... Las personas son muy contagiosas, aunque solo pienses en ellas. Tus prejuicios y observaciones sobre su comportamiento te hacen ser automáticamente, y por un momento, más semejante a la persona con la que estás interactuando».

La alegría no solo es contagiosa para los demás, sino también para nosotros mismos. Una vez más, gracias a la neuroplasticidad, nuestros cerebros en realidad cambian y crecen en respuesta a nuestros pensamientos y experiencias. Y dado que nuestros cerebros están conectados fisiológicamente para llevarnos de nuevo a las vías neuronales predispuestas, como las formadas por los frecuentes pensamientos felices y la emoción de la alegría, cada vez que sentimos alegría, nos preparamos para más.[4]

Todo esto había comenzado cuando Niko me dio la idea de centrarme en mi propia alegría durante treinta días, y ella había estado mirando con asombro la manera como lo hice, y seguí haciéndolo durante los siguientes seis meses. Mi Plan de la alegría la inspiró, y ella también había observado su propia alegría de manera larga y profunda. Ella y su esposo habían dirigido una escuela de oficios durante los últimos cinco años; ayudaron a cientos de personas a cambiar sus vidas y era una empresa satisfactoria en muchos aspectos. Pero mantener la escuela a flote en términos financieros fue increíblemente estresante para ambos. Se habían mudado al sur de California por negocios, y Niko quería vivir de nuevo en el área de la Bahía de San Francisco. Aunque sentía un poco de miedo y no tenía idea de cómo podía suceder, lo que Niko quería realmente era vender la escuela y hacer algo completamente diferente.

Ella tenía una idea que se estaba filtrando en el fondo de su mente, y trataba de suprimirla cada vez que aparecía porque le parecía irreal e incluso frívola. Pero mientras permitía que su alegría saliera a la superficie, Niko compartió conmigo que realmente quería ser instructora de *fitness*. No solo una instructora cualquiera de *fitness*, sino también una oradora motivacional que combinara el ejercicio con un mensaje inspirador.

La charla TEDx de Niko, *Encuéntrate a ti mismo: una guía del usuario para desarrollar la autoestima*, es una de las mejores que he visto en mi vida.[5] Ella es una oradora pública increíblemente estimulante e inspiradora que ha sido contratada para dar conferencias magistrales en lugares como Silicon Valley o Tayikistán. Le encantaban sus clases espirituales de *spinning*, pero pensó que era una lástima que los treinta dólares por clase hicieran prohibitivo que la mayoría de las personas tuvieran fácil acceso a ellas. La visión de Niko era combinar el ejercicio para bombear el corazón con un mensaje que abriera el corazón, elevara el espíritu, y hacerlo asequible y disponible para las masas.

Sabiendo que los pensamientos y experiencias se fortalecen cuando se comparten, Niko y yo decidimos programar una sesión semanal de soñar despiertas.[6] Era diferente de las sesiones de planificación que yo había conducido en el pasado, en las que me había obsesionado con detalles y más detalles para poder responder a las preguntas quién, qué, cuándo, dónde, por qué y cómo. Yo estaba pasando por una transición de ser una planificadora a convertirme en una creadora, y mi enfoque como creadora estaba solo en dos de esas preguntas: qué y por qué.

A veces, el secreto para el éxito realmente consiste en pensar menos. Al ocupar mi cabeza con los detalles y minucias tantas veces en el pasado, a menudo había perdido de vista la razón para mis planes en primer lugar: un resultado positivo. En cambio, en estas sesiones de soñar despiertas con Niko, pasamos directamente al resultado. ¿Cuáles eran nuestras metas? ¿Cuáles eran nuestros objetivos? ¿Cuáles eran nuestros sueños? Podríamos ser específicas, siempre que no nos desviáramos a preguntas secundarias que no pudiéramos responder. Pensar en «qué» debería ser soñador, creativo, lleno de posibilidades y sin la necesidad de una logística. Y pensar en «por qué» debería ser emocionante, inspirador y significativo.

En nuestras llamadas semanales, cada una de nosotras pasaba unos diez minutos «soñando despierta» en voz alta. Básicamente nos manteníamos hablando de lo que fuera que estuviéramos soñando, sin límites ni exclusiones, sin control de la realidad o miedo al juicio. Hablamos sobre nuestras visiones para el futuro, centrándonos solo en las partes divertidas y emocionantes. Las conversaciones que crean una sensación de vínculo liberan endorfinas desde los centros de placer en el cerebro, y Niko y yo nos sentíamos eufóricas literalmente.[7] Estaba perfectamente bien que estas sesiones de soñar despiertas entraran al ámbito de la fantasía, pero no en el de la resolución de problemas. No era el momento de descubrir «cómo» llegarían a ser nuestras visiones, sino sentir simplemente la emoción de ellas y sumergirnos en nuestra propia dosis de alegría.

Describimos nuestras ensoñaciones hasta que sentimos que podíamos tocarlas, olerlas y saborearlas de lo reales que eran. Creamos una carga emocional positiva alrededor de nuestras visiones, que se sienten con más fuerza en el cerebro que los simples pensamientos intelectuales.[8] Las imágenes mentales emocionales y positivas —en este caso, infundidas con anticipación excitada—, hacen que nuestro cerebro libere serotonina. Y como Niko y yo estábamos probando la filosofía de que nuestros pensamientos crean realidad —y más específicamente, que nuestros sentimientos sobre esos pensamientos crean nuestra realidad— usamos nuestras sesiones de soñar despiertas para crear pensamientos felices que inspiraran sentimientos alegres, y esperamos, una vida llena de alegría.

Niko habló largamente sobre su idea inspiradora del negocio de *fitness*. Era la culminación de su experiencia en el empoderamiento de mujeres jóvenes, el diseño de la educación y la visión para los negocios, combinado con su obsesión por la buena música de baile y su amor por el ejercicio. Al exponer a la gente a una combinación de música estimulante, ritmos cardíacos elevados y «sermones» breves e inspiradores, Niko creía que podía ayudar a las personas a conectarse con su intuición, su pasión y su capacidad para ir más allá de sus limitaciones previamente imaginadas. Cuando hablaba de esto, se iluminaba con una excitación eléctrica y una energía diferente a todo lo que yo había visto anteriormente en ella. Esta idea encendió su alegría como un fuego ardiente. Ella describió también al comprador perfecto que imaginó vendiendo su escuela a un comprador que se interesaría por sus estudiantes y el personal, al mismo tiempo que haría la transición fácil para todos. Y cuando imaginó esto, sintió tranquilidad, consuelo y alivio.

Hablé sobre mi visión de ser escritora y de tener ingresos abundantes haciendo un trabajo que amaba. Me vi principalmente viviendo y trabajando en Santa Cruz, pero también teniendo la prosperidad financiera y la flexibilidad que le permitieran a nuestra familia pasar varios meses en otros países si así lo quisiéramos. Me vi sentada en un escritorio cómodo en un lugar hermoso, las palabras acudiendo a mí en la pantalla y tomando forma de una manera que se convertirían en una inspiración para los demás. Esta visión se sentía tan bien que quise revolcarme en ella, inhalarla, tragarla e inyectarla en mis venas.

Niko y yo tenemos vidas agitadas, así que cuando no podíamos hablar, nos dejábamos correos de voz para animarnos mutuamente. En mis mensajes, la alenté a seguir imaginando que el proceso de vender su escuela y comenzar su nuevo negocio era fácil, divertido y financieramente abundante. En los mensajes que me envió Niko, me hablaba como si yo fuera ya una autora publicada, tremendamente exitosa y cosechando los beneficios financieros de mi trabajo. Y después de escuchar sus mensajes inspiradores, me sentí tan bien que ya no me importaba si alguna vez sería una autora o no.

Intenté grabarme soñando despierta y en voz alta para poder reproducirlo cada vez que necesitara un impulso, pero no era lo mismo. Había algo intangiblemente poderoso en compartir mi visión con Niko, y también estar al tanto de la suya.

Todo este soñar despierta me recordó cuando era una niña pequeña, y estaba sentada en lo alto de un árbol y riéndome con mi vecina Dulcie sobre nuestras vidas cuando fuéramos adultas. Dulcie y yo pasamos tardes innumerables jugando en el magnífico roble en su patio trasero y fingiendo que era nuestro ático en la ciudad de Nueva York. Éramos actrices y hermanas gemelas llamadas Tammy y Sammy, casadas con hermanos gemelos que eran bomberos y también modelos. Éramos muy específicas con los detalles de nuestro juego imaginario, describiendo los trajes que llevaríamos, las mascotas que tendríamos, los autos que conduciríamos y los alimentos que comeríamos. Este juego era pura imaginación y alegría, y nos proporcionaba varias horas de diversión.

Estos recuerdos me hicieron pensar en el poder de soñar despiertos. ¿Quién dice que tenemos que dejar de hacerlo y vivir en el «mundo real»? ¿Qué pasa si nuestros sueños pueden *crear* realmente el mundo en el que vivimos? Albert Einstein llamó a la imaginación «la vista previa de las próximas atracciones de la vida».

Dulcie y yo nunca vivimos en Nueva York, pero ambas nos casamos con hombres magníficos que —aunque no son gemelos ni bomberos— son muy parecidos, y muy capaces de apagar un incendio si fuera necesario. También modelamos brevemente la línea de ropa y de joyas de mi madre cuando éramos adolescentes. Además, vivimos juntas en una especie de ático: una casa de varios pisos en Bali que compartimos durante un tiempo cuando Dulcie y su familia se unieron a nosotros por un semestre en la escuela donde trabajamos Dan y yo.

¿Quién puede decir qué poder podría tener el hecho de soñar despiertas? Esas tardes en ese árbol son algunos de los recuerdos más felices de mi infancia, y probablemente sea la última vez que soñé en voz alta con una amiga hasta estas sesiones con Niko, más de treinta años después.

Aunque parece contradictorio, soñar despiertos tiene un efecto sorprendente en el enfoque, lo que en realidad contribuye a la capacidad de completar tareas. Los científicos han descubierto que soñar despiertos, definido como «pensamientos y asociaciones espontáneas y autodirigidas», activan muchas áreas del cerebro de manera simultánea y estimulan una mayor creatividad, capacidad cognitiva y un mejor estado de ánimo.[9] La investigación muestra que soñar despiertos aumenta en última instancia el éxito en las tareas orientadas a objetivos al estimular al cerebro a resolver problemas de maneras nuevas y creativas.[10] Esencialmente, a medida que la mente divaga, el cerebro está entrenado para seguir haciendo la tarea al aumentar la atención en lugar de disminuirla.[11] Sí, soñar despiertos puede ayudar a tu cerebro a realizar múltiples tareas.

Para poner a prueba su fantasía como instructora de *fitness*, Niko respondió a un anuncio para una instructora de *spinning* en un estudio local. Respondieron a su correo electrónico de inmediato, y después de enseñar una clase de prueba, le ofrecieron la oportunidad de enseñar tantas clases como pudiera. Ahora tenía el campo de pruebas perfecto para realizar estudios de mercado para su concepto. Lo único que necesitó fue un correo electrónico. Le dije a Niko que ella era la imagen perfecta de la manifestación. «Esta cosa funciona», respondió ella. Siéntete bien y sucederán cosas buenas.

Cuando encuentras alegría en la situación en la que estás en tu vida, esta cambia para que coincida con tu alegría. Parece sencillo, ¿verdad? Pero, ¿qué pasa cuando te sientes bien y, sin embargo, las cosas buenas no están sucediendo o —peor aún—, las cosas malas suceden? Bueno, ahí radica el problema. Cuando realmente aprovechas la alegría, tu percepción cambia. Cuando te vuelves tan experta en sentirte bien, teniendo pensamientos positivos, eligiendo una perspectiva optimista y viendo el lado positivo, incluso tu experiencia de las «cosas malas» cambia. Encuentras lo bueno dentro de lo malo. Cambias la conversación en tu cabeza. Las soluciones vienen a ti con mayor facilidad. *Esto funciona realmente.*

¡Pero no crean en mi palabra! Pruébenlo durante treinta días y compruébenlo ustedes mismos. De hecho, ¿qué pasa si más y más personas comienzan a hacer esto? ¿Qué pasa si comenzamos con todo un movimiento de alegría?

Hubo un tiempo en que los vegetarianos éramos un fenómeno extraño, tratados como extraterrestres cada vez que comíamos afuera (créanme, crecí como vegetariana en el sur profundo durante esa época). Pero ahora, ser vegetariana no solo es común, sino que a menudo es genial.

¿Qué pasaría si sucediera lo mismo con la alegría? ¿Qué pasaría si estar en el Plan de la alegría se convierte en el nuevo estilo de vida saludable y genial? ¿Qué pasaría si una mayor cantidad de personas eligiéramos pensamientos y palabras que se sintieran bien, pasáramos tiempo al aire libre, hiciéramos el amor y soñáramos más a menudo? ¿Podríamos comenzar un movimiento en el que las personas empiecen sus días con gratitud, crean en lugar de quejarse y se rían en lugar de luchar? ¿Podría nuestra alegría extenderse por todo el planeta y despertar algo en las personas que la han olvidado? ¿Algo que están listos para recordar? ¿Podríamos transformar el mundo? ¿Podríamos inclinar la balanza desde el fin del mundo a la posibilidad inspirada, y crear nuevas innovaciones nacidas de la esperanza y la positividad de las personas? ¿Podríamos cambiar el planeta y vivir una nueva era de paz? Sé que suena grandioso, pero esta es una ensoñación que quiero tener para siempre.

CONSEJO # 16 DEL PLAN DE LA ALEGRÍA

Numerosos estudios demuestran una correlación entre visualizar un resultado exitoso y realmente lograrlo. Soñar despiertos activa zonas en el cerebro que estimulan la realización de soluciones creativas. No es necesario que descubras «cómo» llegarán a ser tus visiones; simplemente siente la emoción de ellas, y sumérgete en tu propia dosis de alegría. ¿Qué innovaciones y descubrimientos podrías conjurar de los recovecos creativos de tu mente? Date permiso para soñar despierta todos los días y te sorprenderá gratamente descubrirlo.

CAPÍTULO 17
EL VIAJE QUE CUENTA

«El viaje es la recompensa».

—TAO TE KING

Tan apasionada como estaba por el Plan de la alegría como un movimiento, cuando pensé inicialmente en promover esta idea, me entró el pánico. ¿Cambiar tu vida a través de la alegría? Qué cliché, un tema que había sido cubierto por tantas autoridades, mucho más brillantes y elocuentes que yo.

Mientras luchaba contra esta avalancha de dudas sobre mí, apareció una frase en mi cuenta de Facebook justo cuando más la necesitaba: irónicamente, por parte de una autora talentosa con la que me había estado degradando a mí misma al comparar mis escritos con los suyos: «El punto no es que hagas algo que nunca se haya hecho antes. El punto es que hagas algo que nunca hayas hecho antes». Gracias, Elizabeth Gilbert.

Incluso después de seis meses en el Plan de la alegría, cuando yo debería haberlo sabido mejor, aún dudaba de mí. Pero el Plan de la alegría no consiste en olvidar y negar todos los pensamientos negativos, el dolor, la ira y los aspectos de mí que son menos que alegres; esos son reales y no se pueden negar. Nunca llegaré a un punto en el que tenga pensamientos positivos el cien por ciento del tiempo. Lo que aprendí en el Plan de la alegría fue abrazar todo lo que he experimentado y todo lo que soy —mi oscuridad y mi luz— y hacer una elección.

Mi verdadero yo, cuando no está nublado por la máscara de mi personalidad, es la luz. Y aunque olvidaré esto y lo dudo y me perderé otra vez en mis propias historias sobre tragedias y fracasos personales, aunque perderé de vista mi verdadero yo una y otra vez, haré todo lo posible para recordar nuevamente y para elegir la alegría. El dolor sucederá —es parte del hecho de ser humanos—, pero la alegría siempre es una opción. Nuestros tiempos difíciles no tienen que vencernos o definirnos al manifestarse una y otra vez como problemas recurrentes en nuestras vidas. Pueden ser los trampolines para nuestro crecimiento —nuestras oportunidades de bendecir nuestras imperfecciones por todo lo que nos han enseñado— y luego seguir adelante, siempre adelante, siempre hacia arriba y siempre hacia adentro.

Yo podría escaparme al paraíso de una introvertida —tranquila, pacífica, sola—, y escribir todo el día. Pero, ¿sobre qué escribiría después de un tiempo? La vida me ofrece experiencias, y con esas experiencias vienen desafíos, y esas experiencias y desafíos se convierten en mi historia.

¿Por qué incluso las personas más iluminadas que conocemos siguen teniendo problemas? A menudo veo personas exitosas, a quienes admiro mucho, que lidian con bloqueos en un área u otra de sus vidas. ¿Nuestras luchas sirven para un propósito? El doctor Garoli, autor de *The Evolutionary Glitch*, me dijo una vez que la palabra «aburrimiento» debería ser «aniquilamiento»*,

---

★ Juego de palabras entre «boredom» (aburrimiento) y bore*doom*, donde el sufijo «doom» significa destrucción. (N. *del* T.).

porque gran parte de la destrucción que las personas crean en sus propias vidas —sin reconocerlo—, lo hacen simplemente por aburrimiento. Andar por la vida, sin desafíos, cuando nos sirven todo en bandeja de plata, es aburrido. Las personas incluso recurren a conductas peligrosas para encontrar desafíos y experiencias extremas donde no las encuentran en sus vidas habituales. Pero creo que es posible lograr un equilibrio entre el conflicto y el aburrimiento. Dentro de ese equilibrio se encuentra la búsqueda de nuevas metas, sueños y planes.

Nuestro mejor regalo en este mundo es la elección. Si alguna vez han visto la película *La vida es bella* o leído el increíble libro *El hombre en busca de sentido*, de Viktor Frankl, sabrán que es posible, incluso en las condiciones más espantosas, elegir una actitud positiva.[1] Puede que no sea fácil al principio, pero cuanto más frecuentemente elegimos la alegría, más fácil se vuelve. A menudo es tan simple como notar cuándo tenemos un pensamiento negativo y reemplazarlo por otro que sea más positivo.

Yo había acumulado una buena reserva de pensamientos felices a los que podía recurrir cuando fuera necesario: recuerdos divertidos, imágenes sexys y cosas que me emocionan. También podemos optar por notar algo hermoso en nuestro entorno. No importa dónde estemos, es probable que haya algo extraordinario en nuestro entorno en lo que podamos centrarnos. Incluso la electricidad milagrosa y el cableado complejo de una luz fluorescente son hermosos si lo miramos desde esa perspectiva. Otra opción que siempre está disponible para nosotros es afinar una sensación en nuestros cuerpos, como nuestra respiración, nuestra piel, nuestros músculos o nuestros latidos del corazón. Al hacer esto, podemos desviar nuestra atención de lo que sea desagradable y encontrar un sentimiento neutral o positivo en su lugar. Esto es posible para todos nosotros en todo momento.

Al igual que la tercera ley del movimiento de Newton, lo que sea contra lo que ejerzas presión, ejercerá presión contra ti, y lo que resistes, persiste. Cuanto más maldices algo, más fuerte se vuelve. Y cuanto más alabas algo, más fuerte se vuelve también. Esta es la Ley de la atracción. Te conviertes en lo que piensas. Sin embargo, a menudo pensamos en lo que nos gustaría llegar a ser.

Nuestros cerebros desarrollaron una programación diseñada para mantenernos a salvo del rechazo y el dolor emocional y, sin embargo, esa personalidad a menudo gobierna gran parte de nuestros pensamientos, palabras y acciones, incluso cuando no existe una amenaza real presente en nuestras vidas. Pero cuando reconocemos esta trampa mental por lo que es —un mecanismo de defensa que no es lo que realmente somos—, podemos reprogramar nuestros comentarios internos y calmar nuestra reacción cerebral reaccionaria. Podemos optar por aceptar nuestras experiencias no deseadas y verlas desde una nueva perspectiva: ahí es cuando tiene lugar la transformación.

Cuando encontramos alegría a pesar de las condiciones que estamos experimentando actualmente, esas condiciones se transforman para que coincida con nuestra alegría. Al practicar intencionalmente el hecho de tener nuevos pensamientos, podemos crear nuevos patrones en nuestros cerebros que se traducen en una nueva experiencia de vida.

Albert Einstein dijo: «El mundo tal como lo hemos creado es un proceso de nuestro pensamiento. No puede cambiarse sin cambiar nuestro pensamiento». Einstein también explicó que, al describir su famosa ecuación $E = mc2$, «La masa y la energía son a la vez manifestaciones diferentes de la misma cosa: una concepción un tanto desconocida para la mente promedio». De modo que si los pensamientos crean nuestro mundo y la energía es tan real como la masa, podemos utilizar la energía de nuestros pensamientos para crear resultados tangibles en la vida. Esto no es solo filosofía, esto es física.

La física cuántica ha demostrado que, a nivel subatómico, toda la materia está hecha de energía, y nuestros pensamientos influyen en el comportamiento de esa energía.[2] Los científicos han descubierto, en un estudio tras otro, que nuestras observaciones de la realidad alteran esa realidad que observamos. De hecho, los físicos cuánticos afirman que es el acto mismo de observar la realidad lo que la crea en primer lugar.[3] En esencia, nuestros pensamientos transforman las partículas subatómicas y crean nuestro mundo físico.

¿No les encanta saber esto? Podemos utilizar la practicidad de la física para crear una alegría que es increíble, una alegría que no depende de situaciones externas, sino que influye en esas situaciones para que coincida con ellas. «Así no es como funcionan las cosas en el *mundo real*», oigo decir a mis críticos. Pero, ¿cómo lo saben? Solo porque nos hayan dicho que somos víctimas de las circunstancias no significa que sea cierto. Creo que nuestras expectativas y deseos crean la realidad que experimentamos; el mundo real tal como lo conocemos. Y he examinado esta hipótesis y la he probado en mi propia vida.

Si yo puedo hacerlo, creo que cualquiera puede hacerlo, y no porque yo estuviera desahuciada o fuera peor que otros. Podemos estar en un estado de estrés agudo incluso cuando no estamos en un peligro inmediato; no hace mucho tiempo, yo tenía un estrés tan agudo que no podía ver nuevas posibilidades para mi futuro más allá de mi fracaso. Apenas podía levantarme de la cama. Al dar pequeños pasos para cambiar mi estado de ánimo tan negativo, creé un cambio radical en mi experiencia emocional, y muy rápidamente, un cambio significativo en mi realidad. Esto sucedió en menos de treinta días, y los efectos positivos continuaron transcurriendo durante los meses siguientes.

Al igual que cualquier acción repetitiva, nuestro estado emocional se convierte en un hábito. El mío se había convertido en miedo —tal vez preocupación o ansiedad en la versión más leve—, pero esencialmente era miedo. Y era tan practicado en eso, viví en él casi todo el tiempo. Sin embargo, quería cambiar mi hábito emocional por la alegría. Si la alegría se convirtiera en mi condición predeterminada, mi cerebro estaría predispuesto a volver a los patrones neuronales relacionados con la alegría, mi sistema límbico estaría preparado para un estado emocional alegre que yo podría alcanzar con mayor facilidad y frecuencia, incluso cuando mi vida fuera difícil.

¿Era esto solo una cuestión de anatomía? ¿Era el Plan de la alegría el hecho de aprovechar un mecanismo puramente físico, como si hackeara mi propio sistema emocional? (¿El *hackeo de la alegría* existe?) Al activar mi sistema nervioso parasimpático y reducir mi estrés, mi amígdala estaba calmada y mi corteza prefrontal abierta y disponible para pensar mejor, encontrar la mejor solución a los problemas y ser más creativa.

Pero, ¿cómo explica eso las coincidencias aparentemente milagrosas que estaban sucediendo en mi vida, como encontrarme con mi antiguo jefe en la tienda de comestibles, y quien me ofreció un trabajo de consultoría? Quizás ocurrían coincidencias como esa todo el tiempo y simplemente yo no las notaba porque estaba demasiado afanada debido al estrés y al cortisol. Como dice el viejo refrán, «No vemos las cosas tal como son; las vemos como somos». ¿Había disipado simplemente mi negatividad lo suficiente para salir del camino, y permití que ocurriera un cambio natural que de todos modos hubiera sucedido? O al acceder a mi alegría, ¿estaba recurriendo realmente a un poder superior? Es decir, ¿quién me creó con este cerebro genial? Tal vez solo necesitaba eliminar mi miedo que bloqueaba la magia y dejar que el Universo/Dios/Fuente/Gran Espíritu hiciera lo suyo.

La verdad es que no sé por qué funciona esto. Pero puedo decirles inequívocamente que lo hace. Puede parecer mágico debido a que muchos de nosotros vivimos nuestras vidas de una manera contradictoria. Pero tal vez no se trate de magia en absoluto, y tal vez sea solo un asunto químico. Al final, no importa cómo haya funcionado en mi caso. Funcionó, y yo estaba eternamente agradecida.

Dicho esto, el Plan de la alegría no fue una solución rápida que se completara después de treinta días. Tenía que mantenerlo como un estilo de vida si no quería volver a caer en mis viejos hábitos.

A principios de mayo, Niko vino a pasar un fin de semana conmigo en Santa Cruz. La llevé a una meditación guiada en uno de mis lugares favoritos del planeta, Land of Medicine Buddha (La Tierra medicinal del Buda), un centro budista de retiros enclavado entre cientos de acres de bosques de secuoyas y senderos para caminar. Allí, en medio del bosque, un templo adornado alberga un gigantesco Buda dorado. Se ofrecen meditaciones guiadas varias veces por semana en este santuario llamado con acierto el Templo del cumplimiento de los deseos.

Los senderos para caminar que hay en ese centro son gratuitos y están abiertos al público, siempre y cuando los excursionistas respeten las directrices del centro de retiro. Los letreros instalados en los puntos de partida dicen: Sé amable con los demás, no mates (ni siquiera a los insectos), no robes, no mientas, no tengas una conducta sexual inapropiada y no uses sustancias intoxicantes. Había varios mosquitos zumbando dentro del templo mientras nos acomodábamos en nuestros asientos preparándonos para meditar. Cuando levanté la mano para golpearlos, Niko me tocó suavemente el hombro y me recordó las reglas: «Ni siquiera a los insectos», susurró ella.

Mientras estábamos sentadas en silencio, cerré los ojos y me concentré en la respiración, usando los ejercicios de atención plena que enseñaba en la escuela de mis hijas. Puse mi mano en mi corazón y sentí su ritmo lento y constante. Convertí mis pensamientos en burbujas a medida que acudieron a mi mente, e imaginé que se desvanecían. Cada vez tuve menos pensamientos. Escuché mi respiración profunda, lenta y tranquilizadora. En ese momento supe que estaba viva. *Estoy viva.* El mantra vino a mí y lo repetí con cada respiración.

Estoy viva. Estoy viva. Estoy viva. No hay nada que tenga que hacer en este momento. Mi cuerpo respira por sí mismo. Mi corazón no necesita aplacar ningún recordatorio. Es realmente un milagro. ¡Estoy viva! Debo estar aquí, en este cuerpo, en este planeta semejante a un patio de juegos, con todas estas otras personas que también son milagros vivientes. Estoy viva. Qué bendición. Qué regalo.

Sentí la presencia de mi espíritu, visitando temporalmente este cuerpo y que era sin embargo mucho más grande que sus confines. Sentí tanta paz, tanta quietud y tanta calma que incluso sentí amor y compasión por los mosquitos que zumbaban a mi alrededor en el templo.

Tuve una visión vívida proveniente de un río caudaloso de energía colorida, y cuando la vi, pude ver que contenía todo lo que siempre había deseado. Me vi a mí misma de pie y mirando fijamente fuera del río de energía, y preguntándome cómo podría conseguir lo que quería. Entonces, me di cuenta de repente que todo lo que tenía que hacer era saltar, y que el río me llevaría a donde yo quería ir. Pero tenía que dar un salto de fe.

De acuerdo, Universo/Dios/Fuente/Gran Espíritu, pensé, ¿realmente entendiste esto?

Y oí una voz que me contestaba: *No te preocupes por cómo llegarás allí, Kaia. No te obsesiones con el dinero ni con la forma en que funcionará ninguno de los detalles: simplemente concéntrate en tu inspiración. Hay un impulso increíble esperando para llevarte a todos tus sueños más descabellados, siempre y cuando estés lista. Este río siempre fluye y está disponible para ti, todo lo que tienes que hacer es saltar y dejarlo ir, confiando en que te estoy cuidando. Confiar en que todo se desarrollará perfectamente para ti y que siempre te atraparé. No tienes que planearlo todo, solo tienes que sentirte bien y tener fe.*

Cuando salí de esta sesión de meditación, me quedé con la idea de que todo futuro que yo podría soñar posiblemente ya existe, porque mi deseo lo ha creado. Y el río de energía que vi en mi visión siempre fluye hacia mis propios sueños para el futuro, listos y disponibles para llevarme allí. Pero el futuro nunca se alcanza. No hay necesidad de esperar un final feliz, porque cada momento es un final y una oportunidad para elegir la alegría.

Tenía veinticinco años cuando un compañero de viaje me regaló un ejemplar de *El poder del ahora*, de Eckhart Tolle, en un tren en algún lugar de Europa, pero no estaba preparada todavía para su mensaje.[4] Leí un poco y luego se lo di a otro viajero, sin ver realmente de qué se trataba todo ese alboroto. En ese momento, me pareció que era un libro acerca de nada. Pero yo no entendí el asunto. Esa nada lo es todo. Solo ahora, quince años después, empiezo a comprender el poder del momento presente.

Al igual que muchas personas, he pasado la mayor parte de mi vida pensando (o generalmente preocupándome) por el futuro, o recordando cosas del pasado. El presente parecía irrelevante, fugaz, no tan importante como el futuro hacia el que me dirigía. Pero finalmente lo estoy entendiendo: NO HAY FUTURO. Todo lo que existe es este momento presente, y cada uno de esos momentos crea mi vida. ¿Qué pasaría si, en lugar de preocuparme por el futuro, solo me importara aprovechar al máximo mi momento actual? ¿Cada momento sería más glorioso que el anterior? ¿Qué pasaría si considerara el presente como el *presente*, —valorarlo, disfrutarlo y apreciarlo—, en lugar de percibirlo apenas mientras mis pensamientos están en otra parte? Yo podría tener un final feliz ahora. Y ahora. Y ahora. Y a cada momento. Porque cada momento termina. Y esos momentos se convierten en nuestras vidas. Pero también podríamos disfrutarlos.

El plan de la alegría es la historia de mi vida tal como transcurrió durante seis meses: una aventura fantástica y épica, aunque no viajé a un país exótico y no interactué con mucha gente. La mayor parte de la historia transcurrió en mi mente. En mi aventura, yo estaba en una búsqueda: una búsqueda para encontrar alegría, algo que pensé que había perdido, o quizás nunca tuve. Fue como una peregrinación para encontrar mi hogar. Pero al final, me di cuenta de que había estado en casa todo el tiempo. La alegría siempre estuvo dentro de mí, porque la alegría es mi estado natural de ser, cuando me acuerdo de mirar hacia adentro. Mi historia nunca consistió en llegar a mi destino, porque nunca me fui en primer lugar. La alegría —y el amor— es lo que soy. Es lo que somos todos en nuestro núcleo.

A menudo vemos nuestros tiempos difíciles como bendiciones solo en retrospectiva. He sido desgraciada, aborrecible y sin esperanza, pero sé que es posible ir de un lugar bajo a uno alto, si solo puedo recordar cómo. Y sé que tendré que recordarlo a menudo, porque la vida rara vez transcurre, tranquila y sin problemas, por mucho tiempo. Experimentar y superar desafíos es una parte esencial de la experiencia humana; muchos maestros espirituales dicen que es por eso que estamos aquí. Por medio de los desafíos, tenemos mayor claridad sobre las vidas que queremos, y aprendemos a crearlas. Los tiempos difíciles nos ayudan a crecer, a madurar y a convertirnos en lo que vinimos para ser aquí. A pesar de lo doloroso que puede ser este proceso, es como el nacimiento: hay una dulce recompensa al final. En cierto sentido, estamos dando a luz a nosotros mismos.

Entonces, cuando la vida me cause problemas, haré todo lo posible para volver a los pasos simples que sé que pueden devolverme la alegría. Alcanzaré pequeños momentos de gracia y belleza —un hermoso atardecer, mi música favorita, un baño caliente, una comida nutritiva, una broma divertida con una amiga— y volver a conectarme con mi verdadero yo, que es el amor puro e incondicional. *El amor incondicional* significa amor y alegría a pesar de las condiciones externas que estoy experimentando actualmente. Este es el trabajo de mi vida, y si nunca hubiera tenido momentos difíciles, no tendría la oportunidad de practicarlo.

Mi historia no termina diciendo que viví feliz para siempre. Al final, no se trata de ser feliz todo el tiempo, sino de poder aprovechar el pozo de alegría que hay dentro. Los altibajos son el jugo de la vida. Sin los puntos bajos, nunca apreciaríamos los puntos altos. Aunque lo había escuchado muchas veces antes, finalmente lo entendí: es el viaje lo que cuenta, no el destino. Si nunca sintiéramos tristeza, enojo, miedo, preocupación o cualquier otro tipo de emociones negativas, no reconoceríamos la alegría cuando la sintiéramos. El placer más sustancioso proviene de dar un giro: estar al borde de la desesperación, la rabia o el temor, detenerte a ti mismo y elegir otro camino.

Cualquiera que haya escalado una montaña, corrido una maratón, dado a luz, pasado por una ruptura dolorosa, sufrido una lesión, luchado contra una enfermedad o experimentado una pérdida, conoce la emoción proveniente de sobrevivir a un gran desafío, ya sea físico o emocional. La supervivencia frente a la adversidad ha sido la inspiración de innumerables obras de arte, canciones e historias de empoderamiento; entrar en mi propio dolor y salir por el otro lado como una superviviente ha sido lo mismo para mí. Sé que esto puede ser difícil de creer cuando estás en medio de una crisis. Confíen en mí, he estado allí. Pero desde mi punto de vista actual, en un momento de gracia, veo que todo a lo que he sobrevivido —ya sea por orden divina, o por tortura autoinfligida—, como una experiencia rica y fértil que ha creado lo que soy ahora. Y no cambiaría nada de eso.

La transformación no proviene de la luz, sino de avanzar a través de la oscuridad.

CONSEJO # 17 DEL PLAN DE LA ALEGRÍA

Cuanto más practiques el hecho de sentir alegría, más fácil se vuelve. A menudo es tan simple como darte cuenta cuando tienes un pensamiento negativo y cambiarlo por otro más positivo, o afinar una sensación en tu cuerpo. Al hacer esto, puedes cambiar tu atención de aquello que fue desagradable a un sentimiento neutral o positivo en su lugar. Cuando encuentres alegría a pesar de las condiciones que estás experimentando actualmente, esas condiciones se transformarán para coincidir con tu alegría.

EPÍLOGO

C uando esta historia comenzó, yo estaba en un lugar muy bajo. Medía mi autoestima mediante signos de dólar y de reconocimiento externo, y cuando no veía ninguno de los dos, me consideraba un fracaso. Me sentía desgraciada casi todo el tiempo.

Avancemos rápido al momento actual, y mi vida ha cambiado por completo. Escribí este libro y comencé un blog sobre la alegría, sumergiéndome en un tema que está muy cerca de mi corazón, un tema que me atrevería a decir que está muy cerca del corazón de toda la humanidad. Dejé de planear lo que sucedería a continuación en mi vida (eso no funcionaba muy bien de todos modos) y simplemente me concentré en sentirme bien. ¿Estaba impaciente por seguir adelante? Absolutamente. Pero permití que mi impaciencia pasara a un segundo plano y me concentraba en disfrutar del momento, un cambio que nunca antes había podido hacer. Y los resultados fueron mejores que todo lo que podría haber planeado.

Actualmente, soy maestra de atención plena para estudiantes de escuela primaria, un privilegio que abre mi corazón y expande mi fe en el futuro todos los días. También me pagan por escribir, algo que había hecho por placer desde que tenía cinco años, aunque nunca comprendí que podía ser mi medio de vida. No todas las oportunidades que se presentaron desde que comencé el Plan de la alegría terminaron por materializarse, pero aprendí a disfrutar el proceso, y no solo el gran final. Lo más importante, he aprendido a calmar el fastidio incesante de la perra en mi cabeza. No voy a mentir, esto aún no siempre es fácil para mí. Pero mientras más practico, más entreno mi cerebro para que se relaje.

Cuando me impaciento, quiero lo que quiero y lo quiero AHORA. Cuando el saldo de mi cuenta bancaria no es tan alto como quiero, quiero más dinero de *inmediato*. Cuando estoy enferma, quiero *desesperadamente* estar saludable. Cuando estoy confundida sobre qué hacer a continuación, anhelo *ansiosamente* la claridad. Cuando estoy en medio de cualquier dificultad, solo quiero que quede ATRÁS, poder seguir adelante. Pero estoy haciendo todo lo posible para pensar en mi impaciencia como esa persona molesta que habla en voz alta en el cine mientras trato de disfrutar el espectáculo. Cuando empieza a despotricar, le digo: «Oye, estoy sintiendo que mi vida se desarrolla mágicamente en este momento. ¿Podrías hacerlo en voz baja?».

Cuando miro mi viaje en términos retrospectivos, tan duro como ha sido a veces, estoy agradecida por todo. Si hubiera chasqueado los dedos y saltado hacia delante en el tiempo que llevo hasta ahora, me habría perdido importantes lecciones y crecimiento en el camino. La vida no es una carrera para llegar lo más rápido posible, es un viaje que se experimenta de manera completa y lenta, con todos sus altibajos, desorden y dificultades francamente aterradoras. Todo es valioso. Todo eso nos hace quienes somos. Experimentar lo que no queremos nos ayuda a ser aún más claros sobre lo que queremos.

Aunque ya no estoy tan despistada acerca de todo esto, todavía no soy sabia. Tan fácil como pueda ser para mí decir «permanece alegre», no siempre es fácil de hacer. Varios meses después de comenzar mi plan de la Alegría, mi esposo Dan lanzó su propio Plan de la alegría, con el objetivo de hacer una transición a una nueva carrera en la que pudiera sentirse emocionado.

Hizo más ejercicio, limpió su dieta, llevó un diario de gratitud e hizo un esfuerzo conjunto para cambiar sus procesos de pensamiento. Incluso probó la meditación.

Un día, Dan llegó del trabajo con una expresión de éxtasis en su rostro. «¡Tengo una gran noticia!», exclamó. «¡Todo el departamento va a cerrar y todos hemos sido despedidos!». *Glup. ¿Esta era una gran noticia?* Mi miedo al dinero se disparó casi de inmediato.

Pero para Dan, este era un escenario soñado: su despido llegó con cinco meses de indemnización por despido. De repente, Dan era un hombre libre. Llenó sus días de voleibol y surf, se dejó crecer la barba y perdió quince libras. Parecía diez años más joven y era más feliz de lo que había sido en mucho tiempo. Increíble, ¿verdad?

Bueno, fue increíble hasta que comencé a preocuparme de que Dan nunca volviera a trabajar. Es decir, él realmente disfrutaba del «desempleo divertido» y no mostraba señales de buscar un nuevo trabajo. Y hasta donde yo sé, tuve momentos de pánico. ¿Qué pasaría si el Plan de la alegría de Dan lo mantenía para siempre en esta vida de ocio? ¿Cómo pagaríamos nuestras facturas una vez que terminara su paquete de indemnización?

Sin embargo, el Universo me concedió un poco de consuelo. En la misma semana en que Dan fue despedido, conseguí un gran trabajo de escritura. Y a medida que pasaba cada mes del desempleo de Dan, mientras él se alegraba cada vez más, yo tenía mejores ingresos cada mes. Trabajaba más, y Dan tenía más tiempo libre para estar con las niñas. A ambos nos gustó este nuevo arreglo. Quería dejar de lado todo mi miedo y solo creer que esto continuaría, pero todavía tenía dudas. Mi ansiedad volvió y me golpeó otra vez.

Por esta época, Niko me contó una historia sobre un día que estaba escribiendo en su diario en una playa desierta. Una anciana se acercó a ella de repente y le dijo: «Tienes que entregar tus preocupaciones a Dios. Si permites que Dios te sostenga a ti y a tus problemas, se encargará de todo. Pero tienes que creer». Niko miró aturdida las palabras que acababa de escribir en su diario: *Fuente, te dejaré sostener esto y lo dejaré ir.* ¿Acababa de recibir la visita de un ángel?

Poco después de que Niko me contara esta historia, la llamé una noche en un estado de ansiedad y preocupación. «No sé si Dan volverá a trabajar», le dije, «¿Cómo puedo hacer a un lado mi temor en ese sentido? Solo necesito que un ángel venga a visitarme a la playa y me diga que se lo entregue todo a Dios». Dormí a ratos esa noche, y me levanté a primera hora para salir en silencio y mirar el amanecer. Conduje a mi playa favorita en Santa Cruz, y tan pronto bajé de mi auto, vi la señal más maravillosa de Dios que he visto en mi vida.

Tres ballenas gigantescas y grises se alimentaban en las olas rompientes, a solo cuarenta pies de la orilla. Tenían unos veinte pies de largo cada una, y me metí en el océano para estar más cerca de ellas. Podía sentir su rocío en mi cara mientras las majestuosas ballenas se zambullían, salpicaban y se alimentaban a mi lado, durante cuarenta y cinco minutos. Cada vez que una ola se estrellaba sobre sus lomos, la luz del sol se filtraba a través del océano y formaba un arco iris sobre las ballenas. El mensaje no podría haber sido más claro. El ángel que yo había pedido se había presentado con estilo.

Tomé esa señal en serio. Dan estaba feliz, yo estaba haciendo un trabajo que me encantaba y que podía hacer desde cualquier lugar, y teníamos una enorme lista de cosas por las cuales estar agradecidos. Dejé de preocuparme y me concentré en disfrutar la vida que teníamos.

Así como cada uno de nosotros experimenta la alegría de una manera diferente, el Plan de la alegría de cada persona también se desarrollará de una manera diferente. Y si hay una fuerza más grande obrando —una mayor potencia que conozca el panorama más amplio incluso cuando nosotros no lo conocemos—, es posible que no comprendamos el momento de las cosas. El Plan de Alegría de Dan no lo condujo directamente a una nueva profesión en treinta días. Pero él está tomando decisiones basadas en lo que se siente bien, está forjando un nuevo camino que lo inspira de una manera que nunca había visto antes, y las puertas se están abriendo para él. Mientras crea su próximo capítulo, su alegría es palpable.

Nuestra historia no terminó con una venia, rematada con *felices para siempre*, pero ese no es el punto. La meta del Plan de la alegría no es llegar a un final: es darle la bienvenida constantemente a un nuevo comienzo. Y si podemos mantener la fe, *entonces esto funciona*.

Muchas personas creen que tenemos que trabajar duro para lograr nuestras metas. Yo también solía pensar eso. Pero veo el «trabajo duro» de manera diferente ahora, todo depende de cómo te sientas. Por ejemplo, supongamos que estás lanzando un nuevo negocio y quieres atraer clientes. Si el trabajo personal en red —hacer cosas como tener citas profesionales con frecuencia y asistir a conferencias— es divertido para ti, hazlo sin dudarlo, y con toda seguridad posibilitará nuevos negocios. Pero si sientes que te obligas a hacer esas actividades y deseas estar acurrucada en la cama con un buen libro todo el tiempo que trabajas en red, entonces es mejor que te quedes en casa y acurrúcate con un buen libro, siempre y cuando lo hagas con alegría (en lugar de sentirte culpable por no estar en la calle). Mientras estás acurrucada en la cama, probablemente leerás algo que te brinde una nueva visión para tu negocio que de otro modo no habrías encontrado. Y esa idea seguramente te llevará a las personas adecuadas de maneras que realmente te parezcan alegres.

Obviamente, siempre se requiere de acción para convertir los conceptos en realidad, pero la acción no tiene que parecer un trabajo duro. De hecho, si estás siguiendo ráfagas de inspiración y emprendes una acción rápida e inspirada cuando surgen esas ráfagas, se puede sentir casi sin esfuerzo.

Entonces, si estás pensando en comenzar tu propio Plan de la alegría, sé paciente contigo misma. Respira profundamente. Ve más despacio. A veces te sentirás perdida, estancada o algo peor, y realmente no sabrás qué hacer. En esos momentos, lo mejor es hacer algo que te haga sentir bien. Date un baño, sal a correr, acaricia a una mascota, pon música y baila en ropa interior. Haz lo que sea necesario. En otras ocasiones, hay pasos lógicos que puedes dar para ayudar a mitigar la situación en la que te encuentras. Hazlo y date palmaditas en la espalda por seguir adelante.

Cuando sueltas el control —incluso un poco—, y dejas que tu vida te revele el plan, las señales comenzarán a aparecer. Pueden ser sutiles, como encontrarse con un viejo amigo, ver una cita que te llama la atención en Facebook, o que se te ocurra una idea: la vida te envía pistas. Y al igual que un detective, tu trabajo es seguir esas pistas y ver a dónde conducen. Una conversación casual podría resultar en una oferta de trabajo de ensueño. Un antojo de café podría llevarte a conocer a tu futuro esposo en la cafetería. Tú entiendes la idea. Presta atención y sigue las señales, con la fe de que no te guiarán en la dirección equivocada.

Cuando tengas una explosión repentina de inspiración para tomar alguna acción específica, escúchala. Parecerá convincente, aunque no siempre tenga sentido. Cuando ese destello acuda a ti, no esperes ni dudes de ti. Toma impulso y corre con él, y confía en que te llevará a un lugar excitante. Y, por último, queridos lectores, repitan esto en sus cabezas hasta que lo crean: «Todo se está desarrollando perfectamente para mí. Confío en que la vida me respalda».

Creo que han entendido esto.

Con inmensa gratitud y **ALEGRÍA**,

APÉNDICE:
CREA TU PROPIO PLAN
DE LA ALEGRÍA

Asumí el Plan de la alegría como un experimento de un mes, pero rápidamente me di cuenta de que era mucho más que eso. El Plan de la alegría no iba a cambiar mi vida después de treinta días si simplemente volvía a caer en mis viejos hábitos de pensamientos negativos, quejas y desconfianza desenfrenada. Sin embargo, esos treinta días proporcionaron la base que yo necesitaba para seguir creando alegría. El Plan de la alegría es un estilo de vida, y la clave para vivir la vida en el Plan de la alegría es la consistencia. Requiere práctica y repetición; esa repetición se convierte en nuevos hábitos de pensamiento, sentimientos, comportamiento y, en última instancia, en nuestra experiencia de vida.

El Plan de la alegría es mi historia personal, mi nota adhesiva de referencia para cuando vuelva a enfrentar tiempos difíciles, lo que indudablemente haré. Pero no solo escribí este libro para mí. Me enfrenté a estar expuesta y vulnerable para compartir mi historia con ustedes porque espero que también se inspiren para crear su propio Plan de la alegría. La búsqueda de la alegría es universal. Experimentar alegría —un contentamiento duradero que impregna tu ser, independientemente de las condiciones que te rodean—, es universalmente posible, aunque a veces parezca difícil de alcanzar. Solo requiere dedicación y práctica. Estos ejercicios están diseñados para ayudarles a lograr ese objetivo.

Pueden realizar estos ejercicios a solas o en grupo. En un entorno grupal, se recomienda trabajar uno-a-uno con un compañero cuando sea apropiado, y luego regresar al grupo y compartir sus experiencias.

EJERCICIO # 1

ENCUENTRA TU OLA RESONANTE

En el capítulo 2, menciono ocho patrones de ondas resonantes del libro *The Evolutionary Glitch,* del doctor Albert Garoli. De acuerdo con la investigación del cerebro realizada por el doctor Garoli, hay ocho patrones de ondas resonantes, y cada persona tiene uno que es primario. Encontrar tu onda resonante podría ayudarte a elegir actividades que muy probablemente te alegrarán. Tu cuerpo emite vibraciones físicas, llamadas ruido térmico, que ayudan a señalar tus resonancias naturales.[1]

Lee las siguientes descripciones de patrones de ondas resonantes y mira si sientes una «sensación afirmativa», indicando que has encontrado la que coincide contigo:

1. **La ola calmante**

    Esta resuena contigo si te gusta ayudar a los demás a relajarse, recobrarse y recuperarse, o si sientes satisfacción cuando puedes estimular, atender, consolar y cuidar a los demás.

2. **La ola impactante**

    Esta resuena contigo si te sientes feliz y energizado al ser físicamente activo y ayudar a motivar a los demás presionándolos para que sean más fuertes, estén más en forma y superen sus problemas.

3. **La ola de sincronización**

    Esta resuena contigo si te sientes fortalecido al ayudar a otros a encontrar soluciones, serenidad y paz al usar tu intuición y perspicacia.

4. **La ola vigente**

   Esta resuena contigo si te sientes satisfecha cuando mantienes estructuras o activos, proporcionas fondos o recursos para buenos proyectos, y si te gusta ayudar a crear estabilidad para los demás.

5. **La ola ascendente**

   Esta resuena contigo si encuentras alegría en ayudar a otros a través de la educación, la superación personal, la disciplina, la organización y el logro.

6. **La ola expansiva**

   Esta resuena contigo si prosperas en los entornos sociales y te encanta reunir a las personas, publicitar información, organizar reuniones o encuentros, y obtienes satisfacción del placer de los demás.

7. **La ola de rendimiento**

   Esta resuena contigo si encuentras gratificación en la adquisición de conocimientos, en las multitareas, la investigación, el desarrollo de una comprensión más profunda de la vida y el uso de tus habilidades para resolver problemas y encontrar la resolución y el equilibrio para los demás.

8. **La ola intensificadora**

   Esta resuena contigo si te sientes impulsada a construir, inventar y crear nuevas innovaciones y descubrimientos, o si te gusta liderar a otros en un impulso inspirador.

Probablemente hayas escuchado las expresiones «sigue tu pasión» o «sigue tu felicidad» un millón de veces, pero encontrar tu onda resonante es probable que no se sienta como una pasión ardiente o una dicha extática. Simplemente se puede sentir como si te dieras cuenta de aquello hacia lo cual gravitas naturalmente. La clave para descubrir con qué onda resuenas (sin equipos complejos de medición cerebral) es darte cuenta cuándo te sientes confortable, emocionada o cómoda. Eso significa que estás en el lugar adecuado en el momento adecuado con las personas adecuadas. Presta atención a tus sentimientos, reacciones y preferencias cuando ocurran diferentes eventos y circunstancias en tu vida, y sintonízate con la ola que te emociona e inspira.

EJERCICIO 2

COMIENZA (¡Y SIGUE!) UNA PRÁCTICA DE GRATITUD

Mi práctica regular de la gratitud es un componente esencial en mi Plan de la alegría en curso. Pero fue necesaria la dedicación para comenzar y aún más dedicación para seguir con ella. Sigue estos pasos y cultivarás una actitud de gratitud diaria antes de darte cuenta.

1. **Comprométete**

   Prométete que realizarás una práctica de gratitud durante un mes completo. Si no ves los beneficios de este ejercicio después de treinta días, puedes dejarlo. Pero dale a la práctica un mes completo para que obre su magia. Creo que verás más beneficios en tu vida de lo que actualmente puedes imaginar, pero primero tienes que COMPROMETERTE.

2. **Designa un cuaderno.**

   ¿Eres el tipo de persona que muy probablemente escribe en un cuaderno de gratitud si es elegante y hermoso, o un cuaderno elegante te inhibiría porque no quieres estropearlo? ¿Preferirías usar un cuaderno de la tienda de todo a un dólar? Decide qué tipo de cuaderno te conviene, cómpralo y llévalo siempre contigo.

3. **Escríbelo.**

   Cada vez que pienses en algo que agradezcas, escríbelo. Es probable que te encuentres escribiendo las mismas cosas una y otra vez. No hay problema. Escribe sobre tus seres queridos, tu entorno, tu cuerpo, tu trabajo y tus pasiones. Y cuando estés frustrado, triste, temeroso o enojado por algo o por alguien, escribe sobre eso también. Pero enumera solo los aspectos que agradeces: las lecciones que estás aprendiendo, la fuerza que estás adquiriendo, las oportunidades que confías en que están a la vuelta de la esquina. Escribe en forma de lista, en forma de historia, en forma abreviada, o incluso haz dibujos. Nadie verá este cuaderno además de tú, así que no tienes que preocuparte por impresionar a alguien. Pero tienes que escribir en él. Y mucho.

4. **Utiliza la tecnología para respaldarte.**

Si prefieres teclear antes que escribir en un cuaderno, hay varias aplicaciones de agradecimiento disponibles que tal vez quieras investigar. También puedes mantener un cuaderno virtual en tu teléfono, tableta o computadora, en caso de que prefieras no usar papel.

5. **Saca tiempo diariamente.**

A veces, escribir en un cuaderno durante el día simplemente no es posible. Si este es tu caso, saca entre cinco y quince minutos al mismo tiempo todos los días, por ejemplo, a primera hora del día o justo antes de acostarte, para tu escritura de gratitud. Incluye este tiempo en tu calendario si es necesario, y codícialo como si fuera sagrado. No dejes que nada te impida tener tu tiempo de gratitud.

6. **Repite, repite, repite.**

Se ha demostrado que los sentimientos de gratitud liberan dopamina, un neurotransmisor en el cerebro que induce sentimientos de recompensa y satisfacción. Esto sucede porque cuando piensas en aquello por lo que estás agradecida, el cerebro lo registra como algo que te has ganado y te envía una descarga de dopamina por hacer un buen trabajo. Cada vez que escribes en tu cuaderno de gratitud y te centras en las cosas por las que estás agradecida, tu cerebro activará las redes neuronales asociadas con los temas en los que te estás enfocando y fortalecerá las vías neuronales que predisponen tu proceso de pensamiento hacia pensamientos positivos y agradecidos. Literalmente estarás reconectando tu cerebro.[2]

Después de un mes de hacer esto, predigo que se sentirán más ligeros, más optimistas y, en general, más alegres. Comenzarán a ver su mundo a través de los ojos de la gratitud, y se sorprenderán de cómo esta nueva perspectiva cambiará sus vidas de maneras placenteras e inesperadas. ¡Puede que estén tan agradecidos por su práctica de gratitud que incluso escriban sobre ello en sus cuadernos de gratitud!

EJERCICIO # 3

EXPERIMENTA LA ALEGRÍA CON LOS CINCO SENTIDOS

Cuando hice de la alegría mi máxima prioridad, sabía que necesitaba rodearme de experiencias alegres tanto como fuera posible. Decidí conectar mis cinco sentidos el gusto, el olfato, la audición (sonidos), la vista y el tacto, y encontrar maneras de experimentar el placer a través de cada uno de ellos todos los días. Puedes utilizar esta lista para intercambiar ideas y motivarte a sumergir cada uno de tus cinco sentidos en al menos una experiencia placentera todos los días.

Encontraré alegría hoy con:

El gusto _____

_____

_____

El olfato _____

_____

_____

La audición _____

_____

_____

El tacto _____

_____

_____

EJERCICIO # 4

CONVIERTE UNA QUEJA EN UNA CREACIÓN

Cuando me detuve y presté atención a mis patrones de pensamiento, me di cuenta de que me quejaba con frecuencia. Se había convertido en un hábito tan arraigado que a menudo iniciaba conversaciones con una queja sin siquiera notarlo. Pero una vez que hice un esfuerzo para dejar de quejarme, hice todo lo posible para ver las experiencias de las que antes me habría quejado como oportunidades de aprendizaje o crecimiento. Cambié mi enfoque de lo que *no* quiero a *lo* que quiero, y tú también puedes hacerlo. Puedes utilizar este proceso para replantear tus quejas en creaciones. Completa simplemente los espacios en blanco siempre que haya algo o alguien de quien quieras quejarte.

Lo que pasó_____

_____

_____

Cómo me sentí_____

_____

_____

Lo que aprendí /cómo crecí_____

_____

_____

Cómo me siento ahora _____

_____

_____

Lo que quiero ahora_____

_____

_____

EJERCICIO # 5

ESCRIBE LA CARTA QUE DESEAS RECIBIR

Cuando recibí una carta de una lectora de mi blog que fue menos que brillante, decidí escribirme una carta como si fuera una lectora de la cual hubiera preferido recibir una en su lugar. ¡Al día siguiente, recibí una carta similar a la que había escrito! Y el próximo día siguiente y en los días que siguieron, continué recibiendo reconfortantes cartas de apoyo. Ese simple ejercicio fue tan efectivo para crear un resultado tangible en mi vida que continué escribiéndome cartas a mí misma.

Aunque sé lógicamente que soy yo la que ha escrito las cartas, mi cerebro todavía procesa las palabras cuando las leo y tiene una respuesta positiva. Me escribí cartas de disculpa, cartas de ofertas de trabajo, cartas de amor y cartas de agradecimiento. No siempre recibo al día siguiente una carta similar de una persona real, pero siempre me siento mejor cuando las leo. Te animo a intentarlo.

¿Hay alguna relación en la que te gustaría un cierre o una sanación? ¿Te gustaría escuchar los elogios de tu jefe o compañeros de trabajo? Tal vez extrañas a alguien que falleció. Tal vez te gustaría recibir una carta de un seguidor o admirador secreto. ¡Diviértete con esto! Todo lo que tienes que hacer es comenzar a escribir.

Querido/a (tu nombre) _____

_____

_____

_____

_____

_____

EJERCICIO # 6

HAZ UN TABLERO DE VISIÓN

Un tablero de visión es una representación visual de lo que deseas crear en tu vida. Hacer uno es un proyecto de arte creativo que es divertido de hacer solo o con otros. Los tableros de visión también son fantásticos de hacer con los niños. Si puedes, saca al menos un par de horas para este proyecto para que no se sienta presionado por el tiempo mientras te encuentras en el proceso creativo. A continuación, te indicamos cómo proceder.

1. **Reúne tus implementos.**

    Reúne una colección de revistas, recortes de periódicos, folletos, fragmentos de arte y cualquier otra imagen que te inspire. También necesitarás un pedazo de cartulina (el tamaño depende de ti; por lo general hago que la mía sea del tamaño de una hoja de papel común para que quepa fácilmente encima de mi escritorio), tijeras, pegamento y materiales opcionales como marcadores, pintura, brillantina y cualquier otro elemento decorativo.

2. **Planifícalo o déjalo fluir.**

    Decide si deseas planear tu tablero de visión con anticipación o simplemente deja que se desarrolle a medida que lo creas. Es posible que quieras que contenga palabras e imágenes para inspirar cada aspecto de tu vida —personal, profesional, romántica, espiritual, etc.—, o puede que desees que se centre solo en un área de tu vida. Una vez que sepas lo que quieres crear, elige un espacio de trabajo cómodo, pon música inspiradora y comienza.

3. **Deja que tu intuición te guíe.**

    Ya sea que tu tema sea preconcebido o que surja sobre la marcha, comienza a recortar las palabras e imágenes hacia las cuales gravitas. Deja que tu creatividad fluya, sin detenerte a cuestionar demasiado tus elecciones. A menudo encuentro que paso a un estado de conciencia casi alterado cuando estoy haciendo un tablero de visión, dejando que mi intuición, y no mi mente lógica, guíe el proceso.

4. **¡Corta, pega, crea, repite!**

    Siéntete libre de cortar formas asimétricas, aplicar capas a tus imágenes, escribir palabras con marcador, pintar un borde o agregar un poco de brillo en la parte superior, si así lo deseas. Te invitamos a utilizar imágenes que solo tengan sentido para ti. Este tablero de visión es solo para ti, y en última instancia, las imágenes y palabras específicas que usas no son ni siquiera lo que importa en el producto final, sino lo que te hace sentir cuando lo miras.

5. **Cuélgalo en un lugar de honor.**

    Exhibe tu tablero de visión en algún lugar donde puedas verlo todos los días. Cuando lo mires, asegúrate de tomarte un momento para internalizar las imágenes y palabras, y darle la bienvenida a tu vida. Déjate llevar por la ensoñación cuando mires fijamente tu tablero de visión, fundiéndote con la visión que estás manifestando por ti mismo. Puede que te sorprendas cuando las imágenes de tu tablero de visión aparezcan en tu vida real y cuán rápidamente la visión que creaste se convierta en realidad. Cuando eso suceda, sabrás que es hora de crear un nuevo tablero de visión.

EJERCICIO # 7

SUÉÑALO Y CONVIÉRTELO EN UNA REALIDAD

Las planificadoras como yo a menudo podemos estar tan ocupadas con los detalles que, en primer lugar, perdemos de vista la razón de nuestros planes: un resultado positivo. Nos obsesionamos con el quién, el qué, el cuándo, el dónde y el por qué, y nos sentimos estresadas cuando no tenemos respuestas claras. Pero cuando soñamos despiertas, podemos pasar directamente al final feliz. En este caso, es útil centrarse solo en dos preguntas: qué y por qué.

1. **Escribe tus sueños o habla de ellos.**

   Este puede ser un ejercicio hablado o escrito. Si vas a hablar de tu ensoñación en voz alta, puedes hacerlo con un compañero, en un grupo o a solas (y grabarte para poder escucharlo más tarde) o ¡pruébalo de las tres maneras! Se ha demostrado que las visualizaciones como este ejercicio de soñar despiertos producen resultados reales en múltiples estudios científicos.[3] Por lo tanto, si te parece extraño hablar o escribir sobre cosas que aún no existen, recuerda que es una práctica científicamente válida, y deja que tus pensamientos y palabras fluyan libremente.

   Comienza por elegir un tema. Puede ser algo que anhelas en tu vida, un objetivo que te gustaría lograr o una visión que te gustaría que se convirtiera en realidad.

2. **Afina el qué.**

   Describe tus metas. ¿Cuáles son tus objetivos? ¿Cuáles son tus sueños? Sé específica, pero no te desvíes a preguntas secundarias que no puedas responder. Pensar en el «qué» debe ser soñador, creativo, lleno de posibilidades y sin la necesidad de logística. Habla o escribe sobre tu «qué» hasta que parezca tan real que puedas tocarlo, olerlo y saborearlo.

3. **Profundiza en el porqué.**

Describe tu inspiración. ¿Por qué te conmueve esta visión? ¿Por qué quieres que se haga realidad? Aprovecha la emoción y la pasión que esto provoca en ti, pero mantente alejado de cualquier incertidumbre si aparece alguna. Pensar en el «por qué» debería ser emocionante, inspirador y significativo. ¡Habla o escribe sobre tu «por qué» hasta que te sientas tan inspirada que puedas iluminar el cielo con el fuego que has encendido en ti!

4. **Sueña despierto a menudo.**

Dedica unos diez minutos a soñar despierta o al escribir tantas veces como quieras. Puedes programar una sesión de soñar despierto con un compañero. Establece un horario semanal en tu calendario cuando puedas reunirte o hablar por teléfono durante media hora más o menos. Cada uno de ustedes puede turnarse para hablar acerca de lo que sea que esté soñando esa semana. Habla sobre tus visiones para el futuro, centrándote solo en las partes divertidas y emocionantes, sin límites ni exclusiones, sin control de la realidad o miedo a los juicios.

Estas sesiones de ensueño pueden entrar en el ámbito de la fantasía, pero no en el ámbito de la resolución de problemas. Este no es el momento de descubrir «cómo» llegarán tus visiones, si no solo de sentir la emoción de estas y sumergirte en tu propia dosis de alegría.

Los científicos han descubierto que las ensoñaciones activan muchas áreas del cerebro a un mismo tiempo y estimulan una mayor creatividad, capacidad cognitiva y mejora del estado de ánimo.[4] Las investigaciones muestran que soñar despiertos aumenta también el éxito en tareas orientadas a objetivos al alentar al cerebro a resolver problemas de maneras nuevas y creativas.[5]

EJERCICIO # 8

ENTRENA TU CEREBRO PARA EL OPTIMISMO

Nuestros cerebros son realmente notables. Gracias al fenómeno conocido como la neuroplasticidad, crecen y cambian su forma continuamente, creando nuevas conexiones neuronales a través de nuestros pensamientos y experiencias repetidas. Las conexiones neuronales existentes se fortalecen a través de la repetición, lo que significa que cualquier cosa que hagamos con frecuencia se convertirá en la ruta neural preferida de nuestro cerebro. Eventualmente, los pensamientos y las acciones se convierten en un proceso automático. Así es como se forman los hábitos: todo comienza en el cerebro.

El optimismo es un hábito que se puede aprender. Al repetir pensamientos y acciones positivas frente a situaciones difíciles o estresantes, el cerebro está entrenado para elegir el optimismo cuando es desafiado. El diálogo interno positivo crea un estado de ánimo optimista, que se puede observar en los escáneres cerebrales.[6]

Aunque —al menos para la mayoría de las personas— es preferible sentir emociones positivas y tener pensamientos felices que sentir emociones negativas y tener pensamientos pesimistas, esto es más fácil decirlo que hacerlo. ¿Cómo podemos entrenarnos para elegir el optimismo incluso bajo estrés o en tiempos difíciles? Esta es una pregunta que ha sido ponderada durante milenios y un desafío que las personas emprende todos los días a través de la atención plena y otras prácticas como la meditación, la respiración profunda, el yoga, la oración, las afirmaciones, los mantras y más. Lo que funciona para una persona podría no funcionar para ti. El truco es descubrir tu propia «salsa secreta», el detonante de optimismo al que responde tu cerebro y que puedas hacer de manera consistente. Estas son algunas ideas.

1. **Comienza tu día con gratitud.**

   La forma en que comienzas tu día marca la pauta para este, por lo que puedes comenzar con agradecimiento. A primera hora de la mañana, escribe una lista de las cosas que agradeces en tu vida o simplemente repite la lista mentalmente. Los pensamientos de gratitud desencadenan el sistema nervioso parasimpático, que calma y relaja nuestros cuerpos e induce sentimientos de optimismo, creando una sensación de alegría.

2. **Cuando sientas que el estrés se apodera de ti, haz una pausa y respira profundamente.**

   El estrés sucede, es parte de la vida. Pero no tienes que dejar que se arraigue y tome el control. Cuando notes pensamientos estresantes y sientas respuestas físicas correspondientes —como un pulso más rápido, palmas sudorosas o una respiración más superficial—, haz una pausa, observa tu reacción y toma una contramedida. Diez respiraciones profundas y lentas inundarán tu cerebro de oxígeno, activando tu amígdala para apagar la alarma interna, lo que te ayudará a calmarte.

3. **Concéntrate en el placer de tus sentidos.**

   La vista, el olfato, el gusto, el tacto y la audición son tus portales de retroalimentación sensorial del cerebro. Utiliza tus sentidos todos los días, pero ¿con qué frecuencia notas realmente el placer que te brindan? Simplemente atraer más atención a las deliciosas sensaciones que experimentarás a lo largo del día atraerá tu atención hacia la gratitud y la positividad. ¿Qué tan sabroso es tu café en las mañanas? ¿Qué tan dulce es la fragancia de las flores en tu jardín? ¿Qué tan vigorizante se siente el viento contra tu piel? ¿Qué tan vibrantes son los colores del atardecer? ¿Qué tan encantador es el sonido de la voz de tu hijo? Nota estas cosas de manera consciente y con mayor frecuencia, y entrena tu cerebro para sintonizarse con el placer.

4. **Sigue indicaciones para tener pensamientos positivos.**

   Elije una actividad que hagas varias veces al día, como cepillarte los dientes, subirte al auto o ir al baño. Y luego, cada vez que hagas esa actividad, úsala como una señal para enfocarte en pensamientos positivos. Es posible que quieras hacer recordatorios para ti misma, como una nota adhesiva en el espejo que diga «Todo está bien en mi mundo» o «Elije la alegría», o las palabras que te digan algo. Es posible que desees configurar una alarma en tu teléfono celular para que se active a ciertas horas del día. Motívate para elegir el optimismo de modo que tu cerebro comience a sentirlo de forma más natural y fácil.

5. **Rodéate de personas optimistas.**

   Hay un refrán popular que dice que te conviertes en las cinco personas con las que pasas más tiempo. Esto es lógico realmente. Tenemos un efecto profundo el uno en el otro. De hecho, los estudios han demostrado que cuando observas cómo un amigo que vive a menos de una milla de ti se vuelve feliz, tu felicidad aumenta en un veinticinco por ciento.[7] De ser posible, rodéate de personas optimistas y capta su atención. Anímense y ayúdense unos a otros a ser positivos: tu cerebro te lo agradecerá.

EJERCICIO # 9

PRACTICA ACTOS DE BONDAD

Practicar actos de bondad es una excelente manera de generar alegría. Tener compasión y empatía por los demás puede mejorar tu estado de ánimo, no solo al desviar tu atención de tus propios problemas sino también al crear una sensación de interconexión. Cuando realizamos actos de bondad, nuestros cerebros nos recompensan con una liberación de dopamina, el neurotransmisor del bienestar. Los estudios han demostrado que tanto quienes hacen actos de bondad como quienes los reciben, se sienten más optimistas después, y estos efectos pueden durar mucho tiempo.[8] Estas son algunas sugerencias para incorporar la bondad en tu Plan de la alegría.

1. **Sonríe más.**

   Sonreír es tal vez lo más simple que puedes hacer para experimentar y difundir los beneficios positivos de la bondad. Aunque sonrías de manera forzada, esto desencadena inmediatamente la liberación de endorfinas en tu cuerpo.[9] Un estudio sueco descubrió que cuando las personas miraban a otras que sonreían, sus músculos faciales se contraían involuntariamente y sonreían. Parece que la sonrisa es realmente contagiosa.[10]

2. **Elogia.**

   Un simple elogio puede hacer que alguien se sienta como un millón de dólares. Literalmente. Investigadores del Instituto Nacional de Ciencias Fisiológicas en Japón descubrieron que la misma área en el cerebro, el cuerpo estriado, se activa cuando una persona recibe un elogio como cuando recibe dinero.[11] Generar más energía positiva a través del simple acto de decir palabras amables puede ser una forma poderosa de hacer una diferencia en las vidas de quienes te rodean.

3. **Ofrece voluntariamente tu tiempo, talentos o tesoros.**

   Se ha demostrado que el voluntariado disminuye la depresión, aumenta la sensación de bienestar, reduce la presión arterial y prolonga la esperanza de vida.[12] Es posible que tengas más tiempo que dinero en tus manos, o viceversa, pero siempre hay algo que puedes ofrecer y personas y organizaciones que recibirán con agrado tu contribución. Considera limpiar tu armario y hacer una donación a la tienda de artículos de caridad más cercana. Ofrece tu tiempo, habilidades o recursos financieros a una organización cuya misión quieras apoyar. O simplemente ayuda a una persona necesitada (o a un animal o al ecosistema) la próxima vez que tengas la oportunidad.

4. **Ponte en contacto en pequeñas formas todos los días.**

   La mayoría de nosotros estamos ocupados, pero no toma mucho tiempo enviar un mensaje corto, escribir una nota amable, desear un feliz cumpleaños o hacerle saber a alguien que estás pensando en él o ella. Los pequeños actos de bondad realizados con frecuencia crearán un impulso regular en tu propio estado de ánimo y mejorarán los días de otras personas.

5. **Piensa en grande.**

   Tus actos de bondad pueden comenzar dentro de tu pequeña comunidad, pero es posible que pronto desees hacer una mayor contribución al mundo. Hay infinitas formas de hacerlo, desde conectarte con organizaciones que están haciendo un trabajo que te apasiona hasta comenzar un negocio con un objetivo altruista. No hay límite para lo que tu bondad puede hacer. Y dado que la dopamina se libera con cada acto de bondad, es posible que se convierta en una especie de adicción.

EJERCICIO # 10

UTILIZA LA MEDITACIÓN DE LA ATENCIÓN PLENA

La meditación es una poderosa herramienta para calmar la respuesta al estrés en el cerebro; las respiraciones profundas envían oxígeno calmante a la amígdala. La atención plena es simplemente la práctica de llevar tu atención al momento presente. El momento presente puede incluir tus sensaciones corporales —como tu respiración y tu pulso—, al igual que tu entorno, pensamientos, acciones y sentimientos. La meditación de la atención plena se puede realizar en cualquier lugar y en cualquier momento, incluso cuando tienes los ojos abiertos y estás entre otras personas. Se ha demostrado que la práctica simple de la atención plena mejora la toma de decisiones, el control de los impulsos, el aprendizaje, la memoria, la autoconfianza y la regulación de las emociones.[13]

Aunque puede ser una idea equivocada y generalizada de que el objetivo de la atención plena es «detener» los pensamientos, es cierto que practicar la atención plena puede ayudarnos a distinguirnos de estos. Cada vez que nos sentamos a meditar y tratamos de enfocarnos solo en nuestra respiración, lo más probable es que nos distraigamos con pensamientos, probablemente uno por segundo. Pero si notamos esos pensamientos y los clasificamos —*Hay juicio, hay planificación, hay preocupación. Ay, miedo: ¡otra vez tú!*—, especialmente al notar su naturaleza repetitiva, podemos comenzar a dejarlos entrar y salir sin involucrarnos en ellos.

Tus pensamientos no son tú. Es algo que todos conocemos conceptualmente, pero ¿con qué frecuencia permitimos que un pensamiento simple (por lo general, repetitivo) nos estrese, nos entristezca o nos enoje, o nos haga sentir completamente ansiosos? Nuestros pensamientos están aquí para quedarse. A menudo son generados por nuestras personalidades. Pero practicar la atención plena es una forma en que podemos liberarnos de la influencia que tienen sobre nosotros cuando sentimos como si nuestros pensamientos nos estuvieran pensando a *nosotros* y no al revés. Los pensamientos van y vienen. Lo mismo sucede con la respiración. Y si los practicamos con la frecuencia suficiente, podemos entrenar nuestras mentes para permitir que los pensamientos entren y salgan como nuestra desesperación, sin que nos mantengan cautivos cuando no queremos que lo hagan.

La siguiente es una meditación que puedes practicar siempre que seas capaz de sentarte tranquilamente y cerrar los ojos, pero ten en cuenta que siempre puedes modificar esta práctica para usarla en otros momentos, como cuando haces una fila, estás en medio del tráfico, viajas en el autobús o incluso mientras estás teniendo una conversación desafiante.

1. Siéntate cómodamente y cierra los ojos.

2. Observa las sensaciones en tu cuerpo. Haz los ajustes para estar lo más cómoda posible. Si notas alguna incomodidad, simplemente acéptala y dirige tu atención a la respiración.

3. Respira profunda y lentamente. Cuenta mentalmente 1-2-3-4-5 para cada inhalación y 1-2-3-4-5 para cada exhalación hasta que respires de forma natural a un ritmo lento y constante. También puedes contar hasta cinco durante una pausa entre cada inhalación y exhalación.

4. Observa tus pensamientos a medida que entren a tu mente, obsérvalos, y luego imagina que se están convirtiendo en burbujas y desvaneciéndose.

5. Si te parece cómodo, puedes colocar tu mano en tu pecho y sentir tu corazón latir.

6. En lugar de contar, es posible que desees elegir un mantra para repetir en tu mente, como uno de estos: *Estoy viva. Estoy agradecido. Estoy aquí y ahora. Soy amor. Soy alegría. Estoy calmada. Estoy en paz. Soy un milagro. Om.*

7. Continúa respirando profundamente mientras cuentas o repites tu mantra durante cinco a quince minutos.

Para mejores resultados, repite esta meditación u otra todos los días. No te preocupes si descubres que tus pensamientos te distraen con frecuencia de tu respiración y de tu mantra. El acto de notar tu propia distracción y devolver tu atención a la respiración es como un ejercicio para tu cerebro. Esta práctica frecuente entrena a tu cerebro para notar los pensamientos sin involucrarse en ellos, y puede eventualmente reducir el estrés mientras conduce a una mayor sensación de calma y paz interior. Aunque solo practiques meditación de atención plena durante un minuto cada día, podrás experimentar múltiples beneficios al cultivar este hábito mental.

Medita en cualquier lugar y en todas partes

El método de atención plena más común para dirigir tu atención al momento presente es centrarse en la respiración, pero esto no solo funciona mientras estás sentada en silencio en posición de loto. Puedes practicar la respiración consciente en cualquier momento, prácticamente en cualquier circunstancia. Siempre que necesites un poco de calma, saca unos minutos para contar los segundos mientras respiras. Respirar intencionalmente enviará oxígeno a tu amígdala, y la tarea de contar distraerá tu mente de sus aflicciones.

Incluso puedes practicar la atención plena mientras realizas tareas domésticas. Lava los platos de manera consciente prestando atención al olor del jabón, la sensación de burbujas calientes en tus manos y la textura y sensación de los platos mientras los lavas. Intenta agregar un mantra relajante o una técnica de respiración, o escucha una meditación grabada, una charla inspiradora o música estimulante mientras friegas los pisos o doblas la ropa. Si se hacen con atención, estas tareas pueden convertirse en una fuente de alivio del estrés en lugar de simples tareas molestas.

GUÍA DE DISCUSIÓN SOBRE EL PLAN DE LA ALEGRÍA

Se ha demostrado que los grupos de apoyo aumentan la efectividad de los programas de tratamiento (como Alcohólicos Anónimos y Weight Watchers). Del mismo modo, comenzar o unirse a un grupo puede ayudarte a ser más efectiva en tu Plan de la alegría. Los estudios científicos han demostrado que la intención grupal concentrada puede amplificar los resultados del pensamiento individual, así que, ¿por qué no aprovechar ese poder mientras te unes a un grupo de personas de ideas afines para divertirte y pasar momentos agradables? Un grupo de lectura del Plan de la alegría (o cualquier otro nombre que le des) es una gran manera de hacer nuevos amigos, profundizar las relaciones existentes, y ser inspirado por otros mientras también recibes apoyo para tus esfuerzos en pro de la alegría.

Si tienes en mente a personas con las que te gustaría formar un grupo, comienza por sugerir que lean este libro o dales una copia. También puedes contactarme a través de TheJoyPlan.com para consultar sobre grupos existentes.

ACUERDOS GRUPALES

Una vez que hayas reunido a tu grupo, decide tus Acuerdos grupales. Estas son algunas sugerencias.

- Fomentaremos la alegría y el empoderamiento dentro de nuestro grupo, y los difundiremos a nuestra comunidad en general.
- Nos trataremos unos a otros con respeto y valoraremos nuestras diferencias.
- Nos responsabilizaremos unos a otros de manera positiva y compasiva.
- Alentaremos las conversaciones que inspiren el crecimiento y el aprendizaje.
- Llevaremos a la práctica los principios discutidos en el grupo en nuestras vidas diarias.

REGISTRO

Sugiero que inicies tus reuniones con un «registro», un breve turno para que cada miembro hable sin interrupción sobre cómo se siente en ese momento, qué sucedió desde la última reunión, o cualquier otra cosa que quiera compartir. El resto del grupo simplemente escucha con total atención y no hace ningún comentario o pregunta durante el registro.

GUÍA DE DISCUSIÓN

Es posible que desees repasar *El plan de la alegría* capítulo por capítulo y discutir las siguientes preguntas en grupo. Tal vez tengas tus propias historias para compartir después de leer este libro. A veces, expresar tus ideas y compartir tus experiencias con otros te brinda mayor claridad no solo a ti sino también a quienes te rodean. Las siguientes son algunas preguntas para ayudarte a iniciar la conversación.

Capítulo 1: ¿Y ahora qué?

1. ¿En qué ocasiones las cosas no han salido según lo planeado en tu vida?

2. ¿Cómo reaccionas cuando las cosas no salen según lo planeado?

3. ¿Alguna vez has tenido un fracaso o una pena de amor y no sabes qué hacer a continuación?

4. ¿Qué piensas sobre el concepto de la Ley de la atracción?

5. ¿Qué harías si tuvieras un mes para enfocarte únicamente en tu propia alegría?

Capítulo 2: La perra en mi cabeza

1. ¿Cómo se manifiesta tu personalidad, o ego, en tu vida?

2. ¿Qué mensajes repetitivos te envía?

3. ¿Cómo la callas?

4. ¿Puedes decir cuándo tu mente subconsciente, o tu intuición, te está diciendo algo?

5. ¿Alguna vez has notado «señales» en tu vida?

Capítulo 3: Conócete a ti misma

1. Si clasificas el contenido de tus pensamientos diarios en categorías principales, ¿cuáles serían esas categorías?

2. ¿Qué es lo que realmente disfrutas hacer?

3. ¿En qué eres hábil?

4. ¿Eres introvertida o extrovertida?

5. ¿Con qué frecuencia te gusta pasar tiempo a solas?

Capítulo 4: ¿Esto se siente bien?

1. ¿Cómo podrías aumentar la Escala de tonos emocionales en tu vida?

2. ¿A qué le darías un «pulgar hacia arriba» en tu vida?

3. ¿Y un «pulgar hacia abajo»?

4. ¿Cómo puedes reducir las imágenes y los aportes negativos en tu vida?

5. ¿Hay algún problema en el que hayas estado pensando y para el cual podrías enfocarte en encontrar una solución?

Capítulo 5: Reinicio: de estresada a bendecida

1. ¿Tiendes a preocuparte?

2. ¿Te consideras optimista?

3. ¿Cuáles son las cinco cosas por las que estás más agradecido?

4. ¿Cómo puedes expresar tu aprecio con mayor frecuencia?

5. ¿Te gustaría tener una práctica de gratitud diaria?

Capítulo 6: Atención plena versus materia

1. ¿Alguna vez has intentado meditar? Si es así, ¿cómo te parece?

2. ¿Cuáles son algunos pensamientos agradables en los que podrías concentrarte cada vez que necesitas encontrar un pensamiento que se sienta mejor?

3. ¿Cómo puedes experimentar la alegría con cada uno de tus cinco sentidos todos los días?

4. ¿Qué actividades calman tu mente para que tu voz interior pueda activarse?

5. ¿Alguna vez has recibido un destello de intuición?

Capítulo 7: Comer, jugar, amar

1. ¿Cómo puedes mejorar tu dieta?

2. ¿Cómo puedes llevar más risa a tu vida?

3. ¿Cuánto tiempo pasas al aire libre?

4. ¿Con qué frecuencia haces ejercicio?

5. ¿Necesitas sentirte conectada emocionalmente antes de querer tener relaciones sexuales en tu relación sentimental, o necesitas tener relaciones sexuales antes de abrirte emocionalmente?

Capítulo 8: En busca de las hormonas felices

1. ¿Cómo te ves afectada (o alguien a quien amas) por las hormonas?
2. ¿Cómo lidias con eso?
3. ¿Alguna vez tú (o alguien a quien amas) quisiste refugiarte en la «carpa roja» durante una semana?
4. Cuando estás de mal humor, ¿prefieres estar sola, o con otras personas?
5. ¿Sueles dormirte antes de las once de la noche?

Capítulo 9: Déjalo ir, déjalo ir

1. ¿Qué tipo de cartas te gustaría recibir?
2. Cuando piensas en lo que quieres en tu vida, ¿surge algún temor?
3. Si es así, ¿puedes encontrar una forma de estar bien con las cosas que temes, incluso por un minuto?
4. ¿Cómo puedes implementar tu Plan de la alegría en el trabajo?
5. ¿Qué hay en tu lista de cosas que estés «entregando»?

Capítulo 10: Quejarse *versus* crear

1. ¿Con qué frecuencia te quejas?
2. Si no te quejas, ¿cómo reaccionarías cuando sucediera algo que no te gustara?
3. ¿Te gustaría ensayar un desafío de una «semana sin quejarte»?
4. ¿Cómo puedes convertir tus quejas en creaciones?
5. ¿Alguna vez te has sentido culpable por ser feliz?

Capítulo 11: Ese es el amor verdadero

Si no estás en una relación romántica, aplica estas preguntas a cualquier relación cercana en tu vida.

1. ¿Qué aprecias de tu pareja?

2. ¿Hay momentos en los que puedas alabar más a tu pareja?

3. ¿Hay momentos en que puedes criticar menos a tu pareja?

4. ¿Cómo puedes llevar más diversión a tu relación?

5. ¿Cómo crees que se aplica la relación de Gottman, la cantidad de interacciones positivas en comparación con las negativas, en tu relación?

Capítulo 12: Junta directiva personal

1. ¿Cuánto tiempo pasas con tus amigas?

2. ¿Puedes pensar en amigas específicas que siempre te animan?

3. ¿Cómo te dan alegría tus amigas?

4. ¿Cómo les das alegría a tus amigos?

5. ¿Te interesaría ser parte de un círculo de mujeres (o de un círculo de hombres o de un círculo mixto)?

Capítulo 13: Niños y otros maestros espirituales

1. Si hay niños en tu vida, ¿qué lecciones pueden enseñarte?

2. ¿Puedes pensar en un ejemplo de sabiduría que hayas escuchado de un niño?

3. ¿Cómo afecta tu estado de ánimo a los niños con los que interactúas?

4. ¿Puedes ver alguna forma en que tus hijos imiten tu comportamiento?

5. ¿Cómo puedes enseñarles a tus hijos acerca de su capacidad para crear su realidad?

Capítulo 14: Escribiendo una nueva historia

1. ¿Hay una historia que has estado diciendo repetidamente y que te gustaría contar de una nueva manera?

2. ¿Ha habido un tema recurrente en tu vida que te gustaría cambiar?

3. ¿Qué género de películas protagonizarías como la historia de tu vida?

4. ¿Cómo te describirías a ti misma si estuvieras describiendo al héroe de tu historia de vida?

5. ¿Qué te gustaría que te diera el universo tan fácilmente como encontrar un buen espacio de estacionamiento?

Capítulo 15: Ejercitando el músculo de la alegría

1. ¿Qué acciones puedes repetir todos los días para mantenerte encarrilada en tu Plan de la alegría?

2. ¿Tienes algún hábito que te gustaría cambiar?

3. ¿Tienes algún hábito que te esté siendo de ayuda?

4. ¿Tienes algún pensamiento repetitivo que te gustaría cambiar?

5. ¿Hay algo que hayas querido, aunque con dudas?

Capítulo 16: La alegría es contagiosa

1. ¿Hay algo con lo que te gustaría soñar despierta y convertirlo en realidad?

2. ¿Hay alguna amiga con la que puedas tener una sesión de ensueño?

3. ¿Sueles hablar más sobre lo que no quieres o sobre lo que quieres?

4. ¿De qué manera otros, incluso las personas que no conoces bien, te transmiten su alegría?

5. ¿Cómo puedes transmitir alegría a los demás con mayor frecuencia?

Capítulo 17: El viaje que cuenta

1. ¿Crees que los problemas y los tiempos difíciles tienen un propósito en tu vida?

2. ¿Hay algo que has estado resistiendo y que haya persistido en tu vida?

3. ¿Qué pasaría si solo te importara aprovechar al máximo el momento presente?

4. ¿Has tenido alguna dificultad que puedas ver como una bendición en términos retrospectivos?

5. ¿Confías en que todo está funcionando para ti?

NOTAS

CAPÍTULO 1

1   Dario Nardi, *Neuroscience of Personality: Brain Savvy Insights for All Types of People* (Los Angeles: Radiance House, 2011).

2   Esther y Jerry Hicks, *La ley de atracción: Conceptos básicos de las enseñanzas de Abraham* (Carlsbad, CA: Hay House, 2007).

3   Robert Fritz, *The Path of Least Resistance: Learning to Become the Creative Force in Your Own Life* (New York: Fawcett Books, 1989).

4   Rhonda Byrne, *El Secreto* (Barcelona: Urano, 2007). Esther and Jerry Hicks, *Pedid que ya se os ha dado: Cómo aprender a manifestar sus deseos* (Carlsbad, CA. Hay House, 2005), Napoleon Hill, Think and Grow Rich (TarcherPerigee, 2005), Michael Bernard Beckwith, *Life Visioning: A Transformative Process for Activating Your Unique Gifts and Highest Potential* (Boulder, CO: Sounds True, Inc. 2012).

5   Diane Ruge, Li-Min Liou, and Damon Hoad, «Improving the Potential of Neuroplasticity», *Journal of Neuroscience 32*, no. 17 (2012): pp. 5, 700-6, http://www.jneurosci.org/content/32/17/5705.

6   Roy F. Baumeister *et al.*, «Bad Is Stronger Than Good», *Review of General Psychology* 5, no. 4 (2001): pp. 323-370, http://assets.csom.umn.edu/assets/71516.pdf.

7   Barbara Fredrickson y Marcial F. Losada, «Positive Affect and the Complex Dynamics of Human Flourishing», *American Psychologist* 60, no. 7 (2005): pp. 678-86, http://www.ncbi.nlm.nih.gov/pmc/articles/PMC3126111/.

8   Craig Lambert, «The Science of Happiness», *Harvard Magazine*, enero/febrero 2007, http://harvardmagazine.com/2007/01/the-science-of-happiness.html.

9   Craig Lambert, «The Science of Happiness», *Harvard Magazine*, enero/febrero 2007, http://harvardmagazine.com/2007/01/the-science-of-happiness.html.

CAPÍTULO 2

1   Albert Garoli, *The Evolutionary Glitch: Rise Above the Root of Your Problems* (Ann Arbor: Loving Healing Press, 2010).

2   Eckhart Tolle, *Una nueva tierra: Un despertar al propósito de su vida* (New York: Norma, 2006).

3   C. G. Jung, *Two Essays on Analytical Psychology* (Princeton, NJ: Princeton University Press, 1972).

4   Naomi I. Eisenberger, Matthew D. Lieberman, y Kipling D. Williams, «Does Rejection Hurt? An FMRI Study of Social Exclusion», *Science 302*, no. 5643 (2003): pp. 290-92, http://www.ncbi.nlm.nih.gov/pubmed/14551436.

5   Garoli, *The Evolutionary Glitch*.

6   Chris Frith, *Descubriendo el poder de la mente:* Cómo el cerebro crea nuestro mundo mental. (Barcelona: Ariel, 2008).

7   Raymond J. Corsini y Danny Wedding, *Current Psychotherapies*, 9.ª ed. (Belmont, CA: Brooks/Cole, 2011).

8   C. G. Jung, *Sincronicidad* (Málaga: Editorial Sirio, S.A., 1988).

CAPÍTULO 3

1   Amy F. T. Arnsten, «Stress Signaling Pathways That Impair Prefrontal Cortex Structure and Function», *Nature Reviews Neuroscience* 10, no. 6 (2009): pp. 410-22, http://www.ncbi.nlm.nih.gov/pmc/articles/PMC2907136/.

2   Christine Comaford, «Got Inner Peace? 5 Ways to Get It NOW», *Forbes*, abril 2012, http://forbes.com/sites/christinecomaford/2012/04/04/got-inner-peace-5-ways-to-get-it-now/.

3   Herbert L. Mathews y Linda W. Janusek, «Epigenetics and Psychoneuro immunology: Mechanisms and Models», *Brain, Behavior, and Immunity* 25, no. 1 (2011): pp. 25-39, https://www.ncbi.nlm.nih.gov/pmc/article4s/PMC2991515/.

4   Bruce H. Lipton, *La biología de la creencia: La liberación del poder de la conciencia, la materia y los milagros* (Madrid: Gaia Ediciones, 2010).

5   Dawson Church, *El genio en sus genes, la medicina energética y la nueva biología de la intención* (Madrid: Obelisco, 2008).

6   Will Storr, «*A Better Kind of Happiness*», Elements, *New Yorker*, 7 julio 2016, http://www.newyorker.com/tech/elements/a-better-kind-of-happiness.

7   Inna Fishman, Rowena Ng, y Ursula Bellugi, «Do Extraverts Process Social Stimuli Differently from Introverts?» *Journal of Cognitive Neuroscience* 2, no. 2 (2011): pp. 67-73, https://www.ncbi.nlm.nih.gov/pmc/articles/PMC3129862/.

8   «Extraversion or Introversion», el sitio web de la Fundación Myers y Briggs, accedido 20 octubre 2016, http://www.myersbriggs.org/my-mbti/personality/type/mbti/basics/extraversion/or/introversion.htm.

CAPÍTULO 4

1   P. D. Eastman, *¿Eres tú mi mamá?* (New York: Random House, 2016).

2   Andy Roman, *Deep Feeling, Deep Healing: The Heart, Mind, and Soul of Getting Well* (Jupiter, FL: Spectrum Healing Press, 2011).

3   Thomas Chavez, *Body Electronics: Vital Steps for Physical Regeneration* (Berkeley: North Atlantic Books, 2005).

4   Ibíd.

5   Daniel Goleman *et al.*, *Measuring the Immeasurable: The Scientific Case for Spirituality (Boulder, CO: Sounds True, 2008)*.

6   Will Storr, «A Better Kind of Happiness», *The New Yorker*, 7 julio 2016, http://www.newyorker.com/tech/elements/a-better-kind-of-happiness.

7   Steven Pinker, *Los ángeles que llevamos dentro* (Barcelona: Paidós, 2012).

8   Amrisha Vaish, Tobias Grossmann, y Amanda Woodward, «Not All Emotions Are Created Equal: The Negativity Bias in Social-Emotional Development», *Psychological Bulletin* 134, no. 3 (2008): pp. 383-403, http://www.ncbi.nlm.nih.gov/pmc/articles/PMC3652533/.

9   Steven Pinker, «Violence Vanquished», The Saturday Essay, *Wall Street Journal*, 24 septiembre 2011, http://www.wsj.com/news/articles/SB10001424053111904106704576583203589408180.

10   Derek M. Isaacowitz, «The Gaze of the Optimist», *Personality and Social Psychology Bulletin* 31, no. 3 (2005): pp. 407-15, https://www.ncbi.nlm.nih.gov/pubmed/15657455.

CAPÍTULO 5

1   Don Colbert, *Emociones que matan* (Nashville: Thomas Nelson, 2012).

2   Wolfram Shultz, «Reward Signaling by Dopamine Neurons», *Neuroscientist* 7, no. 4 (2001): pp. 293-302, https://www.ncbi.nlm.nih.gov/pubmed/11488395.

3   Sherrie Bourg Carter. «The Benefits of Adding Gratitude to Your Attitude», *Psychology Today, 25* noviembre 2013, https://www.psychologytoday.com/blog/high-octane-women/201311/the-benefits-adding-gratitude-your-attitude.

4   Dan Baker y Cameron Stauth, *Lo que sabe la gente feliz: Tomar las riendas del propio destino y vivir una plena y satisfactoria vida.* (Barcelona: Urano, 2007).

5   David Hecht, «The Neural Basis of Optimism and Pessimism», *Experimental Neurology* 22, no. 3 (2013): pp. 173-99, http://www.ncbi.nlm.nih.gov/pmc/articles/PMC3807005/.

6   MindUP.org, el sitio Web de la Fundación Hawn, 29 octubre, 2016, http://www.mindup.org.

7   Jordan Gaines Lewis, «The Neuroscience of Optimism», *Psychology Today*, 23 agosto 2012, https://www.psychologytoday.com/blog/brain-bable/201208/the/neuroscience-optimism.

8   Rollin McCraty y Doc Childre, *The Appreciative Heart: The Psychophysiology of Positive Emotions and Optimal Functioning* (Boulder Creek, CA: Institute of HeartMath, 2002).

9   Sho Sugawara *et al.*, «Social Rewards Enhance Offline Improvements in Motor Skill», *PLoS ONE,* no. 11 (2012), http://journals.plos.org/plosone/article?id=10.1371/journal.pone.0048174.

CAPÍTULO 6

1   Carolyn Gregoire, «The Habit of These Outrageously Successful People», *Third Metric* (blog), Huffington Post, 5 julio 2013, http://www.huffingtonpost.com/2013/07/05/business-mediation-executives-meditate_n_3528731.html.

2   Elisha Goldstein *Descubre la Felicidad con mindfulness* (Barcelona: Paidos, 2016).

3   Jessica Cerretani, «The Contagion of Happiness», *Harvard Medicine*, verano 2011, http://hms.harvard.edu/news/harvard-medicine/contagion-happiness; Perla Kaliman *et al.*, «Rapid Changes in Histone Deacetylates and Inflammatory Gene Expression in Expert Meditators», *Psychoneuroendocrinology* 40 (febrero 2014): pp. 96-107, http://www.ncbi.nlm.nih.gov/pmc/articles/PMC4039194/; Linda E. Carlson *et al.*, «Mindfulness-Based Cancer Recovery and Supportive-Expressive Therapy Maintain Telomere Length Relative to Controls in Distressed Breast Cancer Survivors», *Cancer* 121, no. 3 (2015): pp. 476-484, http://onlinelibrary.wiley.com/doi/10.1002/cncr.29063/full.

4   Morten L. Kringelbach y Kent C. Berridge, «Towards a Functional Neuroanatomy of Pleasure and Happiness», *Trends in Cognitive Science 13,*

no. 11 (2009): pp. 479-87, https://www.ncbi.nlm.nih.gov/pmc/articles/PMC2767390/.

5   Robert L. Matchock, «Pet Ownership and Physical Health», *Current Opinion in Psychiatry* 28, no. 5 (2015): pp. 386-92, https://www.ncbi.nlm.nih.gov/pubmed/26164613.

6   K. M. Stephan *et al.*, «Functional Anatomy of the Mental Representation of Upper Extremity Movements in Healthy Subjects», *Journal of Neurophysiology* 73, no. 1 (1995): pp. 373-86, http://jn.physiology.org/content/jn73/1/373.full.pdf.

CAPÍTULO 7

1   Paul C. Aebersold, *Radioisotopes: New Keys to Knowledge* (Washington, DC: The Smithsonian Institute, 1953).

2   Kirsty Spalding *et al.*, «Dynamics of Hippocampal Neurogenesis in Adult Humans», *Cell* 153, no. 6 (2013): pp. 1219-1227, http://www.cell.com/abstract/S0092-8674(13)00533-3.

3   Candace Pert, *Molecules of Emotion: The Science Behind Mind-Body Medicine* (New York: Simon and Schuster, 1999).

4   Dariush Dfarhud, Maryam Malmir, y Mohammad Khanahmadi, «Happiness and Health: The Biological Factors—Systematic Review Article», *Iran Journal of Public Health* 43, no. 11(2014): pp. 1468-77, http://www.ncbi.nlm.nih.gov/pmc/articles/PMC4449495/.

5   Drew Ramsey y Jennifer Iserloh, *Fifty Shades of Kale: 50 Fresh and Satisfying Recipes* That Are *Bound to Please* (New York: HarperCollins, 2015).

6   M. H. Mohajeri *et al.*, «Chronic Treatment with a Tryptophan-Rich Protein Hydrolysate Improves Emotional Processing, Mental Energy Levels and Reaction Time in Middle-Aged Women», *British Journal of Nutrition* 113, no. 2 (2015) pp. 350-65, https://www.ncbi.nlm.nih.gov/pubmed/25572038.

7   R. I. M. Dunbar *et al.*, «Social Laughter Is Correlated with an Elevated Pain Threshold», *Proceedings of the Royal Society B: Biological Sciences* 279, no. 1731 (2012): pp. 1161-67, http://rspb.royalsocietypublishing.org/org/content/279/1731/1161.

8   Melinda Wenner, «Smile! It Could Make You Happier», *Scientific American,* 1 septiembre 2009, http://www.scientificamerican.com/article/smile/it/could/make-you-happier/.

9   James D. Laird y Charles Bresler, «The Process of Emotional Experience: A Self-Perception Theory», vol. 13 de *Emotion: Review of Personality and Social Psychology,* ed. Margaret S. Clark (Newbury Park, CA: Sage, 1992), pp. 223-34, https://www_emotional_experience_A_self-perception_theory.

10   Qing Li, «Effect of Forest Bathing Trips on Human Immune Function» *Environmental Health and Preventative Medicine* 15, no. 1 (2010): pp. 9-17, htps:www.ncbi.nlm.nih.gov/pmc/articles/PMC2793341/.

11   Peter Aspinall *et al.*, «The Urban Brain: Analysing Outdoor Physical Activity with Mobile EEG», *British Journal of Sports Medicine* 49, no. 4 (2015): pp. 272-76, https://www.ncbi.nlm.nih.gov/pubmed/23467965.

12   Tracy Wikander, «Want More Sexual Intimacy? This Plan Can Help», *mindbodygreen*, 30 noviembre 2014, http://www.mindbodygreen.com/0-16331/want-more-sexual-intimacy-in-your-relationship-this-plan-can-help.html.

13   R. M. Nicoli y J. M. Nicoli, «Biochemistry of Eros», *Contraception, Fertilite, Sexualite* 23, no 2. (1995): pp. 137-44, https://www.ncbi.nlm.nih.gov/pubmed/7894546.

14   David Weeks y Jamie James, *Secrets of the Superyoung* (New York: Berkley Books, 1999).

15   Lothar Schwarz y Wilfried Kindermann, «Changes in Beta-Endorphin Levels in Response to Aerobic and Anaerobic Exercise», *Sports Medicine* 13, no. 1 (1992): pp. 25-36, http://www.ncbi.nlm.nih.gov/pubmed/1553453.

16   Jeremy Sibold y Jennifer Mears, *Lecture to the 56th*. Annual Meeting of the American College of Sports Medicine, Seattle, WA, mayo 2009.

17   Lynette L. Craft y Frank M. Perna, «The Benefits of Exercise for the Clinically Depressed», *The Primary Care Companion to the Journal of Clinical Psychiatry* 6, no. 3 (2004): pp. 104-11, http://www.ncbi.nlm.nih.gov/pmc/articles/ PMC474733/.

18   Rachel Leproult *et al.*, «Sleep Loss Results in an Elevation of Cortisol Levels the Next Evening», *Sleep* 20, no. 10 (1999): pp. 865-70, https://www.ncbi.nlm. nih.gov/pubmed/9415946.

19   Simon N. Archer y Henrik Oster, «How Sleep and Wakefulness Influence Circadian Rhythmicity: Effects of Insufficient and Mistimed Sleep on the Animal and Human Transcriptome», *Journal of Sleep Research* 24, no. 5 (2015): pp.476-93, http://onlinelibrary.Wiley.com/doi/10.1111/jsr.12307/pdf.

20   Susan Scutti, «7 Health Consequences of Going to Bed Past Midnight», *Medical Daily*, 28 junio 2013, http://medicaldaily.com/7-health-consequences-going-bed-past-midnight-247247.

21   Christopher Bergland, «How Can Daydreaming Improve Goal-Oriented results?» *Psychology Today*, 26 noviembre, 2014, https://www.psychologytoday.com/blog/the/athletes/way/201411/ how-can-daydreaming-improve-goal-oriented-results.

CAPÍTULO 8

1   Colette Bouchez, «Escape From Hormone Horrors—What You Can Do», WebMD, 19 noviembre 2008, http://www.webmd.com/women/features/ escape-hormone-horrors-what-you-can-do.

2   Gabrielle Lichterman, «Female Hormone Cycle», Hormone Horoscope, 29 octubre 2016, http://hormonehoroscope.com/the/female/hormone/cycle/.

3   Simon N. Young, «How to Increase Serotonin in the Human Brain Without Drugs», *Journal of Psychiatry and Neuroscience* 32, no. 6 (2007): pp. 394-99, http://www.ncbi.nlm.nih.gov/pmc/articles/PMC2077351/.

4   Alex Korb, «Boosting Your Serotonin Activity», *Psychology Today*, 17 noviembre 2011, https://www.psychologytoday.com/blog/prefrontal-nudity/201111/boosting-your-serotonin-activity.

5   Michael W. Otto *et al.*, «Exercise for Mood and Anxiety Disorders», *The Primary Care Companion to the Journal of Clinical Psychiatry* 9, no. 4 (2007): pp. 287-94, http://www.ncbi.nlm.nih.gov/pmc/articles/PMC2018853/; Salam Ranabir y K. Reetu, «Stress and Hormones», *Indian Journal of Endocrinology and Metabolism* 15, no. 1 (2011): pp. 18-22, http://www.ncbi.nlm.nih.gov/pmc/articles/PMC3079864/.

6   Eve Van Cauter *et al.*, «The Impact of Sleep Deprivation on Hormones and Metabolism», *Medscape Neurology* 7, no. 1 (2005), http://www.medscape.org/viewarticle/502825.

CAPÍTULO 9

1   Kahlil Gibran, *El Profeta* (Madrid: Edimat, 2009).

2   Ezequiel Morsella, «What is a Thought?» *Psychology Today*, 9 febrero 2012, https://www.psychologytoday.com/blog/consciousness-and-the-brain/201202/what-is-thought.

3   Stephanie Watson, «Volunteering May Be Good for Body and Mind», *Harvard Health Blog*, 26 junio 2013, http://www.health.harvard.edu/blog/volunteering-may-be-good-for-body-and-mind-201306266428.

4   Vadim Zeland, *Reality Transurfing 1: The Space of Variations*, trans. Gregory Blake (Ropley, UK: O Books, 2008).

CAPÍTULO 10

1 James R. Krebs y Gayle A. Brazeau, «No Complaining…» *American Journal of Pharmaceutical Education* 75, no. 4 (2011): 67, http://www.ncbi.nlm.nih.gov/pmc/articles/PMC3138359/.

2 Hans Selye, «Stress and Distress», *Comprehensive Therapy Journal* 1, no. 8 (1975): pp. 9-13, https://www.ncbi.nlm.nih.gov/pubmed/1222562.

3 Susan Krauss Whitbourne, «The Definitive Guide to Guilt», *Psychology Today,* 11 agosto 2012, https://www.pschologytoday.com/blog/fulfillment/any/age/201208/the-definitive-guide-guilt.

4 Tracy Wikander, «How to Communicate More Mindfully»: An 8-Step Plan» mindbodygreen, 6 junio 2015, http://www.mindbodygreen.com/0-20189/how-to-communicate-more-mindfully-an-8-step-plan.html.

CAPÍTULO 11

1 Ian J. Mitchell, Steven M. Gillespie, y Ahmad Abu-Akel, «Similar Effects of Intranasal Oxytocin Administration and Acute Alcohol Consumption on Socio-Cognitions, Emotions and Behavior: Implications for the Mechanisms of Action», *Neuroscience and Behavioral Reviews* 55 (mayo 2015): pp. 98-106, https://www.ncbi.nlm.nih.gov/pubmed/25956250.

2 Chade-Meng Tan, *Search Inside Yourself: The Unexpected Path to Achieving Success, Happiness (and World Peace)* (New York: Harper One, 2012).

3 Amie M. Gordon *et al.*, «To Have and To Hold: Gratitude Promotes Relationship Maintenance in Intimate Bonds», *Journal of Personality and Social Psychology* 103, no. 2 (2012): pp. 257-74, http://www.ncbi.nlm.nih.gov/pubmed/22642482.

CAPÍTULO 12

1 James H. Fowler and Nicholas A. Christakis, «Dynamic Spread of Happiness in a Large Social Network: Longitudinal Analysis Over 20 Years in the

Framingham Heart Study», *British Medical Journal* 337, no. a2338 (2008): pp. 1-9, http://www.bmj.com/content/337/bmj.a2338.

2 Sheldon Cohen *et al.*, «Sociability and Susceptibility to the Common Cold», *Psychological Science* 14, no. 5 (2003): pp. 389-95, https://www.ncbi.nlm.nih.gov/pubmed/12930466.

3 Ryan E. Adams, Jonathan B. Santo, y William M. Bukowski, «The Presence of a Best Friend Buffers the Effects of Negative Experiences», *Developmental Psychology* 47, no. 6 (2011): pp. 1786-91, https://www.ncbi.nlm.nih.gov/pubmed/21895364.

4 James Harter y Raksha Arora, «Social Time Crucial to Daily Emotional Wellbeing in U.S.», Gallup.com, 5 junio 2008, http://www.gallup.com/poll/107692/social-time-crucial-daily-emotional-wellbeing.aspx.

5 Simone Schnall *et al.*, «Social Support and the Perception of Geographical Slant», *Journal of Experimental Social Psychology* 44, no. 5 (2008): pp. 1246-55, http://www.ncbi.nlm.nih.gov/pmc/articles/PMC3291107/.

6 Mujeres jóvenes inversionistas sociales, http://www.ywse.org.

7 Raimo Tuomela, *The Importance of Us: A Philosophical Study of Basic Social Norms* (Redwood City, CA: Stanford University Press, 1995).

8 Office of National Drug Control Policy, *Treatment Protocol Effectiveness Study (white Paper)*, (Washington, DC: Office of the National Drug Control Policy, 1996), http://www.ncjr.gov/ondcppubs/publications/treat/trmtprot.html.

CAPÍTULO 13

1 Giacomo Rizzolatti y Laila Craighero, «The Mirror-Neuron System», *Annual Review of Neuroscience* 27 (2004): pp. 169-92, https://www.ncbi.nlm.nih.gov/pubmed/15217330.

2 John A. Bargh, Mark Chen, y Lara Burrows, «Automaticity of Social Behavior: Direct Effects of Trait Construct and Stereotype-Activation on Action», *Journal*

of Personal Social Psychology 71, no. 2 (1996): pp. 230-44, https://www.psycho-logytoday.com/files/attahments/5089/barghchenburrows1996.pdf.

3   Ravinder Jerath *et al.*, «Physiology of Long Pranayamic Breathing: Neural Respiratory Elements May Provide a Mechanism That Explains How Slow Deep Breathing Shifts the Autonomic Nervous System», *Medical Hypotheses* 67, no. 3 (2006): pp. 566-71, https://www.ncbi.nlm.nih.gov/pubmed/16624497.

4   Susan Reynolds, «Happy Brain, Happy Life», *Psychology Today*, 2 agosto 2011, http://www.psychologytoday.com/blog/prime-your-gray-cells/201108/happy-brain-happy-life.

5   MindUP.org, the website of the Hawn Foundation, 29 octubre 2016, https://www.mindup.org.

CAPÍTULO 14

1   Suze Orman, *The 9 Steps to Financial Freedom: Practical and Spiritual Steps So You Can Stop Worrying,* 3.ª ed. (New York: Three Rivers Press, 2000).

2   Christopher Bergland, «How Can Daydreaming Improve Goal-Oriented Results? *Psychology Today*, 26 november 2014, https://www.psychologytoday.com/blog/the-athletes-way/201411/how-can-daydreaming-improve-goal-oriented-results.

3   Alan Richardson, «Mental Practice: A Review and Discussion Part 1», Research Quarterly 38, no. 1 (1967): pp. 95-107, http://www.tandfonline.com/doi/abs/10.1080/10671188.1967.10614808.

CAPÍTULO 15

1   Hans Selye, «Stress and Distress», *Comprehensive Therapy Journal* 1, no. 8 (1975): pp. 9-13, http://www.ncbi.nlm.nih.gov/pubmed/1222562.

2   Phillippa Lally *et al.*, «How Are Habits Formed: Modelling Habit Formation in the Real World». *European Journal of Social Psychology* 40, no. 6 (2010): pp. 998-1009, http://onlinelibrary.wiley.com/doi/10.1002/ejsp.674/abstract.

3   Joe Dispenza, *You Are the Placebo: Making Your Mind Matter* (Carlsbad, CA: Hay House, 2014), pp. 63-64.

CAPÍTULO 16

1   Rollin McCraty, «The Energetic Heart: Bioelectromagnetic Interactions Within and Between People», in *Clinical Applications of Bioelectromagnetic Medicine*, ed. P.J. Rosch y M.S. Markov (New York: Marcel Dekker, 2004), pp. 541-62, https://www.heartmath.org/research/research-library/energetics/energetic-heart-bioelectromagnetic-communication-within-and-between-people/.

2   Elaine Hatfield, John T. Cacioppo, and Richard L. Rapson, «Emotional Contagion», Current Directions in Psychological Science 2 (junio 1993): pp. 96-99, http://cdp.sagepub.com/content/2/3/96.citation.

3   J. S. Morris *et al.*, «A Differential Neural Response in the Human Amygdala to Fearful and Happy Facial Expressions», *Nature* 383, no. 6603 (1996): pp. 812-15, http://www.ncbi.nlm.nih.gov/pubmed/8893004.

4   Susan Reynolds, «Happy Brain, Happy Life», *Psychology Today*, 2 agosto 2011, https://www.psychologytoday.com/blog/prime/your-gray-cells/201108/happy-brain-happy-life.

5   Niko Everett, «Meet Yourself: A User's Guide to Building Self-Esteem», TEDx video, 9:31, 11 febrero 2013, http://tedxtalks.ted.com/video/Meet-Yourself-A-Users-Guide-to.

6   Erica J. Boothby, Margaret S. Clark, y John A. Bargh, «Shared Experiences Are Amplified», *Psychological Science* 25, no. 12 (2014): pp. 2209-16, http://pss.sagepub.com/content/25/12/2209.abstract.

7   R.I.M. Dunbar, «Gossip in Evolutionary Perspective», *Review of General Psychology* 8, no. 2 (2004): pp. 100-10, http://allegatifac.unipv.it/ziorufus/Dunbar%20gossip.pdf.

8   Stephan Hamann, «Cognitive and Neural Mechanisms of Emotional Memory», Trends in Cognitive Science 5, no. 9 (2001): pp. 394-400, https://www.ncbi. nlm.nih.gov/pubmed/11520704.

9   Joseph Stromberg, «The Benefits of Daydreaming» Smithsonian.com, 3 abril 2012, http://www.smithsonianmag.com/science-nature/the-benefits-ofdaydreaming-170189213/.

10   R. Nathan Spreng *et al.*, «Goal-Congruent Default Network Activity Facilitates Cognitive Control», Journal of Neuroscience 34, no. 42 (2014): pp. 14, 108-14, http://www.jneurosci.org/content/34/42/14108.

11   Daniel B. Levinson, Jonathan Smallwood, and Richard J. Davidson, «The Persistence of Thought: Evidence for a Role of Working Memory in the Maintenance of Task-Unrelated Thinking», Psychological Science 23, no. 4 (2012): pp. 375-80, https://www.ncbi.nlm.nih.gov/pmc/articles/ PMC3328662/.

CAPÍTULO 17

1   Viktor E. Frankl, *El hombre en busca de sentido* (Barcelona: Paidos, 2004).

2   Zeeya Merali, «Quantum Physics: What Is Really Real?» Nature 521, no. 7552 (2015): pp. 278-80, http://www.nature.com/news/quantum-phywsics-what -is-really-real-1.17585.

3   Weizmann Institute of Science, «Quantum Theory Demonstrated: Observation Affects Reality», Science Daily, 27 febrero 1998, https://www.sciencedaily. com/releases/1998/02/980227055013.htm.

4   Eckhart Tolle, *El poder del ahora: una guía para la iluminación* (Móstoles, Madrid: Gaia, 2007).

APÉNDICE: CREA TU PROPIO PLAN DE LA ALEGRÍA

1   Albert Garoli, The Evolutionary Glitch: Rise Above the Root of Your Problems (Ann Arbor: Loving Healing Press, 2010).

2 Wolfram Schultz, «Reward Signaling by Dopamine Neurons», Neuroscientist 7, no. 4 (2001): pp. 293-302, https://www.ncbi.nlm.nih.gov/pubmed/11488395.

3 Angie Le Van, «Seeing Is Believing: The Power of Visualization», *Psychology Today*, 3 diciembre 2009, https://www.psychologytoday.com/blog/flourish/s00912/seeing-is-believing-the-power-visualization.

4 Joseph Stromberg, «The Benefits of Daydreaming», Smithsonian.com, 3 abril 2012, http://www.smithsonianmag.com/science-nature/the-benefits-of-daydreaming-170189213/.

5 R. Nathan Spreng *et al.*, «Goal-Congruent Default Network Activity Facilitates Cognitive Control», *Journal of Neuroscience* 34, no. 42 (2014): pp. 14, 108-14, 114, http://www.jneurosci.org/conte4nt/34/42/14108.

6 David Hecht, «The Neural Basis of Optimism and Pessimism», *Experimental Neurology* 22, no. 3 (2013): pp. 173-199, http://www.ncbi.nlm.nih.gov/pmc/articles/PMC3807005/.

7 James H. Fowler y Nicholas A. Christakis, «Dynamic Spread of Happiness in a Large Social Network: Longitudinal Analysis Over 20 Years in the Framingham Heart Study», *British Medical Journal 337, no. a2338 (2008):* 1-9, http://www.bmj.com/content/337/bmj.a2338.

8 MindUP.org, the website of the Hawn Foundation, 29 octubre 2016, https://www.mindup.org.

9 Karen Kleiman, «Try Some Smile Therapy», *Psychology Today*, 31 julio 2012, https://www.psychologytoday.com/blog/isnt-what-i-expected/201207/try-some-smile-therapy.

10 Marianne Sonnby–Borgström, «Automatic Mimicry Reactions as Related to Differences in Emotional Empathy», *Scandinavian Journal of Psychology* 43, no. 5 (2002): pp. 433-43, https://www.ncbi.nlm.nih.gov/pubmed/12500783.

11 David DiSalvo, «Study: Receiving a Compliment Has the Same Positive Effect as Receiving Cash», *Forbes*, 9 noviembre 2012, http://www.forbes.com/

sites/daviddisalvo/2012/11/09/study-receiving-a-compliment-has-same-positive-effect-as-receiving-cash/.

12 Stephanie Watson, «Volunteering May Be Good for Body and Mind», *Harvard Health Blog*, 26 junio 2013, http://www.health.harvard.edu/blog/volunteering-may-be-good-for-body-and-mind-201306266428.

13 Eline Snel, *Sitting Still Like a Frog: Mindfulness Exercises for Kids (and Their Parents)* (Boston: Shambhala Publications, 2013).

REFERENCIAS Y RECURSOS

CAPÍTULO 1

Roy F. Baumeister, Ellen Bratslavsky, Catrin Finkenauer, y Kathleen D. Vohs. «Bad Is Sronger Than Good». *Review of General Psychology* 5, n°. 4 (2001): pp. 323-370. http://assets.csom.umn.edu/assets/71516.pdf.

Michael Bernard Beckwith. *Life Visioning: A Transformative Process for Activating Your Unique Gifts and Highest Potential.* Boulder, CO: Sounds True, Inc., 2012.

Rhonda Byrne. *El Secreto.* Barcelona: Urano, 2007.

Cerretani, Jessica. «The Contagion of Happiness». *Harvard Medicine*, verano 2011. https://hms.harvard.edu/news/harvard-medicine/contagion-happiness.

Fredrickson, Barbara L., y Marcial F. Losada, «Positive Affect and the Complex Dynamics of Human Flourishing». *American Psychologist* 60, n°. 7 (2005): pp. 678-686. https://www.ncbi.nlm.nih.gov/pmc/articles/PMC3126111/.

Fritz, Robert. *The Path of Least Resistance: Learning to Become the Creative Force in Your Own Life.* Nueva York: Fawcett Books, 1989.

Hicks, Esther y Jerry. *Ask and It Is Given: Learning to Manifest Your Desires.*

Carlsbad, CA: Hay House, 2004. [*Pide y se te dará: Aprende a manifestar tus deseos.* Madrid: Urano, 2005].

———. *La ley de atracción: Conceptos básicos de las enseñanzas de Abraham.* Carlsbad, CA: Hay House, 2007.

Hill, Napoleon. *Think and Grow Rich.* TarcherPerigee, 2013. [*Piense y hágase rico.* Madrid: Obelisco, 2012].

Lambert, Craig. «The Science of Happiness». *Harvard Magazine*, enero / febrero 2007. http://harvardmagazine.com/2007/01/the-science-of-happiness.html.

Nardi, Dario. *Neuroscience of Personality: Brain Savvy Insights for All Types of People.* Los Angeles: Radiance House, 2011.

Ruge, Diane, Li-Min Liou, y Damon Hoad. «Improving the Potential of Neuroplasticity». *Journal of Neuroscience* 32, n°. 17 (2012): pp. 5705-6. http://www.jneurosci.org/content/32/17/5705.

CAPÍTULO 2

Corsini, Raymond J., y Danny Wedding. Current Psychotherapies. 9.a ed. Belmont, CA: Brooks/Cole, 2011.

Eisenberger, Naomi I., Matthew D. Lieberman, y Kipling D. Williams. «Does Rejection Hurt? An FMRI Study of Social Exclusion». Science 302, n°. 5643 (2003): pp. 290-2. http://www.ncbi.nlm.nih.gov/pubmed/14551436.

Garoli, Albert. The Evolutionary Glitch: Rise Above the Root of Your Problems. Ann Arbor: Loving Healing Press, 2010. Jung, Carl Sincronicidad. Málaga: Editorial Sirio, S.A., 1988.

———. *Two Essays on Analytical Psychology.* Princeton, NJ: Princeton University Press, 1972. [*Sincronicidad como principio de conexiones acausales.* Obra completa. Volumen 8. Madrid: Editorial Trotta, 1952].

CAPÍTULO 3

Arnsten, Amy F.T. «Stress Signaling Pathways That Impair Prefrontal Cortex Structure and Function». *Nature Reviews Neuroscience* 10, n°. 6 (2009): pp. 410-22. http://www.ncbi.nlm.nih.gov/pmc/articles/PMC2907136/.

Church, Dawson. *El genio en sus genes, la medicina energética y la nueva biología de la intención.* Madrid: Obelisco, 2008.

Comaford, Christine. «Got Inner Peace? 5 Ways to Get It NOW». *Forbes,* abril 2012. http://www.forbes.com/sites/christinecomaford/2012/04/04/got-inner-peace-5-ways-to-get-it-now/.

Fishman, Inna, Rowena Ng, y Ursula Bellugi. «Do Extroverts Process Social Stimuli Differently from Introverts?». *Journal of Cognitive Neuroscience* 2, n°.2 (2011): pp. 67-73. https://www.ncbi.nlm.nih.gov/pmc/articles/PMC3129862/.

Lipton, Bruce. *La biología de la creencia: La liberación del poder de la conciencia, la materia y los milagros.* Madrid: Gaia Ediciones, 2010.

Mathews, Herbert L., y Linda Witek Janusek. «Epigenetics and Psychoneuroimmunology: Mechanisms and Models». *Brain, Behavior, and Immunity* 25, n°. 1 (2011): pp. 25-39. https://www.ncbi.nlm.nih.gov/pmc/articles/PMC2991515/.

The Myers and Briggs Foundation. «Extroversion or Introversion».29 octubre 2016. http://www.myersbriggs.org/my-mbti-personality-type/mbti-basics/extraversion-or-introversion.htm.

Storr, Will. «A Better Kind of Happiness». Elements. *New Yorker,* 6 julio 2016. http://www.newyorker.com/tech/elements/a-better-kind-of-happiness.

CAPÍTULO 4

Chavez, Thomas. *Body Electronics: Vital Steps for Physical Regeneration*. Berkeley: North Atlantic Books, 2005.

Eastman, P. D. *¿Eres tú mi mamá?* Nueva York: Random House, 2016.

Goleman, Daniel, Bruce H. Lipton, Candace Pert, Gary Small, Lynne McTaggart, Gregg Braden, Jeanne Achterberg et al. *Measuring the Immeasurable: The Scientific Case for Spirituality*. Boulder, CO: Sounds True, 2008.

Isaacowitz, Derek M. «The Gaze of the Optimist». *Personality and Social Psychology Bulletin* 31, n°. 3 (2005): pp. 407-15. https://www.ncbi. nlm.nih.gov/pubmed/15657455.

Pinker, Steven. *Los ángeles que llevamos dentro*. Barcelona: Paidós, 2012.

Roman, Andy. *Deep Feeling, Deep Healing: The Heart, Mind, and Soul of Getting Well*. Jupiter, FL: Spectrum Healing Press, 2011.

CAPÍTULO 5

Baker, Dan y Cameron Stauth. *Lo que sabe la gente feliz: Tomar las riendas del propio destino y vivir una plena y satisfactoria vida*. Barcelona: Urano, 2007.

Carter, Sherrie Bourg. «The Benefits of Adding Gratitude to Your Attitude», *Psychology Today*, noviembre 2013. https://www. psychologytoday.com/blog/high-octane-women/201311/the-benefits-adding-gratitude-your-attitude.

Colbert, Don. *Emociones que matan*. Nashville: Thomas Nelson, 2012.

Hecht, David. «The Neural Basis of Optimism and Pessimism». *Experimental Neurology* 22, n°. 3 (2013): pp. 173-99. http://www.ncbi.nlm.nih. gov/pmc/articles/PMC3807005/.

Lewis, Jordan Gaines. «The Neuroscience of Optimism». *Psychology Today*, 23 agosto 2012. https://www.psychologytoday.com/blog/brain-babble/201208/the-neuroscience-optimism.

McCraty, Rollin, y Doc Childre. *The Appreciative Heart: The Psychophysiology of Positive Emotions and Optimal Functioning*. Boulder Creek, CA: Institute of HeartMath, 2002.

Schultz, Wolfram. «Reward Signaling by Dopamine Neurons». *Neuroscientist* 7, n°. 4 (2001): pp. 293-302. https://www.ncbi.nlm.nih.gov/pubmed/11488395.

Sugawara, Sho, Satoshi Tanaka, Shuntaro Okazaki, Katsumi Watanabe, y Norihiro Sadato. «Social Rewards Enhance Offline Improvements in Motor Skill». *PLOS ONE* 7, n°. 11 (2012). http://journals.plos.org/plosone/article?id=10.1371/journal.pone.0048174.

CAPÍTULO 6

Carlson, Linda E., Tara L. Beattie, Janine Giese-Davis, Peter Faris, Rie Tamagawa, Laura J. Fick, Erin S. Degelman, y Michael Speca. «Mindfulness-Based Cancer Recovery and Supportive-Expressive Therapy Maintain Telomere Length Relative to Controls in Distressed Breast Cancer Survivors». *Cancer* 121, n°. 3 (2015): 476-84. http://onlinelibrary.wiley.com/doi/10.1002 /cncr.29063/full.

Cerretani, Jessica. «*The* Contagion of Happiness». *Harvard Medicine*, Summer 2011. https://hms.harvard.edu/news/harvard-medicine/contagion-happiness.

Goldstein, Elisha. *Descubre la Felicidad con mindfulness*. Paidos, 2016.

Gregoire, Carolyn. «The Habit of These Outrageously Successful People». *Third Metric* (blog). Huffington Post, 5 julio 2013. http://www.huffingtonpost.com/2013/07/05/business-meditation-executives-meditate_ n_3528731.html.

Kaliman, Perla, Maria Jesús Álvarez-López, Marta Cosín-Tomás, Melissa A. Rosencranz, Antonie Lutz, y Richard J. Davidson. «Rapid Changes in Histone Deacetylates and Inflammatory Gene Expression in Expert Meditators». *Psychoneuroendocrinology* 40 (febrero 2014): pp. 96-107. https://www.ncbi.nlm.nih.gov/pmc /articles/PMC4039194/.

Kringelbach, Morten L., y Kent C. Berridge. «Towards a Functional Neuroanatomy of Pleasure and Happiness». *Trends in Cognitive Science* 13, n°. 11 (2009): pp. 479-87. https://www.ncbi.nlm.nih. gov/pmc/articles/PMC2767390/.

Matchock, Robert L. «Pet Ownership and Physical Health». *Current Opinion in Psychiatry,* 28, n°. 5 (2015): pp. 386-92. https://www.ncbi.nlm. nih.gov/pubmed/26164613.

Stephan, K. M., G. R. Fink, R. E. Passingham, D. Silbersweig, A. O. Ceballos-Baumann, C. D. Frith, y R. S. J. Frackowiak. «Functional Anatomy of the Mental Representation of Upper Extremity Movements in Healthy Subjects». *Journal of Neurophysiology* 73, n°. 1(1995): pp. 373-86. http://jn.physiology.org/content/jn/73/1/373.full.pdf.

CAPÍTULO 7

Aebersold, Paul C. *Radioisotopes: New Keys to Knowledge.* Washington, DC: The Smithsonian Institute, 1953.

Archer, Simon N., y Henrik Oster. «How Sleep and Wakefulness Influence Circadian Rhythmicity: Effects of Insufficient and Mistimed Sleep on the Animal and Human Transcriptome». *Journal of Sleep Research* 24, n°. 5 (2015): pp. 476-93. http://onlinelibrary.wiley. com/doi/10.1111/jsr.12307/pdf.

Aspinal, Peter, Panagiotis Mavros, Richard Conye, y Jenny Roe. «The Urban Brain: Analyzing Outdoor Physical Activity with Mobile EEG».

British Journal of Sports Medicine 49, n°. 4 (2015): pp. 272-6. https:// www.ncbi.nlm.nih.gov/pubmed/23467965.

Bergland, Christopher. «How Can Daydreaming Improve Goal-Oriented Results?» *Psychology Today*, 26 noviembre 2014. https: //www. psychologytoday.com/blog/the-athletes-way/201411/how-can-daydreaming-improve-goal-oriented-results.

Craft, Lynette L., y Frank M. Perna. «The Benefits of Exercise for the Clinically Depressed». *The Primary Care Companion to the Journal of Clinical Psychiatry* 6, n°. 3 (2004): pp. 104-11. http://www.ncbi.nlm. nih.gov/pmc/articles/PMC474733.

Dfarhud, Dariush, Maryam Malmir, y Mohammad Khanahmadi. «Happiness and Health: The Biological Factors—Systematic Review Article». *Iran Journal of Public Health* 43, n°. 11 (2014): pp. 1468-77. http:// www.ncbi.nlm.nih.gov/pmc/articles/PMC4449495/.

Drew, Ramsey, y Jennifer Iserloh. *Fifty Shades of Kale: 50 Fresh and Satisfying Recipes That Are Bound to Please.* Nueva York: Harper Collins, 2015.

Dunbar, R. I. M., Rebecca Baron, Anna Frangou, Eilund Pearce, Edwin J.C. van Leeuwen, Julie Stow, Giselle Patridge et al. «Social Laughter Is Correlated with an Elevated Pain Threshold». *Proceedings of the Royal Society B: Biological Sciences* 279, n°. 1731 (2012): pp. 1161-67. http://rspb.royalsocietypublishing.org/content/279/1731/1161.

Laird, James D., y Charles Bresler. «The Process of Emotional Experience: A Self-Perception Theory». Vol. 13 of *Emotion: Review of Personality and Social Psychology,* editado por Margaret S. Clark. Newbury Park, CA: Sage, 1992. https://www.researchgate .net/publication/232517707_The_process_of_emotional_ experience_A_self-perception_theory.

Leproult, Rachel, George Copinschi, Orefu Boxton, y Eve Van Cauter. «Sleep Loss Results in an Elevation of Cortisol Levels the Next

Evening». *Sleep* 20, n°. 10 (1999): pp. 865-70. https://www.ncbi. nlm.nih.gov/pubmed/9415946.

Li, Qing. «Effect of Forest Bathing Trips on Human Immune Function». *Environmental Health and Preventative Medicine* 15, n°. 1 (2010): pp. 9-17.https://www.ncbi.nlm.nih.gov/pmc/articles/PMC2793341/.

Mohajeri, M. H., J. Wittwer, K. Vargas, E. Hogan, A. Holmes, P. J. Rogers, R. Goralczyk, y E.L. Gibson. «Chronic Treatment with a Tryptophan-Rich Protein Hydrolysate Improves Emotional Processing, Mental Energy Levels and Reaction Time in Middle-Aged Women». *British Journal of Nutrition* 113, n°. 2 (2015): pp. 350-65. https://www.ncbi. nlm.nih.gov/pubmed/25572038.

Nicoli, R. M., y J. M. Nicoli. «Biochemistry of Eros». *Contraception, Fertilite, Sexualite* 23, n°. 2 (1995): pp. 137-44. https://www.ncbi.nlm.nih. gov/pubmed/7894546.

Pert, Candace. *Molecules of Emotion: The Science Behind Mind-Body Medicine.* Nueva York: Simon and Schuster, 1999.

Schwarz, Lothar, y Wilfried Kindermann. «Changes in Beta-Endorphin Levels in Response to Aerobic and Anaerobic Exercise». *Sports Medicine* 13, n°. 1 (1992): pp. 25-36. http://www.ncbi.nlm.nih.gov/ pubmed/1553453.

Scutti, Susan. «7 Health Consequences of Going to Bed Past Midnight». *Medical Daily*, 28 junio 2013. http://www.medicaldaily.com/7-health-consequences-going-bed-past-midnight-247247.

Sibold, Jeremy, y Jennifer Mears. Conferencia a la 56ª. Reunión Anual de el Colegio Americano de Medicina del Deporte, Seattle, WA, mayo 2009.

Spalding, Kirsty L., Olaf Bergmann, Kanar Alkass, Samuel Bernard, Mehran Salehpour, Hagen B. Huttner, Emil Boström, *et al.* «Dynamics of Hippocampal Neurogenesis in Adult Humans». *Cell* 153, n°. 6

(2013): pp. 1219-27. http://www.cell.com/abstract/S0092-8674 (13)00533-3.

Weeks, David, y Jamie James. *Secrets of the Superyoung*. Berkeley Books, 1999.

Wenner, Melinda. «Smile! It Could Make You Happier». *Scientific American*, 1 septiembre 2009. http://www.scientificamerican.com/article / smile-it-could-make-you-happier/.

Wikander, Tracy. «Want More Sexual Intimacy? This Plan Can Help». mindbodygreen, 30 noviembre 2014. http://www.mindbodygreen. com/0–16331/want-more-sexual-intimacy-in-your-relationship-this-plan-can-help.html.

CAPÍTULO 8

Bouchez, Colette. «Escape From Hormone Horrors—What You Can Do». WebMD, 19 noviembre 2008. http://www.webmd.com/women/ features/escape-hormone-horrors-what-you-can-do.

Institutos Nacionales de Salud. «The Power of Love: Hugs and Cuddles Have Long-Term Effects». *News in Health*, febrero 2007. https:// newsinhealth.nih.gov/2007/February/docs/01features_01.htm.

Korb, Alex. «Boosting Your Serotonin Activity». *Psychology Today*, 17 noviembre 2011. https://www.psychologytoday.com/blog/ prefrontal-nudity/201111/boosting-your-serotonin-activity.

Lichterman, Gabrielle. «Female Hormone Cycle». Hormone Horoscope. 29 octubre 2016. http://hormonehoroscope.com/thefemale-hormone-cycle/.

Otto, Michael W., Timothy S. Church, Lynette L. Craft, Tracy L. Greer, Jasper A. J. Smits, Madhukar H. Trivedi. «Exercise for Mood and Anxiety Disorders». *The Primary Care Companion to the Journal of Clinical Psychiatry* 9, n°. 4 (2007): pp. 287-93. http://www.ncbi.nlm. nih.gov/pmc/articles/PMC2018853.

Ranabir, Salam, y K. Reetu. «Stress and Hormones». *Indian Journal of Endocrinology and Metabolism* 15, n°. 1 (2011): pp. 18-22. http://www.ncbi.nlm.nih.gov/pmc/articles/PMC3079864/.

Van Cauter, Eve, Kristen Knutson, Rachel Leproult, y Karine Speigel. «The Impact of Sleep Deprivation on Hormones and Metabolism». *Medscape Neurology* 7, n°. 1 (2005). http://www.medscape.org/viewarticle/502825.

Young, Simon N. «How to Increase Serotonin in the Human Brain Without Drugs». *Journal of Psychiatry and Neuroscience* 32, n°. 6 (2007): pp. 394-99. https://www.ncbi.nlm.nih.gov/pmc/articles/PMC2077351/.

CAPÍTULO 9

Gibran, Khalil. *El Profeta*. Madrid: Edimat, 2009.

Morsella, Ezequiel. «What Is a Thought?» *Psychology Today,* 9, febrero 2012. https://www.psychologytoday.com/blog/consciousness-and-the-brain/201202/what-is-thought.

Watson, Stephanie. «Volunteering May Be Good for Body and Mind». *Harvard Health Blog,* 26 junio 2013. http://www.health.harvard.edu/blog/volunteering-may-be-good-for-body-and-mind-201306266428.

Zeland, Vadim. *Reality Transurfing 1: The Space of Variations.* Traducido por Gregory Blake. Ropley, R.U.: O Books, 2008.

CAPÍTULO 10

Krebs, James R., y Gayle A. Brazeau. «No Complaining...» *American Journal of Pharmaceutical Education* 75, n°. 4 (2011): pp. 67. http://www.ncbi.nlm.nih.gov/pmc/articles/PMC3138359/.

Selye, Hans. «Stress and Distress». *Comprehensive Therapy Journal* 1, n°. 8 (1975): pp. 9-13. https://www.ncbi.nlm.nih.gov/pubmed/1222562.

Whitbourne, Susan Krauss. «The Definitive Guide to Guilt». *Psychology Today*, 11 agosto 2012. https://www.psychologytoday.com/blog/ fulfillment-any-age/201208/the-definitive-guide-guilt.

Wikander, Tracy. «How to Communicate More Mindfully: An 8-Step Plan». mindbodygreen, 6 junio 2015. http://www.mindbodygreen. com/0–20189/how-to-communicate-more-mindfully-an-8 -step-plan.html.

CAPÍTULO 11

Gordon, Amie M., Emily A. Impett, Aleksandr Kogan, Christopher Oveis, y Dachner Keltner. «To Have and To Hold: Gratitude Promotes Relationship Maintenance in Intimate Bonds». *Journal of Personality and Social Psychology* 103, n°. 2 (2012): pp. 257-74. https://www. ncbi.nlm.nih.gov/pubmed/22642482.

Mitchell, Ian J., Steven M. Gillespie, y Ahmad Abu-Akel. «Similar Effects of Intranasal Oxytocin Administration and Acute Alcohol Consumption on Socio-Cognitions, Emotions and Behavior: Implications for the Mechanisms of Action». *Neuroscience and Behavioral Reviews* 55 (mayo 2015): pp. 98-106. https://www.ncbi. nlm.nih.gov/pubmed/25956250.

Tan, Chade-Meng. *Search Inside Yourself: The Unexpected Path to Achieving Success, Happiness (and World Peace)*. Nueva York: Harper One, 2012.

CAPÍTULO 12

Adams, Ryan E., Jonathan B. Santo, y William M. Bukowski. «The Presence of a Best Friend Buffers the Effects of Negative Experiences», *Developmental Psychology* 47, n°. 6 (2011): pp. 1786-91. https:// www.ncbi.nlm.nih.gov/pubmed/21895364.

Cohen, Sheldon, William J. Doyle, Ronald Turner, y David P. Skoner. «Sociability and Susceptibility to the Common Cold». *Psychological Science* 14, n°. 5 (2003): pp. 389-95. https://www.ncbi.nlm.nih.gov/pubmed/12930466.

Fowler, James H., y Nicholas A. Christakis. «Dynamic Spread of Happiness in a Large Social Network: Longitudinal Analysis Over 20 Years in the Framingham Heart Study». *British Medical Journal* 337, n°. a2338 (2008): pp. 1-9. http://www.bmj.com/content/337/bmj.a2338.

Harter, James, y Raksha Arora. «Social Time Crucial to Daily Emotional Wellbeing in U.S». Gallup.com, June 2008. http://www.gallup.com/poll/107692/social-time-crucial-daily-emotional-wellbeing.aspx.

Holt-Lunstad, Julianne, Timothy B. Smith, y J. Bradley Layton. «Social Relationships and Mortality Risk: A Meta-Analytic Review», *PLOS Medicine* 7, n°. 7 (2010). http://journals.plos.org/plosmedicine/article?id=10.1371/journal.pmed.1000316.

Política de la Oficina Nacional de Control de Drogas. *Treatment Protocol Effectiveness Study (white paper)*. Washington, DC: Política de la Oficina Nacional de Control de Drogas, 1996. https://www.ncjrs.gov/ondcppubs/publications/treat/trmtprot.html.

Schnall, Simone, Kent D. Harber, Jeanine K. Stefanucci, y Dennis R. Proffitt. «Social Support and the Perception of Geographical Slant». *Journal of Experimental Social Psychology* 44, n°. 5 (2008): pp. 1246-55. https://www.ncbi.nlm.nih.gov/pmc/articles/PMC3291107/.

Tuomela, Raimo. *The Importance of Us: A Philosophical Study of Basic Social Norms*. Redwood City, CA: Stanford University Press, 1995. Young Women Social Entrepreneurs. http://www.ywse.org.

CAPÍTULO 13

Bargh, John A., Mark Chen, y Lara Burrows. «Automaticity of Social Behavior: Direct Effects of Trait Construct and Stereotype-Activation on Action». *Journal of Personal Social Psychology* 71, n°. 2 (1996): pp. 230-44. https://www.psychologytoday.com/files/attachments/5089/barghchenburrows1996.pdf.

Jerath, Ravinder, John W. Edry, Vernan A. Barnes, y Vadna Jerath. «Physiology of Long Pranayamic Breathing: Neural Respiratory Elements May Provide a Mechanism That Explains How Slow Deep Breathing Shifts the Autonomic Nervous System». *Medical Hypotheses* 67, n°. 3 (2006): pp. 566-71. https://www.ncbi.nlm.nih.gov/pubmed/16624497.

MindUP.org. Hawn Foundation. 29 octubre 2016. https://www.mindup.org.

Reynolds, Susan. «Happy Brain, Happy Life». *Psychology Today*, 2 agosto 2011. https://www.psychologytoday.com/blog/prime-your-gray-cells/201108/happy-brain-happy-life.

Rizzolatti, Giacomo, y Laila Craighero. «The Mirror-Neuron System». *Annual Review of Neuroscience* 27 (2004): pp. 169-92. https://www.ncbi.nlm.nih.gov/pubmed/15217330.

CAPÍTULO 14

Bergland, Christopher. «How Can Daydreaming Improve Goal-Oriented Results?». *Psychology Today*, 26 noviembre 2014. https://www.psychologytoday.com/blog/the-athletes-way/201411/how-can-daydreaming-improve-goal-oriented-results.

Orman, Suze. *The 9 Steps to Financial Freedom: Practical and Spiritual Steps So You Can Stop Worrying.* Nueva York: Three Rivers Press, 2000.

Richardson, Alan. «Mental Practice: A Review and Discussion Part 1». *Research Quarterly* 38, n°. 1 (1967): pp. 95-107. http://www.tandfonline.com/doi/abs/10.1080/10671188.1967.10614808.

CAPÍTULO 15

Dispenza, Joe. *You Are the Placebo.* Carlsbad, CA: Hay House, 2014.

Lally, Phillippa, Cornelia H. M. van Jaarsveld, Henry W. W. Potts, y Jane Wardle. «How Are Habits Formed: Modelling Habit Formation in the Real World». *European Journal of Social Psychology* 40, n°. 6 (2010): pp. 998-1009. http://onlinelibrary.wiley.com/doi/10.1002/ejsp.674/abstract.

Selye, Hans. «Stress and Distress». *Comprehensive Therapy Journal* 1, n°. 8 (1975): pp. 9-13. https://www.ncbi.nlm.nih.gov/pubmed/1222562.

CAPÍTULO 16

Boothby, Erica J., Margaret S. Clark, y John A. Bargh. «Shared Experiences Are Amplified». *Psychological Science* 25, n°. 12 (2014): pp. 2209-16. http://pss.sagepub.com/content/25/12/2209.abstract.

Dunbar, R. I .M. «Gossip in Evolutionary Perspective». *Review of General Psychology* 8, n°. 2 (2004): pp. 100-110. http://allegatifac.unipv.it/ziorufus/Dunbar%20gossip.pdf.

Everett, Niko. «Meet Yourself: A User's Guide to Building Self-Esteem». TEDx video, 9:31.11 febrero 2013. http://tedxtalks.ted.com/video/Meet-Yourself-A-Users-Guide-to.

Frith, Chris. *Descubriendo el poder de la mente: Cómo el cerebro crea nuestro mundo mental.* (Barcelona: Ariel, 2008).

Hamann, Stephan. «Cognitive and Neural Mechanisms of Emotional Memory». *Trends in Cognitive Science* 5, n°. 9 (2001): pp. 394-400. https://www.ncbi.nlm.nih.gov/pubmed/11520704.

Hatfield, Elaine, John T. Cacioppo, y Richard L. Rapson. «Emotional Contagion». *Current Directions in Psychological Science* 2 (junio 1993): pp. 96-100. http://cdp.sagepub.com/content/2/3/96.citation.

Levinson, Daniel B., Jonathan Smallwood, y Richard J. Davidson. «The Persistence of Thought: Evidence for a Role of Working Memory in the Maintenance of Task-Unrelated Thinking». *Psychological Science* 23, n°. 4 (2012): pp. 375-80. https://www.ncbi.nlm.nih.gov/pmc/articles/PMC3328662/.

McCraty, Rollin. «The Energetic Heart: Bioelectromagnetic Interactions Within and Between People». In *Clinical Applications of Bioeletromagnetic Medicine*, edited by P. J. Rosch y M. S. Markov, 6–16. Nueva York: Marcel Dekker, 2004. https://www.heartmath.org/research/research-library/energetics/energetic-heart-bioelectromagnetic-communication-within-and-between-people/.

Morris, J.S., C.D. Frith, D.I. Perrett, D. Rowland, A.W.Young, A.J. Calder, y R.J. Dolan. «A Differential Neural Response in the Human Amygdala to Fearful and Happy Facial Expressions». *Nature* 383, n°. 6603 (1996): pp. 812-5. https://www.ncbi.nlm.nih.gov/pubmed/8893004.

Reynolds, Susan. «Happy Brain, Happy Life», *Psychology Today*, 2 agosto 2011. https://www.psychologytoday.com/blog/prime-your-gray-cells/201108/happy-brain-happy-life.

Spreng, R. Nathan, Elizabeth DuPre, Dhawal Selarka, Juliana Garcia, Stefan Gojkovic, Judith Mildner, Wen-Ming Luh, y Gary R. Turner. «Goal-Congruent Default Network Activity Facilitates Cognitive Control». *Journal of Neuroscience* 34, n°. 42 (2014): pp. 14108-114. http://jneurosci.org/content/34/42/14108.

Stromberg, Joseph. «The Benefits of Daydreaming». Smithsonian.com, abril, 2012. http://www.smithsonianmag.com/science-nature/the-benefits-of-daydreaming-170189213/.

CAPÍTULO 17

Frankl, Viktor. *El hombre en busca de sentido.* Barcelona: Paidos, 2004.

Merali, Zeeya. «Quantum Physics: What Is Really Real?». *Nature* 521, n°. 7552 (2015): pp. 278-280. http://www.nature.com/news/quantum-physics-what-is-really-real-1.17585.

Tolle, Eckhart. *El poder del ahora: una guía para la iluminación.* Móstoles, Madrid: Gaia, 2007.

Weizmann Institute of Science. «Quantum Theory Demonstrated: Observation Affects Reality». *Science Daily,* 27 febrero 1998. https://www.sciencedaily.com/releases/1998/02/980227055013.htm.

APÉNDICE

DiSalvo, David. «Study: Receiving a Compliment Has the Same Positive Effect as Receiving Cash». *Forbes,* 9 noviembre 2012. http://www.forbes.com/sites/daviddisalvo/2012/11/09/study-receiving-a-compliment-has-same-positive-effect-as-receiving-cash/.

Fowler, James H., y Nicholas A. Christakis. «Dynamic Spread of Happiness in a Large Social Network: Longitudinal Analysis Over 20 Years in the Framingham Heart Study». *British Medical Journal* 337, n°. a2338 (2008): pp. 1-9. http://www.bmj.com/content/337/bmj.a2338.

Garoli, Albert. *The Evolutionary Glitch: Rise Above the Root of Your Problems.* Ann Arbor: Loving Healing Press, 2010.

Hecht, David. «The Neural Basis of Optimism and Pessimism». *Experimental Neurology* 22, n°. 3 (2013): pp. 173-99. http://www.ncbi.nlm.nih.gov/pmc/articles/PMC3807005/.

Kleiman, Karen. «Try Some Smile Therapy». *Psychology Today,* 31 julio 2012. https://www.psychologytoday.com/blog/isnt-what-i-expected/201207/try-some-smile-therapy.

LeVan, Angie. «Seeing Is Believing: The Power of Visualization». *Psychology*

Today, 3 diciembre 2009. https://www.psychologytoday. com/blog/flour ish/200912/seeing-is-believing-the-power-visualization.

MindUP.org. Hawn Foundation. 29 octubre, 2016. https://www.mindup. org.

Schultz, Wolfram. «Reward Signaling by Dopamine Neurons». *Neuroscientist* 7, n°. 4 (2001): pp. 293-302. https://www.ncbi.nlm.nih.gov/pubmed/ 11488395.

Snel, Eline. *Sitting Still Like a Frog: Mindfulness Exercises for Kids (and Their Parents)*. Boston: Shambala Publications, 2013.

Sonnby–Borgström, Marianne. «Automatic Mimicry Reactions As Related to Differences in Emotional Empathy». *Scandinavian Journal of Psychology* 43, n°. 5 (2002): pp. 433-43. https://www.ncbi.nlm.nih. gov/pubmed/12500783.

Spreng, R. Nathan, Elizabeth DuPre, Dhawal Selarka, Juliana Garcia, Stefan Gojkovic, Judith Mildner, Wen-Ming Luh, y Gary R. Turner. «Goal-Congruent Default Network Activity Facilitates Cognitive Control». *Journal of Neuroscience* 34, n°. 42 (2014): pp. 14108-114. http://jneurosci.org/content/34/42/14108.

Stromberg, Joseph. «The Benefits of Daydreaming», *Smithsonian.com,* 3 abril 2012. http://www.smithsonianmag.com/science-nature/the-benefits-of-daydreaming-170189213/.

Watson, Stephanie. «Volunteering May Be Good for Body and Mind». *Harvard Health Blog*, 26 junio, 2013. http://www.health.harvard.edu/blog/ volunteering-may-be-good-for-body-and-mind-201306266428.

ÍNDICE

A

aburrimiento, 227

actos de bondad, 270-71

alegría como elección, 231-42

alegría como estado natural, 179, 239-40

alegría vs. felicidad, 16

alegría, falta de, razones para, 20-24, 29-31

alegría, lista de recordatorios, 208-209

ambientes al aire libre, 80, 94-96

amistades, 84, 165-74

amor incondicional, 234

amor incondicional, 240

amor propio, 90, 175

amígdala, 32, 64, 67, 72-73, 127, 230

analogía de Pandora, 52-54, 82

ansiedad, xii-xiii, 4-8, 11, 19, 140, 230, 239-40. *Ver también* miedo; estrés

aprecio. *Ver* práctica de gratitud.

atracción, ley de, 9-12, 17, 51, 120-21, 228

autocrítica. *Ver* pensamientos negativos; personas

azúcar, 88

B

Bali, 62, 90

baños calientes, 79-81

bloqueos acerca del dinero, 194

C

cartas a otros, gracias, 69-70

cartas a ti mismo, escribir, 124-25, 260-61

cerebro, 6, 100. *Ver también* práctica de atención plena; patrones de ondas
   resonantes; los cumplidos y serotonina, 68, 264

    lo contagioso de la alegría, 216, 217-19

    soñar despierto y, 81, 195, 217-19, 221, 250

    dopamina, 63, 67, 249-51, 264

    endorfinas, 7, 88, 89, 93, 98, 112, 113, 164, 218-19

    miedo/ estrés y, 33, 64, 67, 73-74, 127, 229

    gratitud y, 61

    hábitos y, 67, 80-81, 84, 119, 179-80, 209, 229, 261

    felicidad vs. alegría, 15

    introvertidos vs. extrovertidos, 38, 41

    la risa y, 88

    ley de atracción y, 10-11, 17

    meditación y, 72, 75

    vs. mente, 24

    neuronas espejo, 172, 216

    sesgo de negatividad, 11, 56, 154-55

    neuroplasticidad 179-80, 216, 261

    optimismo y, 67, 261-63

orgasmos y, 93

al aire libre, y 92

personas y, 20-25, 28-30, 35-38, 233-34

realidad, creación de, 11-13, 17, 54, 58-60, 197-98, 229-30

sonreír y, 92

coincidencias, 27, 236-37

comida y dieta, 79, 88-91, 114-15

corteza prefrontal, 25, 34, 69, 75-76, 151, 236

cortisol, 67, 93, 93, 98, 115, 127, 182, 210

creación de la realidad, 11-13, 17, 54-56, 197-98, 234-36

crear una nueva historia de vida, 191-203

crear una nueva historia, 191-203

crear vs. quejar, 135-47, 249-50

credo del optimista, 66-67

crisis de la mediana edad vs. apertura a mediados de su vida 154-60

crisis, 217

culpa de felicidad, 141-42

culpa, 84, 118-19, 139-45

cumplidos, 70, 172, 270

círculos de mujeres, 82, 162-66

círculos de mujeres, 82, 168-73

D

dejar ir, 119-133, 236-37

depresión, xii-xiii, 5-8, 93, 127, 215

desafíos, 207-208, 232, 240-41

dieta. *Ver* comida y dieta,

difundir la alegría, 219-30, 264-65

difundir la alegría, 219-30, 270-71

dopamina, 65, 67, 255-56, 264

dormir, 94-95, 115, 113

duda, 211-15, 231-32

E

educación acerca de atención plena, 183-86, 243

efecto de negatividad, 11, 58, 160-61

ego, 19-31. *Ver también* personas

Einstein, Albert, 100, 226, 234

ejercicio, 7, 93-94, 99-100, 112, 159

ejercicios para el plan de la alegría, 251-75

elecciones de estilo de vida, 85-103

electrónica corporal, 47-50

elogios, 155-56

endorfinas, 7, 88, 91, 93, 100, 116, 113, 170, 224-25

energía de una solución vs. energía de un problema, 215

energía positiva, 10, 55, 121, 224

energía positiva, 9, 55, 121, 225

enfermedades y estrés, 36-37

enfocarse en *el* cuerpo, 76-81, 97, 251, 262

    Ver también elecciones de estilo de vida

enfocarse en los sentidos, 77-83, 90, 233, 257, 262

Entorno natural, 80, 93-95

entregarlo, 129

Eudemonía, 56

Envejecer bien, 99, 204-06

envidia, 214-15

epigenética, 34

escala de tono emocional, 49-56

escribir una nueva historia, 191-203,

espiritualidad, 16, 26-27, 54-55, 236-38, 245-46

estilo de felicidad, 56

estrés, 210, 235-236 *Ver también* culpa; pensamientos negativos

    amígdala y, 34, 69, 74-75, 235

    angustia vs. euestrés, 142, 206-207

    persona y, 21, 34, 35-39

    SPM y, 114-16

    regulación/reducción de, 69, 72, 74-75, 93, 93, 114-16, 163, 262

    estrógeno, 109-10

    euestrés, 142, 206-207

    experiencias de alegría, 37-41, 257

    experimento de la «carpa roja», 112-13, 114

    experimento de práctica de baloncesto, 195

    extrovertidos vs. introvertidos, 38-41

F

facebook, 55, 56

fe, 200, 238

felicidad vs. alegría, 15

fracaso, xi-xv, 3-16

Freud, Sigmund, 142

funciones de la mente, 24-26

física, 213

H

hedonismo, 56

hormonas y recuerdos, 112-13, 115

hormonas, 103-113

hábitos, 69, 80-81, 86, 119, 186-187, 209, 229, 267

I

imaginación. *Ver* soñar despierto

imágenes negativas y aportes, 58-60

Indios huicholes, 94

inspiración, 82-84, 84, 94-95, 138, 237, 248

«instinto visceral», intuición, 26-27

interacción social, 37-41, 114-15, 127, 207

J

Jung, Carl, 21, 27

L

la perra en mi cabeza. *Ver* personas

Land of the medicine Buddha, 237

Ley de atracción, 9-12, 17, 53, 124-26, 234

lluvia de ideas de experiencias alegres, 38-42, 257

M

mascotas, 81, 120-21

matrimonio y relaciones largas, 151-63

aprecio por tu pareja, 161-62

recuperar la diversión, 158-59

quejar vs. crear, 135-136, 141, 145-46

«Proporción de Gottman», 160-61

sexo, 95-96

mecanismos de defensa («personas»), 20-22, 29-31, 35-38, 120, 122,
   233-34

meditación, 73-76, 237-39, 273-75

mente consciente, 24-25, 26, 55

mente inconsciente, 26

mente subconsciente, 25-26, 31, 82

mente vs. cerebro, 25

metas, 10-11, 66, 142, 206-207, 227, 246-47

metáfora de la banda elástica, 10

miedo, 213, 215, 245-46 *Ver también* Ansiedad

    amígdala y, 66, 74-75, 132, 235

    vs. aprecio, 65

    como catalizador para el cambio, 216

    dejar ir, 129-31, 236-37

milagros, 53

movimiento de alegría, 228, 231

música, 52, 80

N

neuronas espejo, 178-79, 216

neuroplasticidad, 185-86, 222, 261

niños, 33-34, 175-88, 191-93,

    atención plena, educación sobre, 183-87, 243

    cambios en los padres, afectados por, 176-78

    padres, como modelos a seguir, 178-79

    sabiduría de, 179-83

O

ondas cerebrales, 76

ondas mu, 172

optimismo, 58, 68-69, 72, 267-69

orgasmos, 92-93

oxitocina, 81, 89, 93, 112, 113, 128, 151

P

patrones de ondas resonantes, 24, 39, 251-53

«Patty la habladora», 29, 35-38, 120.Ver también Personas

película, historia de vida imaginada como una, 194-97

pensamientos felices/recuerdos, 57, 115, 233

pensamientos negativos, 5, 82-83, 84, 99, 122-24, 231-32

quejar vs. crear; culpa; Personas; Estrés

pensamientos repetidos, 5, 10-12, 28-29, 35, 118, 185-86

pérdida, lidiar con, 120-24, 126-27

personas, 20-22, 28-30, 35-39, 120, 119, 233-34

período menstrual, 105-113

plan de cinco pasos para calmarse, 182-83

plan de la alegría como estilo de vida, 205-218

plan de la alegría, ejercicios para, 251-75

plan de la alegría, inspiración para, xiii-xv, 8-16

poder del momento presente, 239

preocupación. *Ver* ansiedad; miedo; estrés

práctica de atención plena, 73-84

enfocarse en el cuerpo y los sentidos, 77-82, 89, 257, 268

vs. soñar despierto/visualización, 201

inspiración y, 82-84, 84

meditar, 73-77, 237-39, 273-75

práctica de gratitud, 63-72, 84, 103, 126

enfocarse en el cuerpo/los sentidos,
77-82, 89, 99, 257, 268

ejercicio de entrenamiento para el cerebro,

267-268

quejar vs. crear, 136-38

dormir, 98

amistades y, 84, 173

diario de gratitud, 65-72, 77, 160, 254-56

sociedades y matrimonio, 161-62

meditación matinal, 76-77

entorno natural, 80, 92-94

credo optimista, 68-67

escribir cartas de aprecio, 69-70

Progesterona, 108-10

Proporción de Gottman, 160-161

«proporción mágica», 160-61

Q

quejarse vs. crear, 135-47, 249-50

R

rechazo social, 20-21

rechazo, 20-21

recuerdos emocionales, 11-12, 57, 85-86

recuerdos emocionales, 11-12, 57, 87-88

recuerdos felices, 57, 115

redes sociales, 56-59

relaciones románticas, 92-93, 141, 144-45, 151-63

resolver problemas, 69, 227, 236

respiraciones profundas 75, 182, 268, 273-75

risa, 88-89

ritmo cardiaco, 70, 221

régimen diario para el músculo de la alegría, 205-218

S

sentimientos, intuición, 27-28

sentirse bien, conciencia de, 47-53

sentirse hermosa, 90, 109

«señales», 27, 125-26, 245-48

ser voluntario, 128, 271

serotonina, 88, 113, 114-15, 113, 182, 225

sesgo cognitivo («efecto de negatividad»), 11, 58, 160-61

sexo, deseo sexual, 92-93, 113-14,

sincronicidades, 27

síndrome premenstrual, (SPM), 105-113

sistema nervioso parasimpático, 16, 65, 72, 182, 236

sistema nervioso simpático, 16

soluciones creativas. *Ver soñar* despierto; inspiración

sonreír, 91-92, 264

soñar despierto. *Ver también* crear una nueva historia

    estimulación cerebral, 81, 201, 224-25, 227, 230

    ejercicio para, 264-65

    con amigos, 223-27

    vs. atención plena, 201

    crear un tablero de visión, 202, 262-63

«sostener la canasta», 145-46

T

tablero de visión, 196, 256-57

teoría de la galleta, 200

testosterona, 109

trastorno disfónico premenstrual, (TDPM), 105

triptófano, 88, 110

V

vegetales, 86-87

verdadera naturaleza, (o propia), 21, 24-26, 33, 55, 120, 232

verdadero ser, *Ver* naturaleza verdadera

«virus mental», 21, 24

visión de río de energía, 232-33

visualización, 10, 83, 201-202, 223-30, 264-65

   Ver también Crear una nueva historia

AGRADECIMIENTOS

Este libro es mi historia, pero la verdad es que no escribí El plan de la alegría: él me escribió. Comenzó como una publicación de blog y luego continuó brotando de mí, casi más rápido de lo que podía seguirle el ritmo. Acudía a mí en momentos inoportunos —en medio de una clase de Pilates, en la bañera, en la tienda de comestibles, mientras dormía—, y lo escribí en trozos de papel y en mi iPhone —incluso en mi mano— y a altas horas de la noche mientras mi familia dormía.

No tuve elección. *El Plan de la alegría* fue como un torbellino de amor que me barrió y me tragó entera. Me mostró dónde había estado y alumbró el camino hacia donde voy. Y en el proceso, todo lo que alguna vez supe que era cierto y real sobre mí y mi vida quedó completamente patas arriba, de la mejor manera posible.

Las personas que me aman podrían haberme dicho que estaba loca, no solo por someterme a mi experimento del Plan de la alegría, sino por escribir obsesivamente un libro al respecto. Pero, en cambio, me apoyaron incondicionalmente y se convirtieron en parte integral de mi historia. Con profunda gratitud, dedico este libro a las siguientes personas del equipo detrás de bastidores que lo hizo posible:

A mis padres, Andy, Carla, Lynne y Paul: gracias por darme una infancia tan colorida. Me brindó un material increíblemente rico, no solo porque escribí este libro, sino también porque me convertí en lo que soy. Ustedes son poderosos modelos a seguir, y soy muy afortunada de llamarlos míos.

A Dan, eres mi héroe y mi bendición número uno. Gracias por ser mi mayor seguidor, por pensar que mi escritura es **sexy**, y por alentarme siempre a seguir mis pasiones, incluso cuando desaparezco por días enteros, absorta en mis proyectos, o por insistirme en que emprendamos alocadas aventuras en países lejanos. Me encanta cocrear la vida contigo.

A Kira y Nava, gracias por darme la oportunidad de experimentar el amor que es más grande de lo que alguna vez creí posible; más grande que el universo. Ser su madre es el mayor honor de mi vida.

A Alberto, me has dado más de lo que nunca sabrás y más de lo que puedo expresar en palabras. Decir «gracias» no le hace justicia, pero tendrá que ser suficiente por ahora. Gracias.

A Susanna: No sé si he cambiado para mejor, pero como te conozco, he cambiado para siempre. Gracias.

A Niko Everett, todo comenzó gracias a ti. Eres mi inspiración y la motivación que me impulsó. Gracias.

A Michelle Lapinski, Sara Ellis Conant, Erin Reilly, Julie Kay Kelly, Tracy y David Wikander, Kristen Kanerva Richards, Melissa Weisner, Tess Delisa, Tammy Ford, Rachael Maxwell, Tara Kusumoto, Jen Heuett, Jen Musick, Gordon Cale, Dulcie Ford, Eli y Lynsey Pluzynski, Sean DeMarco, Lily Diamond, Daniella Remy, Elise Vogt, Guy Vincent, Fiona Hallowell, MeiMei Fox, Rachel Macy Stafford, Andrea Somberg (mi agente fabulosa), mis editores en mindbodygreen, los lectores de mi blog y todos quienes se acercaron para ofrecer su apoyo y aliento cuando concebí este libro. Gracias por ver lo mejor de mí y de este proyecto incluso cuando yo dudaba de mí.

A mi maravilloso equipo en Sourcebooks, especialmente a Anna Michels, una editora extraordinaria. Gracias por creer en *El plan de la alegría* y asumirlo, no solo como un proyecto de trabajo, sino como una misión personal. ¡Tú haces que el hecho de publicar sea una experiencia totalmente alegre!

A los muchos investigadores y autores cuyo material he enumerado en la sección de referencias y recursos, gracias por su trabajo pionero que hizo posible el mío. Me considero comisaria de sus ideas y descubrimientos, con la esperanza de que su trabajo importante llegue y ayude a más personas tanto como lo ha hecho conmigo.

Por último, a mis maravillosas estudiantes de atención plena: ustedes son el futuro. Sé que llevarán sus prácticas de atención plena al mundo y lo convertirán en un lugar mejor. Me enseñaron la manera tan rápida y fácil en que las técnicas simples pueden cambiar nuestras perspectivas y personalidades para bien. Gracias por permitirme ser su maestra y, a su vez, enseñarme mucho más. El mayor cumplido que he recibido fue el de una de mis alumnas en la Escuela Infantil Santa Cruz: «Si no fuera por ti, ni siquiera sabría sobre mi amígdala».

ACERCA DE LA AUTORA

Kaia Roman ha estado escribiendo li-
bros desde que tenía cinco años. Ella
cree en el poder sanador de las palabras
y las historias. *El plan de la alegría* es su
primer libro de memorias y crecimiento personal. En los últimos veinte años,
Kaia ha sido planificadora, publicista, escritora fantasma, y editora para personas,
proyectos y productos que trabajan hacia
un mundo mejor. Ahora es escritora de tiempo completo y bloguera frecuente en mindbodygreen, *Huffington Post* y otros sitios de bienestar. Ella
también tiene el honor de enseñar atención plena a niños de escuela primaria. Cuando no está en otro país con su familia trotamundos, Kaia vive en
Santa Cruz, California, con su esposo y dos hijas mágicas.

Para suscribirse al boletín informativo de Kaia y leer su blog, visita
TheJoyPlan.com. También puedes encontrarla en Facebook, Twitter e
Instagram. ¡A ella le encanta tener noticias de los lectores!

Photo © Julie Kay Kelly